누가 가짜 경제민주화를 말하는가

문제는 자유시장 자본주의다

정승일 지음

누가 가짜 경제민주화를
말하는가 문제는 자유시장 자본주의다

책담

차례

서장.

샌더스의 꿈,
우리의 꿈

한국 사회의 빈부격차와 소득격차, 재벌과 대기업-중소기업, 노동조합과 경제민주주의 등의 문제를 다루는 이 책을 나는 2016년 초부터 쓰기 시작했다. 원고를 마무리하던 10월에 박근혜-최순실 게이트가 터졌다. 나는 10월 말부터 주말마다 서울 광화문 거리에서 열린 촛불시위에 친구들과 함께 참여하였다. 11월 12일에는 광화문과 시청, 종로 거리를 온통 뒤덮은 1백만 촛불 시민과 함께 '김제동의 헌법학 개론'을 들으며 기분 좋게 웃기도 했다. 11월 19일에는 전인권의 노래 〈상록수〉와 〈행진〉, 〈애국가〉를 들으며 가슴이 뭉클하기도 했다. 1987년 6월의 뜨거운 거리에서 최루탄 가스와 백골단에 맞서 피눈물 흘렸던 과거와는 달리, 이번에는 엄청나게 큰 거리 축제요, 환한 웃음꽃이 만발한 분위기였다.

하지만 30년 전이나 지금이나 똑같은 점이 있었다. 이 나라 역사가 거대한 전환의 시기를 다시 맞이하고 있다는 느낌이다. 더구나 11월 8일에는 미국 대통령 선거에서 예상을 깨고 트럼프가 힐러리를 꺾고 당선되었다. 8년째 계속되는 세계경제 대불황의 여파로 미국의 기성 정치판이 뒤집어진 것이다. 세계사 역시 칼 폴라니의 책 제목 그대로 '거대한 전환'의 시대에 접어들었다.

박근혜를 둘러싼 최순실과 정유라, 최순득과 장시호, 그리고 최태민의 비밀스런 과거 행적과 그들 사이의 밀회, 그리고 그들의 '출생의 비밀'에 관한 온갖 소문과 이야기들은 수년 전 TV방송에서 인기를 끌었던 드라마 〈밀회〉와 〈출생의 비밀〉을 절로 떠오르게 한다. 그들은 수천억, 수조 원의 재산을 부정과 편법으로 축재하고 국가를 사유재산처럼 취급하였다. 또한 자신들을 신흥 왕족 또는 최상위 귀족으로 여기면서 유아독존과 안하무인의 태도로 세상 사람들과 아랫사람들을 하찮은 존재로, 개돼지로 취급하였다.

최순실의 딸 정유라는 자신의 SNS에 "능력 없으면 니네 부모를 원망해. 있는 우리 부모 가지고 감 놔라 배 놔라 하지 말고. 돈도 실력이야."라고 썼다. 이 말에 분노한 많은 중고생들과 대학생들이 거리에 나와 '박근혜 하야'를 외쳤다. 그 분노에 충분히 공감한다. 그런데 '부모잘 만난 것도 능력'이고 '돈 많은 것도 실력'이라는 말은 사실 우리가 요즘 흔히 접하는 말이다. 이와 비슷한 말은 TV 드라마와 영화에서도 자주 들을 수 있다. 우리가 분노해야 할 대상은 정유라와 장시호만이 아니라는 말이다.

세습적 계급 질서의 부활

최순실과 정유라, 최순득과 장시호, 그리고 우병우와 김기춘의 인생 역정이 잘 보여주듯이, 오늘날 한국 사회에는 막대한 부와 권력을 가진 세습적 귀족계급이 존재한다. 이들은 자본가(capitalists)라고 불리지 않고 자산가라고 불린다. 왜냐하면, 피케티가 《21세기 자본》에서 시사했듯이, 오늘날의 21세기 자본주의에서는 자본(capital)이 아니라 자산(property)의 소유 유무가 한 사람의 사회적 신분, 즉 세습적 계급 지위를 좌우하기 때문이다. 그 자산(부)에는 부동산과 유가증권(금융자산)만 있는 것이 아니다. 그 부의 힘에 의해 만들어지는 학력과 학벌도 포함되며, 이 역시 세습된다. 공교육을 무너뜨리고 자신들만의 사립학교와 자사고 특권을 만든 자산가 계급은 자신들의 부와 재산, 그리고 학력과 학벌을 상속한다. 온갖 특권과 특혜를 통해 소위 명문대학에 진학하는 정유라와 장시호의 추악한 모습은 서울 강남의 부유층 사이에서 종종 보는 일상적 풍경이 아니던가!

많은 식자들이 최순실과 정유라, 최순득과 장시호의 꼴사나운 행태를 일컬어 '전근대적'이라고 비난한다. 박근혜의 고집불통 여왕 같은 모습 역시 마찬가지로 비난한다. 그러면서 마치 우리가 '정치경제적 근대화'를 이룩하게 되면 그런 '전근대적 왕족질과 귀족질'이 뿌리 뽑힐 것처럼 말한다. 특히 민주주의와 진보를 말하는 논자일수록 그렇다. 과연 그럴까? 이 책의 제1부는 이러한 의문에 답하는 과정을 담고 있다.

이 나라 최고 부유층인 재벌들은 자신들의 부와 소득, 학벌과 학력을 자식들에게 세습한다. 그렇게 자란 재벌 후계자들 역시 정유라와 마찬가지로 '부모 잘 만난 것도 능력', '돈 많은 것도 실력'이라는 가치관과 세계관을 가지고 아랫사람과 세상 사람들을 개돼지로, 노비로 취급한다. 대한항공 조현아의 땅콩 회항 사건이 그렇고, SK그룹 최철원 사장의 종업원 폭행 사건이 그렇다. 이들은 회사 종업원을 인권과 노동권을 가진 인간 노동자가 아니라 노예 또는 노비처럼 다루며 모욕하고 폭행하였다. 인간의 존엄성과 인권을 무시로 훼손하는 재벌 일가의 꼴불견 작태에 우리 사회와 정치권은 분노하며 그들의 처벌을 원한다. 당연히 그들은 혹독한 법적 처벌을 받아야 마땅하다. 그것이 제대로 된 민주공화국이다.

그런데 많은 이들 특히 민주·진보 진영의 학자와 정치인들은 재벌 일가와 최태민 일가 등 최고 부유층의 꼴불견 작태를 지적하며 그러한 사건들은 모두 "한국경제는 특권적 재벌 일가에 의해 지배되는 봉건적 자본주의다."라는 명제를 증명하는 전형적인 사건이라고 설명한다. 따라서 재벌 총수들의 행패를 근절하려면 삼성과 현대, LG, SK 등 대기업그룹을 해체 또는 축소하는 '봉건적 자본주의 해체'에 나서야 한다고 소리 높여 외친다. 이렇게 말하는 대표적인 이들이 장하성, 정운찬과 김상조, 전성인과 박상인, 최정표 같은 학자들이고, 또한 김종인과 박영선, 안철수와 박원순 같은 정치인들이다.

그들에 따르면 우리 사회에는 여전히 "봉건적 자본주의를 혁파하는 근대화, 즉 시장 자본주의(market capitalism)를 본격화시키는 개혁"이 미완성인 채 남아 있으며, 따라서 2017년 대통령 선거에서 집권할 새로운 야당 대통령이 제시할 미래 국가비전의 핵심은 바로 시장 자본주의 질서의 확립이다. 유럽과 미국 등 서구에서 이미 200년 전인 18~19세기에 역사적으로 관철된 고전적 자유주의가 21세기 한국에서도 여전히 진보성을 가진다는 주장이다.

이렇듯 자유주의(liberalism)의 진보성과 근대성을 여전히 신뢰하는 학자들과 정치인들은 우리 사회의 빈부격차와 불평등, 갑을관계('갑질')가 심화되고 있는 이유가 과거 개발독재 중상주의(mercantilism)의 유산인 재벌그룹 체제와 관치경제의 지배가 여전히 유지되고 있기 때문이라고 설명한다. 박근혜-최순실 게이트 역시 정치인과 재벌의 정경유착 때문이며 이번 기회에 '박정희 체제를 해체'하는 근본적 개혁에 나서야 한다고 말한다. 재벌그룹 및 관치경제 타파라는 두 과제를 핵심으로 하는 자유주의가 21세기 한국 자본주의 발전 단계, 즉 중상주의 또는 봉건적 자본주의 단계에 상응하는 역사적 진보라는 말이다.

결국 이들이 말하는 한국경제의 비전은 '합리적 시장'을 중심으로 하는 애덤 스미스의 시장경쟁 자유주의이다. 깨끗하고 투명한 자본주의, 약간의 복지와 노동권을 가미하되 공정한 시장질서, 즉 경쟁적 시장질서를 핵심으로 하는 자유주의적 자본주의(liberal capitalism)가 이들이 꿈꾸는 유토피아이다.

그러나 이렇게 말하는 민주·진보 인사들은 18~19세기에 전성기를 누린 자유주의적 서구 자본주의에 대해 잘못된 환상과 미신적 편견을 가지고 있다. 고전적 자유주의의 전성기이자 대영제국의 전성기였던 당시 빅토리아 자유주의는 자본가들과 자산가들, 즉 신흥 졸부들의 황금시대이자 제국주의의 식민지 확장기였다. 그 시대는 신흥 부르주아들의 속물근성과 황금만능주의가 전근대적인 봉건 영주·귀족들의 기사도와 노블리스-오블리제를 압도하면서 물신숭배가 새로운 사회경제 질서로 등장한 시대였다. 피케티가 "오늘날 21세기 서구 자본주의에서 19세기 빅토리아 자본주의 시대의 세습적 계급 질서가 부활하고 있다."고 말한 까닭은 바로 19세기의 불평등한 자본주의가 재등장하고 있기 때문이다.

서방 자본주의 7대 강국인 한국에서
웬 헬조선?

한국경제는 전근대적, 봉건적 자본주의이기는커녕, 현대적 자본주의가 발달한 경제이다. 원화가치 변동에 따라 등락을 거듭하고 있지만, 한국의 1인당 국민소득은 2015년 말을 기준으로 2만 7,000달러를 넘었으며 2016년 말에는 3만 달러에 달한다. 5천만 명의 인구까지 고려한 한국의 종합 경제력은 세계 7위이며 종합적 과학기술 능력은 세계 7위이다. 국내총생산(GDP) 대비 과학기술(R&D) 투자의 비율이 4.3%(2014년)로 세계 1위이며 과학기술 투자의 절대액 역시 세계 6위로 이탈리아를 앞선다. 또한 2016년 한국의 종합 군사력은 세계 11위이다.

자본주의의 발전 수준은 백만장자 재산가들의 부와 재산의 성장으로 표현된다. 한국은 세계적으로 백만장자 재산가들이 가장 빨리 성장하는 나라이다. 백만장자 부자들의 숫자에서 한국은 2013년 세계 11위로 올라섰다. 더구나 1인당 국민소득이 1만 달러에 못 미치는 백만장자 대국인 중국과 인도 등을 제외할 때, 한국은 미국과 일본, 독일, 영국, 프랑스, 그리고 이탈리아에 이어 세계 7위의 백만장자 대국이다. 즉 한국은 부유층의 부와 소득의 차원에서 보더라도 G7에 속해 마땅한 서방 7대 강국이다.

이렇듯 한국경제는 '아직 자본주의가 덜 발전한 전근대적 봉건적 자본주의'이기는커녕 오히려 현대적 자본주의가 G7강국 수준으로 발달하였으며 곧 이탈리아를 추월할 태세이다. 나라의 부와 소득, 과학기술과 군사력에서 이탈리아를 능가하는 것은 시간문제인 것이다. 이런 까닭에 박근혜 대통령은 2016년 8월15일의 광복절 축사에서 "언제부터인지 우리 내부에서는 대한민국을 부정적으로 묘사하는 잘못된 풍조가 퍼져가고 있다."고 비판하면서, "세계가 부러워하는 우리나라를 살기 힘든 곳으로 비하하는 신조어들이 확산되고 있다."고 지적했다. 한국을 '지옥처럼 살기 힘든 곳'이라는 뜻으로 젊은이들이 많이 사용하는 신조어 '헬조선'을 겨냥하여 비난한 것이다.

헬조선과 헬미국의 청년들은
세계사적 대전환의 주체

하지만 그 연설문을 손본 최순실과 그것을 별 생각 없이 읽은 박근혜가 전혀 이해하지 못한 점이 있다. 한국의 국내총생산(GDP)과 1인당 평균 국민소득, 과학기술과 군사력의 수준이 이탈리아의 그것을 추월

한다 해도, 그러한 경제성장의 혜택을 누리는 것은 오로지 최순실과 박근혜 같은 사이비 왕족, 우병우와 김기춘 같은 검찰 귀족, 그리고 재벌 일가 같은 졸부 귀족들을 포함하는 최상위 0.1~1%의 부유층뿐이라는 사실이다. 나머지 99%의 국민, 특히 부모 잘못 만난 청년들의 삶은 서방 7대 강국의 혜택은커녕, 헬조선의 비참함에 빠져 있다. 같은 서울 청년들이라고 해도 강남에서 자란 다이아몬드 수저, 금수저 청년과 금천구에서 자란 무수저, 흙수저, 동수저 청년 사이에는 엄청난 사회적 신분의 격차와 운명의 엇갈림이 존재한다. '출생의 비밀'을 통하지 않고서는 도저히 넘어설 수 없는, 신분의 거대한 계급적 장벽, '넘사벽'이 세워진 것이다.

청년들의 삶이 지옥과 같다는 것은 미국도 마찬가지이다. 2016년 미국 대통령 선거판에서 돌풍을 일으킨 버니 샌더스는 미국 역사상 처음으로 청년 세대가 자기 부모 세대보다 더 가난한 인생을 살게 되었다고 비판했다. 우리나라의 청년 세대 또한 역사상 처음으로 자기 부모 세대보다 더 가난하고 비참한 인생을 살고 있다. 청년들에게는 한국만 아니라 미국도 지옥이며, 따라서 헬조선은 헬미국이다. 삶의 희망과 의욕을 잃은 비참한 청년들의 모습은 한국에서만이 아니라 세계 도처에서 볼 수 있다. 결혼과 출산, 육아를 포기하는 삼포, 오포 청년의 모습은 한국을 비롯해 일본과 미국, 그리고 스페인과 그리스, 이태리 등 선진국 도처에서 볼 수 있다. 이러한 풍경이 바로 피케티가 말한 21세기 자본주의의 모습이다.

그러나 헬조선과 헬미국, 헬유럽의 '포기한 청년들', 현대판 '비참한 사람들' 즉 레 미제라블(Le Miserables)이야말로 21세기 자본주의의 거대한 전환, 혁명적 변화를 이루어낼 새로운 역사의 보편적 주체이다. 최상위

1%의 21세기 귀족과 나머지 99%의 21세기 평민 사이의 일상화된 대립과 충돌의 갈등선은 앞으로 이 나라와 세계 전체가 직면할 거대한 전환의 대지진이 어떤 단층선(fault lines)을 따라 진행될 것인지를 예고한다.

악덕 사장에 당당하게 맞서는
막돼먹은 영애 씨를 꿈꾸다

한국경제에 만연한 헬조선 불평등의 또 다른 모습은 대기업과 중소기업 간에 나타난다. 현대차와 삼성전자에 근무하는 직원과 노동자들의 평균 연봉은 1억 원에 육박하는 반면 중소기업의 그것은 연봉 2~4,000만 원에 불과한 것이 현실이다. 그렇다면 이 문제를 어떻게 해결할 것인가? 보수와 진보, 여당과 야당을 막론하고 지금까지 제시된 주된 해법은 대기업-중소기업 간의 상생정책과 재벌그룹 또는 대기업 위주의 경제구조를 축소 또는 해체하여 중소기업 위주의 경제구조를 구축해야 한다는 것이다. 하지만 과연 그럴까? 이 책의 제2부는 이러한 의문에 대한 답을 찾는다.

먼저, 대기업-중소기업 동반성장 정책은 그 자체로서 잘못된 것이 아니다. 하청 단가 규제와 이익공유제 그리고 성과공유제, 징벌적 손해배상제 역시 가능하다면 도입하는 것이 바람직하다. 그런데 그런 국가 정책으로 헬조선의 불평등을 해소할 수 있을까?

경제민주주의 핵심 과제를 대기업-중소기업 간 동반성장으로 보는 이들이 주장하는 온갖 국가 정책을 진지하게 시행하였을 때 과연 얼마만큼의 긍정적 효과가 나타날까? 여기에 관해서는 장하성 교수가 2015년 가을에 발간한 책《왜 분노해야 하는가》에서 답을 들을 수 있다. 연

7.6조 원이다. 정운찬과 김종인-박영선, 안철수와 장하성, 박원순과 김상조-위평량 등 야권의 이른바 경제민주화 진영의 정치인과 경제학자들이 그토록 난리법석을 떨면서 지난 20년간 외쳐온 대기업-중소기업 상생과 하청 단가 인상, 이익공유제와 성과공유제 등의 정책이 연 7.6조 원의 낙수효과(trickle down)를 가져온다는 것이다.

연 7.6조 원은 너무 적은 액수가 아닌가? 그 액수로 헬조선의 핵심적 불평등 문제를 해결할 수 있을까? 연 10조도 안 되는 액수로 TV 드라마 〈막돼먹은 영애씨〉에 등장하는 직원 5~6명짜리 소기업 낙원사에 근무하는 라미란과 윤서현, 정진상과 이영애, 그리고 스잘과 이수민 같은 900만 명의 저임금 월급쟁이들의 살림살이가 획기적으로 나아질 수 있을지 묻고 싶다. 오늘날 한국경제 전체 취업자의 절반인 900만 명이 월급 200만 원이 안 된다. 이들의 월급을 최소한 300만 원으로 높이려면 연 160~200조 원의 비용이 소요된다. 오늘날 한국경제가 직면한 경제민주주의의 핵심 과제는 900만 명에 이르는 저임금 노동자와 중소기업 직원들을 어떻게 하면 월급 300만 원 이상, 연봉 4,000만 원 이상 받는 정규직 중산층으로 전환시킬 수 있는가에 달려 있다.

그런데 재벌그룹 개혁과 대기업-중소기업 동반성장을 핵심으로 하는 기존의 경제민주화 프레임은 불과 연 10조 이내의 금액을 만들어낼 수 있을 뿐이다. 허탈하지 않은가? 더구나 그 액수가 모두 저임금 노동자들의 임금인상에 쓰이지도 않을 것이 분명하다. 왜냐하면 압도적 다수의 중소기업과 영세기업, 식당·카페에서는 인권과 노동권, 노동조합권이 야만적으로 유린되고 있기 때문이다. 드라마 〈막돼먹은 영애씨〉에서 조덕재 사장의 막말과 갑질 횡포에 라미란과 윤서현은 감히 당당히 맞서지 못한다. 따라서 그 10조의 액수마저 고스란히 업주의 호주머니로 들어갈 것이다.

아르바이트(알바)와 비정규직, 중소·영세기업 노동자의 인권과 노동권, 노동조합권을 대폭 신장하는 데 주력하는, 새롭고 담대한 경제민주주의가 필요하다. 낙원사에 근무하는 라미란과 정진상, 윤상현과 이수민이 조덕재 사장의 횡포에 맞서 자신들의 권리를 당당히 말하는 것이 진정한 경제민주주의이다. 그렇지 않고서는 연 10조 원, 나아가 연 160조 원의 근로소득이 알바와 비정규직, 중소·영세기업 노동자들에게 새롭게 분배되어 그들도 월급 300만 원 이상, 연봉 4,000만 원 이상 받게 되는 세상은 꿈도 꿀 수 없다. 지금까지 이야기되어온 경제민주화, 즉 재벌그룹 개혁과 대기업-중소기업 동반성장, 그리고 을(乙)지키기 운동으로 대표되는 '공정한 시장질서 구축'으로는 턱없이 부족하다. 더구나 주주민주주의(주주자본주의) 방향의 재벌그룹 개혁과 대기업 기업지배구조 개혁은 경제민주주의는 고사하고 '시장의 독재'(주식시장 독재)를, 따라서 주식투자 펀드에 의한 기업 약탈과 노동자 수탈의 체제를 출현시킬 뿐이다.

헬조선에서는 민주주의가 회사 정문 앞에서 멈춘다

"민주주의는 회사 정문 앞에서 멈춘다."는 유명한 격언이 있다. 박근혜가 퇴진하여 새로운 대통령이 민주적으로 선출되면 뭐하나? 매일 출근해서 하루 일과의 대부분을 보내는 직장에서 노예처럼 취급받는다면 말이다. 돈 있고 자본 있는 업주들의 갑질이 지배하고 종업원들은 노예인 것이 헬조선의 현실이다.

재벌그룹 개혁 및 대기업-중소기업 간 상생(둘 다 공정거래법상의 규제)에 국한된 경제민주화보다 훨씬 넓고 깊은 경제민주주의가 절실히 필요하다. 궁극적으로 직장 내 인권과 근로소득(월급)을 높이고 근무시간을 줄여 저녁과 휴가, 여가가 있는 삶으로 귀결되는 경제민주주의라야 한다. 이를 위해서는 모든 직장인들, 노동자들의 힘과 권리를 강화할 필요가 있다. 대기업-중소기업 간 임금격차와 복지격차를 넘어서려면 프랑스대혁명이 제시한 세 번째 가치인 형제애(fraternity)의 정신으로 고임금의 대기업 노동자와 저임금의 중소·영세기업 노동자들이 하나의 가족, 하나의 형제자매처럼 단결하고 상부상조하는 업종별 연대와 지역별 연대, 전국적 연대정신이 필요하며 그것을 보장하고 촉진하는 법제도가 필요하다. 이것이 진정한 경제민주주의이며 자유(liberty)와 평등(equality), 형제애(fraternity)의 3대 가치가 정치 영역만이 아니라 경제 영역, 일상생활에서도 확보되는, 진정한 민주공화국이다.

구의역 청년의 죽음과 삼성동물원

야권의 대선 후보로 나선 서울시장 박원순이 정치적으로 성장하는 데 결정적인 역할을 한 것이 소액주주 운동 즉 주주민주주의 운동이었다. 주주권(주식투자자 권리)을 중심으로 하는 경제민주주의 시민운동을 전개한 것이다. 그런데 정작 박원순 시장은 서울시 산하 공공기관들에서 이미 관행으로 자리 잡은, 값싼 저임금 노동력의 하청·외주의 문제점에 대해 무관심하고 무지했다는 것이 구의역 청년의 죽음 사건으로 드러났다. 공기업인 서울메트로가 책임진 지하철역에서 2016년 여름에 발생한 비정규직 청년의 안타까운 죽음은 하청·외주라는 '가면을 쓴' 간접고용, 즉 '은폐된 노예계약'의 일반적 문제점을 잘 보여준다. 구의역 청년의 죽음은 외주·하청업체 노동자들이 받는 터무니없는 저임금과 작업장의 안전 미비 등의 문제가 재벌 또는 대기업-중소기업의 문제라 기보다는 보다 보편적인 문제, 즉 자유시장 자본주의(free market capitalism)에 만연한 약탈과 중간착취의 문제라는 점을 적나라하게 보여주었다. 따라서 이런 문제의 해법은 주주민주주의(주식시장 자본주의)가 아니라 산업민주주의, 즉 직장에서의 인권과 노동권, 노동조합권의 확대에서 찾아야 한다.

한편 또 다른 대선 후보인 안철수가 정치적으로 성장하는 데 결정적인 역할을 한 것이 그의 '삼성동물원' 발언이었다. 삼성SDS와 LG-CNS 같은 재벌계 IT서비스 회사들이 소프트웨어 개발의 외주-하도급 거래에서 하청 중소벤처기업들을 혹독하게 쥐어짜며 그 결과 하청 IT 업체 직원들이 저임금에 잠도 못 자고 하루 15시간씩 일하고 있다는 내용의 발언이었다. 그는 이 모든 것이 결국 '못된 재벌 탓'이라고 비난했다. 청중들은 그의 삼성동물원 비판에 열광하면서 그를 '경제민주화의 전도사'로 추켜세웠다.

하지만 그가 2017년 대선에서 대통령이 된다 하더라도 IT업계에 만연한 저임금과 장시간 노동을 없앨 수는 없을 것이다. 국가와 대통령이 직접 나서서 낮은 하청 단가를 규제해도 어느새 더 낮은 하청 단가를 더 낮은 인건비를 바탕으로 제시하는 신규 하도급 업체가 출현하여 하도급 경쟁에서 유리한 위치를 차지하기 때문이다. 이러한 경쟁시장 원리를 정부가 원천 봉쇄하는 것은 불가능하다.

한계가 뚜렷한 불공정 하도급 규제에 비해 보다 직접적이고 보다 본질적인 해법이 있다. 다단계 하청·납품거래의 본질인 은폐된 저임금 착취를 원천적으로 봉쇄시켜버리는 것이다. 그러기 위해서는 중소벤처기업에 만연한 저임금과 장시간 노동을 아예 없애버리는 데 주력하는 새로운 경제민주주의가 요청된다. 대통령과 국회, 정부가 모두 나서서 중소벤처기업과 영세·소기업에서 근로기준법 준수 감독과 노동권 및 인권 신장, 노동조합 설립, 지역별·산업별 단체협상의 법적 의무화에 집중해야 한다. 그리고 이들 모든 회사에서 임금을 향후 5년간 단계적으로 월 300만 원 이상 올리고 하루 10시간 이상, 주 5일 이상의 근무를 법률로 금지시키는 정책을 단계적으로 시행해야 한다.

그렇게 되면 하청업체와 중소·영세기업들의 인건비 부담은 증가하며 그 인건비를 감당 못하는 낮은 생산성과 낮은 기술력의 회사들은 보다 생산성과 기술력이 더 높은 회사로 인수·합병되면서 회사 규모가 커지게 된다. 그렇게 규모가 커지고 기술력이 높아진 업체들은 원청 대기업에 대해서 협상력을 높일 수 있다. 꿩(임금인상) 먹고 알(회사의 협상력과 기술력 강화)도 먹는 전략이다.

스웨덴과 독일, 오스트리아와 네덜란드, 프랑스 같은 유럽에서는 대기업-중소기업 상생 정책과 불공정 하도급 규제 같은 국가정책이 별로 눈에 띄지 않는다. 이들 나라의 대기업들이 착하고 자비로운 천사들이기 때문일까? 아니다. 유럽에서는 강력한 산별·지역별 노동조합과 산업별 단체협상, 그리고 국가적 복지 확대를 통해 동일한 산업·업종 내의 대기업-중소기업 간 임금격차와 사내복지 격차 즉 노동시장의 이중구조화 문제를 원천 봉쇄하였다.

2017년에 집권할 우리나라 대통령과 노동운동도 이런 정책을 펴야한다. 법적 최저임금을 단계적으로 높이는 동시에 영세기업과 중소벤처기업을 포함한 모든 회사와 사업장에서 알바와 비정규직, 외주·사내외 하청의 모든 노동자를 형제애의 정신으로 껴안고 함께 가는, 진정한 사회공동체 정신의 노동운동을 조직화해야 한다. 민주공화국은 그것을 촉진하고 보장하는 법률을 제정해야 한다. 대공황 시기인 1930년대에 집권한 미국의 루스벨트 민주당 대통령, 같은 시기에 집권한 스웨덴 사회민주당의 한손 총리, 그리고 히틀러 나치당의 패망 이후의 독일 민주공화국이 그렇게 하였다. 이것을 그들은 경제민주주의라고 불렀다. 이것이 진짜 경제민주주의이다.

샌더스의 꿈, 우리의 꿈

2016년 11월 미국 대통령 선거에서 트럼프가 당선되면서 팍스 아메리카나의 세기는 끝났다. 미국과 세계는 새로운 대전환의 시대에 접어들었다. 이러한 역사적 대전환을 증오와 거짓, 야만과 타락, 파괴와 이기심이 아니라 공감과 진실, 문명과 도덕, 휴머니즘과 민주주의, 생태와 평화의 관점에서 이끌어갈 정치적 인물은 미국의 샌더스 같은 이들뿐이다.

한국은 경제력과 과학기술력, 군사력 등에서 서방 7대 강국에 속하며 곧 이탈리아를 추월할 것이다. 하지만 한국의 대다수 평민들의 삶은 이탈리아는커녕 멕시코 수준이다. 우리나라 평민들의 삶의 질이 우리가 하찮게 보는 이탈리아 수준으로 높아지려면 무려 연 250조 원 규모의 사회복지(복지국가)와 임금인상(산업민주주의)을 기획하여야 한다. 더구나 그것을 스웨덴과 덴마크 수준으로 높이려면 연 500조 원 규모의 복지국가와 산업민주주의를 기획하여야 한다.

물론, 1~2년 만에 이탈리아 또는 스웨덴 수준에 도달하자고 주장할 수는 없다. 먼저 집권 1기 5년 동안에는 폴란드와 일본 수준의 소박한 복지국가에 도달하고, 그 다음 5년에는 이탈리아 수준의 복지국가에 도달하는 도정을 기획해보자. 그리고 그 다음 10년 뒤부터는 프랑스와 스웨덴 수준의 삶의 질에 도전하는, 20년에 걸친 대장정을 기획해보자는 말이다.

박근혜 정권과 보수 정치가 몰락하고 있다. 하지만 여전히 우리나라의 야권정치와 진보정치에는 '헬조선 탈주'를 꿈꾸는 청년들과 평민들이 공유할 '거대한 전환'의 꿈과 비전이 취약하다. 미국의 샌더스가 제시한 'Our Revolution'(우리의 혁명) 같은 거대한 대전환의 기획과 구상이, 꿈과 비전이 절실하다. 우리도 샌더스처럼 역사적 대정정의 길을 제시하고, 그 길을 함께 가고자 하는 이들을 하나의 공동체로, 하나의 힘으로 모아내자. 5천만 국민 전체의 삶을 획기적으로 개선할 위대한 운동을 기획해보자.

1부

그들은 왜
헬조선의 불평등을
해결하지 못할까?

01 1995년, 불평등의 원년

2016년 3월에 발표된 IMF(국제통화기금)의 〈아시아의 불평등 분석〉 보고서에 따르면 우리나라에서 잘사는 소득 상위 10%가 전체 가계소득에서 차지하는 비중은 2013년 현재 45%이며 이것은 아시아에서 가장 높은 수치이다.[1] 즉 한국은 가장 소득이 높은 상위 10%가 평균적인 서민 가정에 비해 4.5배나 많은 소득을 올려 아시아에서 가장 불평등한 나라이다. 싱가포르는 상위 10%의 소득점유율이 42%이고 일본은 41%로 우리보다 낮다. 뉴질랜드(32%)와 호주(31%), 말레이시아(22%)는 한국에 비해 훨씬 평등한 나라들이다.

IMF의 〈아시아의 불평등 분석〉 보고서를 보면 한국은 1990년대 중반까지만 해도 상대적으로 평등한 나라였다. 그런데 순식간에 불평

---

1   IMF(2016), *Sharing the Growth Dividend: Analysis of Inequality in Asia*, IMF Working Paper.

등한 나라로 변화하는 것으로 나온다. 변화의 속도가 아주 급격하다. 1995년만 해도 한국의 소득 상위 10%는 전체 국민소득의 29%를 가져 갔다. 그런데 18년 뒤인 2013년에는 45%로 늘어났다. 같은 기간 동안 다른 아시아 나라들에서는 1~2% 늘어난 데 불과했다.

소득 상위 10%에는 연봉 7,000만 원 이상의 모든 근로소득자들도 포함된다. 즉 은행과 증권사, 재벌계 대기업의 과장급 이상 직장인들과 임원들은 모두 소득 상위 10%에 속한다. 또한 여기에는 연봉 1억 5,000만 원에 재산 20억이 넘는 최상위 1%도 포함된다. 그런데 가장 부유한 소득 상위 1%가 전체 가계소득에서 차지하는 비중 역시 1990년대 중반 이후 크게 증가했다. 1995년에만 해도 7%였는데 18년 뒤인 2013년에는 12%로 올라간 것이다. 즉 1995년에는 가장 부유한 1%가 평균 소득의 7배를 벌었는데, 이제는 12배를 벌고 있다. 이 역시 아시아 최고로, 소득 상위 1%가 가계소득의 14%를 가져가는 싱가포르에 밀려서 2위일 뿐이다. 하지만 1995년 이후 상위 1%의 소득이 증가하는 속도에서만큼은 한국이 아시아에서 타의 추종을 불허하는 압도적 1위이다.

헬조선 지옥문, 1995년에 열리다

우리나라의 경제 불평등은 아시아만이 아니라 세계적 기준으로도 심각하다. [그림 1]에서 보는 바와 같이. 상용 근로자 임금을 기준으로 가장 못 버는 최하위 10%와 가장 잘 버는 최상위 10%의 임금을 비교하면 한국의 비율은 4.7배(2013년)로 OECD 33개 회원국 중 네 번째

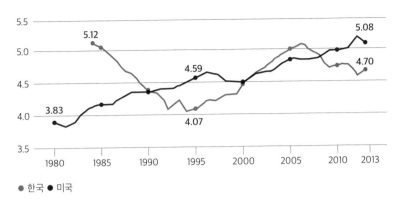

그림 1 **한국과 미국의 상용근로자 임금소득 하위 10%의 임금 대비**
　　　상위 10%의 임금 비율 추이

(단위: %)

● 한국 ● 미국

자료: OECD
장하성,《왜 분노해야 하는가》, 64쪽에서 재인용

로 불평등이 심하다.[2] 게다가, 이 비교 수치에 포함되지 않은 임시직 노동자(알바 및 비정규직)와 저임금의 소기업 노동자까지 포함하면 불평등은 더욱 심각하다. 가장 돈을 못 버는 최하위 10%와 가장 돈을 잘 버는 최상위 10%의 임금격차는 5.9배에 달한다.

그런데 [그림 1]은 우리나라에서 소득 불평등이 1980년대 중반부터 1990년대 중반의 10년 기간 중에는 상당히 빠른 속도로 줄어들고 있었다는 점 또한 명백하게 보여준다. IMF의 〈아시아의 불평등 분석〉 보고서 역시 1990년대 중반까지만 하더라도 한국은 대만, 싱가포르, 홍콩 등 '동아시아의 네 마리 용'과 함께 높은 경제성장과 공정한 분배라는 두 마리 새를 동시에 잡은 드문 나라였다고 평가한다. 그런데

2 　장하성(2015),《왜 분노해야 하는가》, 헤이북스, 62쪽.

1990년대 중반 이전 시기란 대부분 박정희와 전두환, 노태우 등 군인 출신 대통령이 집권했던, 이른바 개발독재의 시기이다. 이 시기는 또한 야권의 자유주의적 경제학자와 정치인들이 이른바 '중상주의적' 국가 주도, 재벌 주도 경제성장 체제이며 '비정상적인 시장경제', '사회주의적 계획경제 또는 관치경제'라고 맹렬하게 비난하는 시기이다. 하지만 아이러니컬하게도, 그렇게 비난하는 대표적인 경제학자인 장하성 교수의 책에 나오는 통계적 사실, 즉 [그림 1]조차 오히려 그 기간 동안에 불평등이 완화되었다는 점을 명백하게 보여준다. 게다가 [그림 1]은 빈익빈 부익부의 경제적 불평등이 심해지는 시점이 공교롭게도 1990년대 중반부터이며 이 기간은 김영삼 문민정부와 김대중 민주정부가 집권한 시기라는 것을 명백한 통계적 사실로 보여준다.

재산소득과 사업소득, 근로소득을 모두 합한 종합소득을 기준으로 볼 경우에도 불평등은 과거에 비해 심각해졌다. 더구나 종합소득 불평등은 노동소득(근로소득) 불평등보다 그 정도가 훨씬 더 심각한데, 주목할 사실은 종합소득의 불평등 역시 1990년대 중반부터 벌어지기 시작했다는 것이다.

[그림 2]에서 보다시피, 우리나라에서 가장 부유한 상위 10%의 개인 종합소득이 총소득(개인소득)에서 차지하는 몫은 1990년대 중반까지만 해도 30%를 넘지 않았다. 다시 말해서, 상위 10% 개인의 종합소득이 개인 평균 종합소득의 3배를 넘지 않았던 것이다. 더구나 그 수치는 1979~1995년의 기간 중에 거의 변동이 없었고 그만큼 종합소득 불평등이 별로 심화되지 않았다. 이 점은 가장 부유한 소득 최상위 1%에서도 마찬가지였는데, 최상위 1% 개인의 종합소득은 개인 평균 종합소득의 7.2배(1979년)에서 6.9배(1995년)로 그 기간 중에 오히려 줄어들어 빈부

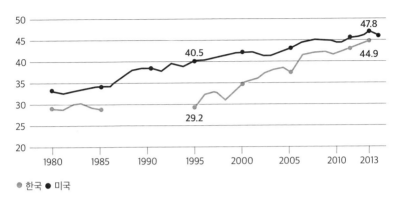

그림 2 한국과 미국의 개인소득 상위 10%의 소득 집중도 추이

(단위: %)

● 한국 ● 미국

자료: The World Top Incomes Database
장하성, 《왜 분노해야 하는가》, 64쪽에서 재인용

격차가 완화되었다.

하지만 1995년부터 대반전이 시작된다. 1995년부터 최근 2013년에 이르기까지 개인소득의 불평등 즉 빈익빈 부익부 현상이 일관되게 심화되는 것이다. 이 기간에는 김대중+노무현 민주정부 집권기인 1998~2007년의 10년이 포함되며 또한 이명박+박근혜 보수정부 집권기인 2008~2013년도 포함된다.

지금까지 우리는 장하성 교수의 책《왜 분노해야 하는가》에 나오는 통계적 사실을 가지고 한국경제에서 부와 소득의 불평등이 1995년을 전후로 시작되었다는 점을 살펴보았다. 이 점에 대해서는 그 누구도 부인하지 못한다.

그렇다면 왜 하필이면 개발독재와 재벌체제의 전성기였던 1970~80년대가 아니라 1995년경이었을까? 이 질문에 대한 답을 모색하려면 소득 불평등에 대한 보다 상세한 팩트가 필요하다. 다행히 이런 상세한

그림 3 소득 그룹별 1인당 근로소득(2000년 불변가격) 추이

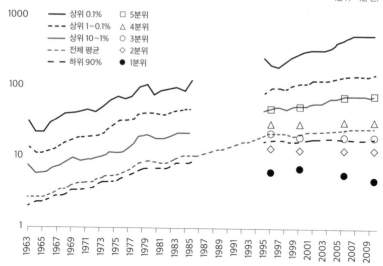

자료: 김낙년 (2014), "한국의 소득분배 : 장기추이와 국제비교", 이영훈 엮음, 《한국형 시장경제 체제》, 서울대출판문화원, 275쪽

사실 발굴(fact finding) 작업을 해준 연구자가 있다. 김낙년 교수이다. 소득 불평등에 관한 그의 연구는 보수와 진보를 막론하고 국내외에서 좋은 평을 듣고 있다. 김낙년은 국세청 근로소득세 자료를 이용하여 1963년부터 2010년에 이르는 47년간의 노동소득(임금소득) 불평등을 연구했다. 그가 제시하는 팩트는 우리가 실제로 일상생활에서 체험한 사실과 다르지 않다.

먼저 그는 1960~90년대 초반에 이르는 30여 년간의 개발독재 및 고도 성장기에는 임금소득의 불평등이 지금보다 심하지 않았으며, 다소 기복은 있지만 불평등 수준이 낮게 유지되었다는 명백한 사실을 국세청 통계로 지적한다. 그가 작성한 (그림 3)에서 보듯이, 1960년대에서 1990년대 중반에 이르는 30여 년간 모든 근로자들의 실질임금이 계속 상승했다. 월급이 많은 상위 10% 근로자들이라고 해서 특별히 임금 상승률이 높지 않았으며, 월급이 가장 적은 하위 10%의 월급도 상위 10%만큼 계속 상승했다. 따라서 이 30여 년간의 기간은 '동반성장'이 비교적 잘 달성된 기간이라고 할 수 있다.

그런데 김낙년이 인용한 국세청 통계를 보더라도 1990년대 중·후반을 기점으로 극적인 변화가 일어난다. 먼저 그 이전 시기에 비해 1999~2010년의 기간에는 근로소득(월급)의 상승률이 현격하게 낮다. 거의 미미한 증가율이다. 게다가 월급이 많은 상위 근로소득자와 그렇지 못한 하위 근로소득자 간에 월급 인상의 폭이 크게 벌어진다. 가장 월급이 적은 1분위인 하위 20% 근로자들의 경우 1999~2010년의 11년간 실질임금이 상승은커녕 오히려 상당 폭으로 하락했다. 2분위 즉 하위 20~40% 근로자들의 경우에도 그 11년의 기간 중에 실질임금이 소폭 하락했다. 3분위 즉 40~60%의 근로소득자들 역시 그 기간 중에 실질임금이 미미하지만 줄었다. 4분위 즉 그런대로 월급이 꽤 있는 상위 20~40% 사이의 근로소득자들조차 이 기간 중에 실질임금이 사실상 늘지 않는 정체 상태였다. 유일하게 1999~2010년의 11년간 실질임금이 늘어난 것은 근로소득 5분위 즉 가장 월급이 많은 상위 20% 뿐이었다.

이 기간 중에 도대체 무슨 일이 발생했기에 이런 큰 변화가 일어난 것일까? 왜 전체 근로소득자의 80%에서 실질임금이 줄거나 또는 정체되었을까? 더구나 가장 못 버는 하위직 노동자일수록 더 월급이 줄었는데, 도대체 무슨 일이 일어난 걸까? 그 직접적인 이유는 자명하다. 왜냐하면 이 기간 중에 알바와 비정규직, 사내하청과 외주전환 등으로 과거에 비하여 저임금의 불안정 노동자들의 숫자가 폭발적으로 크게 늘어났기 때문이다. 1999~2010년의 11년은 김대중-노무현-이명박 대통령 정부의 집권 기간이었고 이들 정부는 모두 노동시장 유연화의 이름으로 위 정책을 추진했다. 그런데 전체 근로소득자의 80%가 실질임금이 줄거나 또는 정체된 그 11년 동안 한국경제는 매년 3~5% 성장했고 노동생산성도 그만큼 계속 높아졌다.

가장 부유한 1%를 위한 시장 개혁

가장 월급이 많은 상위 20%의 근로소득자들 역시 그 내부를 더 정밀하게 관찰할 필요가 있다. 그들을 더 세분화하여 상위 10~20%와 상위 1~10%, 상위 0.1~1%, 그리고 최상위 0.1%이라는 4개의 그룹으로 세세하게 나누어 살펴보면, 먼저 상위 10~20%의 월급(근로소득) 증가율은 총근로소득의 증가율과 거의 같다. 즉 1999~2010년의 11년간 이들의 실질임금은 미미하게 늘었을 뿐이다. 이들에 비하면 근로소득 상위 10%의 실질임금 증가율이 약간 더 높다. 그런데 그 10% 내에서도 가장 월급이 많은 최상위 1%, 그리고 그 중에서도 가장 높은 월급의 최상위 0.1%의 실질임금이 가장 큰 폭으로 늘었다. 즉 연봉이 수억이 넘는 최상위 근로소득자 0.1~1%의 임원급 경영자와 CEO들이 가져가는 월급(근로소득)이 1997~2010년의 13년간 가장 큰 폭으로 상승했다. 결론적으로, 1998년 이후 그나마 총근로소득 증가율보다 높은 속도로 실질임금이 상승한 근로소득 상위 10% 계층의 내부에서도 최상위 0.1% 근로소득자들의 월급이 가장 빨리 늘어나는 부익부 소득집중의 메커니즘이 작동한 것이다.

이렇듯 월급 받는 근로소득자들 간에 빈익빈 부익부가 진행된 기간

표 1 2014년 연 근로소득 분포

구분	인원수 (명)	분위 소득 구간	분위 소득 합계 (백만 원)	비중 (%)	1인당 평균소득 (천 원)
1분위	1,564,932	0~400만 원	2,905,610	0.57%	1,857
2분위	15,801,136	400~950만 원	10,642,892	2.07%	6,735
3분위	1,707,164	950~1,400만 원	20,254,436	3.94%	11,864
4분위	1,604,034	1,400~1,800만 원	25,690,498	(5.00←)5%	16,016
5분위	1,661,864	1,800~2,300만 원	33,979,091	6.62%	20,446
6분위	1,559,937	2,300~2,900만 원	40,342,026	7.86%	25,861
7분위	1,614,097	2,900~3,700만 원	53,018,120	10.32%	32,847
8분위	1,638,473	3,700~4,850만 원	69,447,436	13.52%	42,385
9분위	1,630,796	4,850~6,700만 원	92,748,715	18.06%	56,873
10분위(상위 10%)	1,626,214	6,700만 원 이상	164,518,758	32.04%	101,167
상위 10-5%	860,054	6,700~8,500만 원	63,392,486	12.34%	73,708
상위 5-1%	653,138	8,500~1억 3,500만 원	66,123,408	12.88%	101,240
상위 1%	178,830	1억 3,500만 원 이상	39,379,157	7.67%	220,204
상위 1-0.5%	91,228	1억 3,500~1억 7천만 원	13,106,079	2.55%	143,663
상위 0.5-0.1%	71,612	1억 7천~3억 5천만 원	15,678,730	3.05%	218,940
상위 0.1%	15,990	3억 5천만 원 이상	10,594,349	2.06%	662,561
상위 0.1-0.05%	8,418	3억 5천만 원~4억 9천만 원	3,388,545	0.66%	402,536
상위 0.05-0.01%	7,572	4억 9천만 원 이상	7,205,804	0.01	951,638
상위 0.01%	1,868	10억 원 이상	3,505,069	0.68%	1,876,375
합계	16,187,647		513,547,581	(100.00%←)100	

자료: 윤호중 의원실 보도자료, 2015년 9월 9일

의 대부분은 김대중+노무현 대통령의 통치 기간이며 이명박 정부 통치 기간도 일부 포함된다. 이것은 김대중+노무현 정부가 추진했고 이명박 +박근혜 정부가 이어받아 계속 추진하고 있는 각종 시장주의적 구조개혁이 최종적으로는 가장 부유한 최상위 1% 또는 0.1%의 부와 소득을 증진시키는 방향으로 작동하고 있다는 것을 명백하게 보여준다.

그렇다면 월급이 가장 많은 상위 10%의 근로소득자는 누구인가? 국세청 근로소득세 자료를 인용한 윤호중 의원실 보도자료(앞의 (표 1) 참조)에 따르면 2014년 기준 상위 10%의 근로소득자란 연봉 6,700만 원 이상인 봉급쟁이들인데 이들의 숫자는 162만 6,214명이다. 이들은 대부분 은행과 보험사 등 금융회사와 삼성과 현대차, 롯데 등 재벌계 대기업, 그리고 한전과 공사 등 공기업에 근무하는 정규직 직원과 현장 노동자, 그리고 임원급 경영자들이다.

또한 최상위 1%의 근로소득자란 연봉 1억 3,500만 원 이상을 버는 봉급생활자들이며 이들의 숫자는 17만 8,830명인데, 이들의 평균 연봉은 2억 2,020만 원이다. 여기에는 대기업과 은행, 보험사, 증권사, 공기업 등의 경영자들이 포함된다. 그리고 이들 1% 중에서도 그 1/10인 0.1%의 근로소득자란 최소한 연봉 3억 5,000만 원 이상을 버는 1만 5,990명의 근로소득자를 말하며, 이들의 평균 연봉은 6억 6,256만 원이다. 여기에는 시중은행의 은행장, 중견 대기업 임원 등이 포함된다. 그리고 이들 0.1% 중에서도 1/10인 0.01%의 근로소득자란 1년에 최소한 10억 이상의 연봉을 벌어가는 근로소득자들인데, 이들의 숫자는 1,868명이다. 이들은 삼성전자와 현대차 등에서 수출대기업에 근무하는 회장과 부회장, 사장과 부사장, 전무, 상무 등 임원급 인사들이다.

권오현 삼성전자 부회장이 작년 [2015년] 149억 5,400만 원의 보수를 받아 '2015년 최고경영자(CEO) 연봉 왕'에 올랐다. 권 부회장이 이끄는 삼성전자 반도체 사업은 작년 사상 최대 실적(영업이익 12조7900억 원)을 냈다. 권 부회장은 보수가 1년 만에 60% 가까이 늘어나, 국내 재계 오너들을 제치고 가장 많은 보수를 받았다. 권 부회장의 보수는 삼성전자 직원 평균 연봉(1억

100만 원)의 148배에 달한다. 《조선일보》 2016년 3월 31일자)

국민은행과 기업은행은 은행장 연봉이 5억 원이 안 되면서 행원 평균 연봉과의 격차가 가장 적다. 국민은행은 윤종규 행장과 이홍 부행장에게 총 6억 4,700만 원을 지급했다. 기업은행은 권선주 행장과 박춘홍 전무에게 총 6억 5,500만 원을 지급했다. 윤 행장은 KB금융지주로부터 연봉을 받기 때문에 지난해 총 연봉이 5억 원 이상으로 추정된다. 반면 권 행장은 2014년 3억 6,200만 원의 연봉을 받았다. 지난해 기본급이 올랐지만 연봉이 4억 원을 넘지 못했을 것으로 보인다. 권 행장이 4억 원을 받았다면 권 행장은 행원 평균 연봉의 5.8배에 불과한 연봉을 받는 셈이다. 행원 평균 연봉이 가장 높은 씨티은행은 은행장의 연봉이 5억 4,100만 원으로 행원 평균 연봉 9,100만 원의 6배도 안 된다. 《매일경제신문》 2016년 4월 11일자)

앞서 본 바와 같이, 1990년대 중반 이후 대다수 근로소득자들의 실질임금이 하락 또는 정체하는 중에 유일하게 실질임금이 상승한 것은 상위 10%의 근로소득자들이다. 그 중에서도 연봉이 가장 높은 상위 1%와 0.1%에서 연봉 상승률이 가장 높다. 또한 대기업과 은행 등의 임원급에 해당하는 최상위 0~0.1%의 근로소득자들의 연봉 증가율이 그들보다 덜 버는 0.1~1%의 그것보다도 확연하게 높다. 결국 1995년 이후, 특히 1998년 이후 가장 월급이 많이 증가한 것은 연봉이 가장 높은 최상위 0.1%이다.

요약하자면, 1990년대 중·후반 이후 근로소득자들의 실질소득 증가가 대부분 멈추거나 오히려 감소했으며, 유일하게 실질임금이 증가하고 있는 것은 가장 월급이 많은 연봉 6,700만 원 이상의 상위 10% 근로

그림 4 상위 0.1% 근로소득자로의 소득집중 - 한국, 일본, 미국

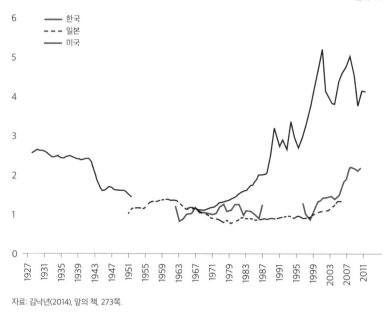

(단위: %)

자료: 김낙년(2014), 앞의 책, 273쪽.

자들뿐이다. 그런데 이들 내에서도 연봉이 가장 빠르게 상승한 것은 연봉이 수억이 넘는 최상위 0.1~1%의 임원급 경영자들이다. 이들에게 근로소득 집중이 진행되어 빈익빈 부익부 현상이 나타나고 있는 것이다.

미국 따라 하기, 불평등 따라 하기

한국의 근로소득 불평등 변화는 미국의 그것을 그대로 모방하고 있다. [그림 4]에 나타나듯이, 1960년대까지만 해도 미국과 일본, 한국에서 대기업 CEO 등 임원급 경영자들에 해당하는 최상위 0.1% 근로소득자들의 연봉은 평균적인 근로자 연봉의 10배 정도였고, 이러한 격차는 세 나라 모두 비슷했다. 그런데 미국에서 먼저 변화가 시작된다. 그 격차는 1970년대부터 벌어지다가 1980년 말과 1990년대 말에 급격히 벌어져, 2000년대에는 40배로 증가했다. 최상위 0.1%와 평균 노동자의 연봉 격차가 10배에서 40배로 400% 증가한 것이며 그만큼 빈부격차가 증가했다.

미국에서의 변화는 상위 0.1% 중에서도 가장 연봉이 높은 100대 기업 CEO들, 즉 최상위 0.0001%의 연봉을 보면 더욱 실감나게 알 수 있다. 미국 100대 기업 CEO들의 연봉은 1970년대까지만 해도 1백만 달러에 못 미쳤는데 2000년대에는 4,000만 달러로 증가했다. 30년 동안 4000% 폭증한 것이다. 그런데 이 기간 동안 미국 근로소득자들의 평균 연봉은 3~4만 달러(1999년 불변가격) 수준에서 정체되어 있었다. 달리 말해서, 1970년대까지만 해도 미국의 100대 대기업 CEO들의 연봉은 평균적인 노동자 연봉의 50배였지만 오늘날에는 그 1,000배에 달한다. 미국에서 이렇듯 임금격차가 크게 벌어진 원인은 레이건-부시-클린턴 정부가 추진한 금융 탈규제(financial deregulation)와 주주자본주의(shareholders capitalism)의 전면화, 그리고 그 일부로 도입된 상장 대기업에서 임원들에게 고액의 스톡옵션 및 단기수익 연동 성과급이 지급된 것이었다.

일본의 경우 그 30년 동안 최상위 0.1%와 평균적인 근로소득자 간의 연봉 격차가 10배에서 13배로, 30% 증가하는 데 그쳤다. 즉 일본 대기업에서 CEO 등 경영자들의 보수는 미국에서처럼 급격히 늘어나지 않았으며, CEO 연봉과 노동자 연봉 간의 격차도 낮은 수준에서 안정화되어 있었다.

한국의 경우 〔그림 4〕에서 보듯이 1960년대부터 1990년대 중반에 이르는 고도 성장기에는 미국보다는 일본에 가까웠다. 그런데 1997년 외환위기 이후 미국식 시장개혁이 진행되면서 소득분배의 불평등 패턴 역시 급격히 미국과 비슷한 쪽으로 변화한다. 즉 최상위 0.1%와 평균적인 노동자 간의 연봉격차가 10배에서 20배로 200% 증가했다.

1990년대 중·후반부터 우리나라에서 가장 연봉이 높은 근로소득 최상위 0.1~1%의 연봉이 급증한 것은 기업지배구조와 금융시장, 그리고 노동시장의 구조와 제도를 미국식으로 바꾸었기 때문이다. 기업지배구조에서 펀드와 개미 투자자 등 소수주주(소액주주) 투자자들의 발언권과 영향력이 강화되었으며 또한 기업의 외부자금 조달에서 은행대출보다 회사채, CD 등 유가증권 시장의 역할이 극적으로 강화되었다. 이에 따라 종래에 비해 주주가치(shareholder values) 즉 자본시장이 평가하는 기업가치를 극대화하는 방향으로 기업의 행태와 사업구조, 재무구조, 사업구조가 새로 구축되었다. 이러한 구조적 변화는 외국인 투자자들이 상장사 주식을 대거 매입함에 따라 더욱 강해졌다. 주주 중시 경영(주주 가치 경영)은 일반 대기업과 재벌계 대기업들에서 CEO 및 임원들에게 미국처럼 스톡옵션이 부여되고 또한 연공제 월급이 아니라 성과 연봉제를 도입하면서 더욱 구체화되었다. 기업 구조조정 시장에서 론스타와 보고펀드(우리나라 최초의 사모투자 전문회사) 같은 사모펀드(PEF)가 새로 출현하여 '기업가치(주주 가치) 제고'를 지상 목표로 하는 구조조정에 나선 것도 회사 경영진과 일반 노동자 사이의 연봉 격차를 크게 만들었다.

불평등 심화와 피케티의 21세기 자본주의

연봉 즉 근로소득의 격차만 심해진 게 아니다. 재산소득 등 비근로소득을 포함하는 종합소득의 격차 역시 극심했다. 1930년대까지만 해

그림 5 **상위 0.1% 소득집중도의 변천**

(단위: %)

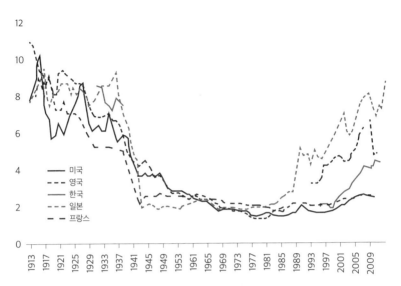

범례:
미국 ——
영국 ----
한국 ——
일본 ----
프랑스 ----

자료: 김낙년(2014), 앞의 책, 272쪽.

도 미국과 영국, 일본, 프랑스 등 선진국에서 가장 부유한 최상위 0.1%
로의 개인소득 집중도는 6~9%였다. 즉 전인구의 0.1%인 최고 부유층
이 국민 평균소득(비근로소득 포함)보다 60~90배 많은 종합소득을 벌었
다. ((그림 5) 참조) 하지만 대공황과 2차 세계대전을 거치면서 그 격차는
크게 줄었다. 더구나 선진국에서 복지국가가 등장한 1950~70년대에
는 대체로 2%대에서 안정되었다. 즉 0.1% 최상위 부유층의 개인소득
(종합소득)이 국민평균 소득의 20배로 떨어진 것이다. 부자와 평민 간의
소득격차가 과거의 1/4~1/5로 크게 줄어들었다.

피케티가《21세기 자본》에서 지적하듯이, 이러한 소득격차 축소 즉
불평등 축소는 자연발생적으로 나타난 것이 아니다. 그것은 1930년대

대공황과 함께 시작된 복지국가와 부자 및 대기업 증세, 그리고 노동권 및 노동조합권 강화를 중심으로 하는 경제민주주의에 의해 정치적으로 강요된 것이다. 하지만 레이건 대통령과 대처 수상이 집권하여 이른바 신자유주의 또는 신보수주의가 지배하는 1980년대부터 미국과 영국을 필두로 다시 1930년대 이전의 소득격차로 회귀하는 정치경제적 움직임이 강력하게 작동한다. 부자 감세와 대기업 감세, 복지 축소와 노동권 약화가 진행되고, 그 결과 2000년대가 되면 미국과 영국에서 부자와 평민 간의 소득격차는 1920년대 이전 수준으로 회귀한다. 1백 년 전인 1916년경처럼, 최상위 0.1%의 부유층이 평민들보다 60~90배를 더 버는 시대가 다시 열렸으니, 부자들의 낙원이 다시 열린 것이다. 하지만 미국 및 영국과 달리 자유시장 자본주의로의 회귀가 더디게 진행된 일본과 프랑스에서는 1990년대 이후에도 과거에 비해 소득격차가 30~40% 가량 더 벌어지는 데 그쳤다. 우리나라의 경우에도 가장 부유한 0.1% 부유층의 소득집중은 1990년대 중반까지 일본-프랑스와 비슷한 수준이었다. 그만큼 지금보다 평등했다. 그런데 (그림 5)가 보여주듯이, 1997년을 기점으로 0.1% 부유층으로의 소득집중이 유별나게 빠른 속도로 진행된다. 빈익빈 부익부의 메커니즘이 본격 작동하기 시작한 것이다.

무엇에 분노해야 하는가?

앞에서 본 바와 같이 우리나라의 경우 대기업 임원 등 근로소득 최상위 0.1%가 가져가는 연봉은 1990년대 말까지만 해도 근로자 평균 연봉의 10배였다. 그런데 1990년대 말부터 경제구조 및 기업구조가 미국식으로 대전환하면서 10년 뒤인 2010년에는 20배로 상승했다. 2016년 현재 그 격차는 20배보다 더 큰 수치로 벌어졌을 것으로 추정된다. 이명박-박근혜 정부의 온갖 경제 정책이 가장 부유한 최상위 0.1~1%의 소득을 늘리는 데 집중되어 있기 때문이다. 근로소득만이 아니다. 재산소득을 포함한 개인 종합소득의 격차는 더욱 심각하다. 미국과 영국에서는 1980년대부터, 그리고 우리나라에서는 1990년대 중·후반부터 부유층과 평민 간의 종합소득 격차가 크게 벌어진다.

그렇다면 왜 하필 1990년대 중·후반부터였을까? 여기에는 두 가지 견해가 있다. 첫 번째는 1990년대 중반 이후 한국경제에 이식된 시장주의 또는 신자유주의 때문에 불평등이 본격화되었다는 시각이다. 두 번째 견해는 여전히 강력하게 잔존하는 과거의 전근대적인 중상주의적 경제구조, 구체적으로는 재벌그룹과 관치경제 때문에 불평등이 심화되었다는 시각이다.

나는 앞의 첫 번째 견해를 지지한다. 김영삼 대통령 정부(1993~1998)는 세계화와 시장화, 자율화 등의 기치를 내걸고 1994년 WTO 가입, 1996년 OECD 가입을 추진했다. 과거의 국가주도 중상주의 체제를 해체하고 자유시장 자본주의로 전환한다는 대원칙에 입각하여 다양한 구조개혁 즉 시장개혁을 시작했다. 그런데 매우 공교롭게도 그러한 구조개혁이 착수되는 1994~1997년이 바로 불평등이 시작되는 바로 그 시점이다.

장하준 교수와 나는 노무현 대통령 치하인 2005년 7월에 발간된 《쾌도난마 한국경제》에서 김대중·노무현 정부와 시민단체들이 서구의 고전적 자유주의를 진보적 자유주의라 부르면서 그것을 명분으로 신자유주의 경제 사조를 따르다 보면 양극화 심화와 함께 경제성장 기반이 와해될 것이라고 주장했다. 당시 보수 진영에서는 노무현 정부를 '좌파'이자 '종북 빨갱이'라고 비난했지만 경제 문제에 국한해서 볼 때 김대중·노무현 정부의 재벌개혁과 금융시장 개혁, 공기업 사영화, 노동시장 유연화 등은 좌파는커녕 신자유주의 즉 보수에 가까웠다. 대표적으로, 경제민주화라는 멋진 진보 용어로 포장된 재벌개혁 역시 그 개혁의 방향이 미국의 월스트리트 주주자본주의를 기본 원칙으로 하고 있었으며, 한국 최고의 부유층인 재벌 일가를 공격한다는 면에서 일견 민주화 운동의 연속인 것 같았지만 실은 서민·노동자들의 이익을 공격하는 국내외 자산가 및 투자자들과 그 정점에 있는 국내외 금융자본의

장사에 도움을 주었다.

우리의 주장이 옳았다는 것은 김대중·노무현 정부 치하에서 실제 진행된 빈익빈 부익부의 소득 양극화로 드러났다. 그래서 "민주주의가 밥 먹여줄 것"이라고 기대한 많은 평민들이 실망했으며, 서민들은 2007년 말 대통령 선거에서 한나라당 이명박 후보가 대통령으로 선출되는 것을 수수방관했다. 빈부격차 심화와 청장년 실업 증가, 노인 빈곤 등을 견디지 못한 서민들이 박정희를 흉내 낸 이명박에게서 일말의 기대를 품었던 것이다. 하지만 이명박 대통령과 한나라당은 박정희와 정반대로 원조 시장주의자(신자유주의자)였고 대규모 부자 감세와 대기업 감세, 공기업 민영화, 노동시장 유연화 등 본격적인 시장주의 개혁을 감행했다. 박근혜 대통령과 새누리당 역시 다를 게 없다.

《쾌도난마 한국경제》에서 장하준과 나는 스웨덴식 복지국가를 대한민국의 미래비전으로 제시했다. 당시 대다수 민주·진보 인사들은 "웬 생뚱맞은 복지국가? 웬 생뚱맞은 스웨덴?"이라고 반응했다. 그런데 2008년 집권한 이명박 정부가 레이건과 부시를 흉내 내면서 작심한 듯 부자 감세, 대기업 감세와 공기업 및 공공서비스의 사영화·시장화를 추진하자 그에 대한 반동으로 야권과 시민사회에서 북유럽 복지국가 논의가 처음으로 불붙게 되었다. 이명박 정부가 여야 간의 대립 전선을 새롭게 그어준 것이다.

불평등 심화가 미완의 자유주의 탓?

그런데 장하준과 내가 제시한 견해는 적어도 야권에서는 여전히 소수 의견에 속한다. 다수의 야권 인사들은 이와 사뭇 다르게 생각한다.

이들은 과거 개발독재 시대의 중상주의(mercantilism) 경제구조의 유산인 재벌그룹 체제와 관치경제가 지금도 구조적으로 해체되지 않은 채 강고하게 지속되고 있으며 그것 때문에 소득 불평등과 부의 불평등이 심화되었다고 진단한다. 이들은 재벌그룹과 관치가 지배하는 한국경제는 여전히 '덜 근대화'된 경제체제이고 따라서 한국경제에 필요한 개혁의 방향은 근대화를 완성하는 개혁 즉 '자유주의 개혁'이라고 설명한다. 서구의 18~19세기에 중상주의 경제와 황제정을 무너뜨렸던 청교도 혁명과 프랑스 대혁명, 미국 독립혁명, 그리고 그 변혁에 영감을 주었던 존 로크와 애덤 스미스, 볼테르와 토크빌 등의 정치경제 사상에 내재된 고전적 자유주의야말로 2017년 집권을 준비하는 야권의 국가개조, 경제구조 개혁의 정신이라는 것이다.

야권의 다수파 견해를 체계적으로 정리한 책이 장하성 교수가 2014년 여름에 발간한 《한국 자본주의》와 2015년 가을에 발간한 《왜 분노해야 하는가》이다. 이 책들에서 장하성은 박정희, 전두환, 노태우 등 군인 대통령이 지배한 1960년대부터 80년대까지 30년간의 기간을 "사회주의 계획경제와 다를 바가 없는 국가주의 경제", "자유시장 원리가 작동하지 않았던 관치경제"라고 비판했다. 게다가 그는 오늘날 한국 사회의 심각한 소득 양극화 및 빈부격차 역시 그로 인하여 발생한다고 말한다. 즉 과거 박정희의 망령인 중상주의적 관치경제와 재벌그룹 체제가 2016년 시점의 한국경제에 시퍼렇게 살아 있으며 그 결과로서 소득과 부의 양극화가 심화되고 있다는 것이다. 따라서 그가 말하는 불평등 해소 방안은 결국 '재벌그룹 혁파와 관치경제 혁파'로 집약되는 '고전적 자유주의'이다.

인과관계인가 우연의 일치인가?

물론 삼성의 이건희-이재용 일가와 현대자동차그룹의 정몽구-정의선 일가, LG의 구본무 일가와 SK의 최태원 일가로 대표되는 재벌 가문들에게 집중된 엄청난 부와 막대한 소득을 외면한 채 누구도 부와 소득의 불평등을 말할 수 없다는 것은 명백하다. 하지만 앞에서 보았듯이 자유주의 경제학자들조차 부인할 수 없는 또 다른 명백한 사실은 재벌그룹과 관치경제의 전성기였던 1970~80년대와 1990년대 초까지 불평등이 심화되기는커녕 오히려 완화되었다는 점이다.

그렇다면 자연스런 의문이 떠오른다. 국가주도, 재벌주도 중상주의의 전성기는 1990년대 중반 이후가 아니라 1970~80년대였으며 이 시기에는 오히려 소득 불평등이 악화되지 않았다. 더구나, 국가주의 또는 중상주의가 크게 쇠퇴하여 기껏해야 '유산'으로 잔존할 뿐인 1990년대 중·후반 이후부터야 비로소 빈익빈 부익부의 소득 양극화가 본격화되었다. 왜 그럴까?

과학적 사고는 인과율을 중시하며 인과율에서 가장 중요한 것이 시간적 선후관계이다. 어떤 사건 A가 일어난 직후에 B라는 사건이 일어나게 되면 A는 B의 원인일 가능성이 매우 높다. 그런데 사건 A의 발생 이전에 B라는 사건이 이미 존재했고 더구나 만연했다면 A는 B의 원인이 될 수 없다. 인과율에 위배되는 것이다.

재벌그룹은 1950년대부터 존재했으며 1970년대에서 1990년대 중반에 이르는 시기에 전성기를 누렸다. 그런데 그 시기에는 소득분배가 별로 악화되지 않았다. '빈익빈 부익부의 소득격차 심화'를 사건 A로 놓고 '재벌그룹 및 관치경제(국가주도 경제)의 존재와 번영'을 사건 B로 놓고 생각해보자. 재벌그룹 및 관치경제의 존재와 번영(사건 B)에도 불구하고 1990년대 중반까지는 빈익빈 부익부의 소득격차 심화(사건 A)가 발생하지 않았다. 오히려 소득분배가 악화되어 불평등이 심화되는 것은 1990년대 중·후반부터이다.

이 경우 과학적 사고를 하는 사람들이라면 왜 하필 1990년대 중·후반이지? 그 시기를 전후하여 무슨 일이 발생했지?라고 물으며 그 원인을 찾아 나선다. 실체적 인과관계를 찾아 나서는 것이다.

가장 불평등한 자본주의가 민주적 자본주의?

장하성의 책《왜 분노해야 하는가》도 잘 지적하고 있듯이, 한국경제에서 소득 불평등이 본격 시작되는 시점은 1990년대 중·후반이다. 그렇다면 그 시기에 어떤 정치경제적 변화가 일어난 것일까?

이때는 바로 김영삼 문민정부가 군부독재 시기의 국가주의적 계획경제 또는 장하성 교수의 표현에 따르자면 '사회주의적 관치+계획 경제'를 해체하고 '세계화, 시장화, 자율화'를 기치로 내걸면서 WTO 가입(1994년)과 OECD 가입(1996년)에 나선 때이다. 그리고 WTO 가입과 OECD 가입의 선결조건은 금융시장 규제 및 산업규제의 완화, 즉 규제완화 또는 탈규제와 대외개방=시장개방이었다. 이 모든 변화를 관통하는 정신은 '더 많은 자유시장'(more free market)이었다.

김영삼 정부는 1994년 경제개발 5개년 계획을 폐기했으며 경제개발 5개년 계획의 주무부처인 경제기획원 역시 해체했다. 박정희 군사정권에 의해 1962년에 시작되어 31년간 지속된 경제개발 5개년 계획과 경제기획원의 계획경제=관치경제는 그렇게 막을 내렸다. 그런데 매우 공교롭게도 다음 해인 1995년부터 한국경제에서 소득과 부의 양극화가 본격적으로 개시된다. 이것이 과연 우연의 일치였을까?

더구나 1998년 2월 집권한 김대중 민주정부는 미국을 가장 바람직한 경제 모델로 하는 이른바 시장개혁을 단행한다. 당시만 해도 글로벌 스탠더드(global standard)라는 이름으로 아메리칸 스탠더드가 세계 곳곳에서, 그리고 우리나라에서도 보수와 진보, 여당과 야당을 막론하고 이상적인 경제 모델로 숭앙받던 시절이었다. 그렇기에 김대중·노무현 민주정부 역시 미국 자본주의를 모델로 하는 대대적인 구조개혁 즉 시장개혁에 나섰다.

그런데 미국 경제에서는 1980년 레이건과 부시(아버지 부시) 대통령이 집권하면서 신자유주의 또는 신보수주의 경제 정책을 관철시킨 이래로 부와 소득의 불평등이 본격적으로 전개되었다. 앞에서 본 바와 같이, 1980년 레이건 대통령이 집권한 이래 임금소득 상위 10% 대 하위 10% 사이의 임금 불평등이 계속 악화되었다. 1981년 3.8배였던 그것은 1995년에 4.6배에 달했으며 2012년에는 5배로 더 늘어났다. 빌 클린턴 대통령 집권기의 후반인 1998~2000년에 약간 개선되었지만, 2001년 아들 부시가 대통령에 집권하면서 다시 악화되었다. 그리고 오바마 대통령이 집권한 2008년 가을 이후에도 소득 불평등은 더욱 악화되었다. 이는 최근 미국의 대통령 선거에서 '불평등 타파'를 내세운 버니 샌더스 후보가 약진한 이유이다.

1993~2000년까지 8년간 집권한 클린턴 민주당 대통령 치하에서 미국인들의 부와 소득의 불평등은 별로 개선되지 않았다. 그런데도 김대중·노무현 민주정부의 경제 정책을 이끌던 경제학자들과 경제 관료들은 한국경제에 가장 바람직한 구조개혁 모델로 클린턴 민주당 정

부가 이끄는 미국 자본주의를 제시했으며 그것을 모델로 하는 경제구조 개혁 즉 시장개혁을 단행했다. 그렇다면 소득과 부의 불평등이 김대중·노무현 민주정부 시기에 심화된 것이 당연하지 않았을까? 이렇게 생각하는 것이 인과율에 부합하는 과학적 사고방식이 아닐까?

물론 선진국 중 가장 불평등한 미국 자본주의가 한국경제의 구조개혁 방향으로 가장 모범적이며 글로벌 스탠더드라는 믿음은 2008년 가을에 발생한 미국발 세계 금융위기로 산산이 조각났다. 그럼에도 불구하고 2008년 초 집권한 이명박 한나라당 정부는 시장주의 또는 자유주의 정신을 숭배하면서 그것을 기조로 하는 구조개혁을 추진했다. 한미FTA와 공기업 사영화, 노동시장 유연화 등의 조치가 취해진 것이다.

2013년 초 집권한 박근혜 새누리당 정부 또한 저성과자 일반 해고와 성과 연봉제, 공공기관 성과급 등 노동시장 유연화를 계속 추진하고 있으며, 또한 미국의 골드만삭스를 모델로 하는 한국판 골드만삭스를 키우려고 애쓰고 있다. 철도와 전기를 사유화·민영화하려는 노력도 계속된다. 그런데 우연의 일치인지, 소득과 부의 불평등이 이명박+박근혜 대통령 치하에서도 계속 악화되었다. 과연 우연의 일치일까?

1990년대 초반부터 2016년까지 김영삼(1993~1998), 이명박(2008~2013), 박근혜(2013~2016) 등 세 명의 보수 대통령이 통치했다. 그리고 김대중(1998~2003)과 노무현(2003~2008) 등 두 명의 민주 대통령이 10년간 통치했다. 정도의 차이는 있지만 이들 보수, 민주 정부에서 경제 정책을 이끈 경제 관료와 경제학자들은 동일 인물이거나 또는 비슷한 성향의 인물들이다. 이들은 모두 '시장 원칙' 즉 자유시장 자본주의를 가장 바람직한 유토피아로 여기면서 그것을 향한 경제구조 개혁에 나섰다. 그런데 하필이면 그들의 꿈이 활짝 펼쳐지던 시기에 소득과 부의 양극화는 일관되게 악화되었다. 그렇다면 자유시장 자본주의와 불평등 심화 사이에는 적어도 밀접한 상관관계가 있다고 할 수 있다. 더구나 긴밀한 인과관계도 있다고 해야 하지 않을까?

〈출생의 비밀〉과 피케티의
21세기 자본주의

원화가치 변동에 따라 등락을 거듭하고 있지만 한국의 1인당 국민소득은 2015년 말, 2만 7,000달러를 넘었으며 2016년 말에는 3만 달러에 달할 것으로 전망된다.[3] 정부와 언론은 우리나라가 곧 '3050' 그룹, 즉 1인당 국민소득 3만 달러이면서 동시에 인구 규모가 5,000만 명이 넘는 나라들에 속할 것이라고 전망했다. 세계적으로 인구가 5,000만 명을 넘으면서 동시에 1인당 국민소득이 3만 달러를 넘는 나라는 미국과 일본, 독일, 프랑스, 영국, 이탈리아 등 6개국뿐인데, 여기에 한국이 합

---

3 2015년에 우리나라 국민 한 명이 벌어들인 소득이 6년 만에 감소세로 돌아섰다. 원화 기준으로는 처음 3,000만 원을 넘었지만 원화 가치가 떨어지며 3만 달러 고지를 달성하는 데는 실패했다. 한국은행이 발표한 '2015년 국민계정(잠정)'에 따르면 지난해 1인당 명목 국민총소득(GNI)은 달러화 기준 2만 7,340달러로 2014년보다 2.6% 줄었다. 1인당 GNI가 6년 만에 처음으로 감소세로 돌아선 것은 원화 가치가 떨어진 영향이 컸다. 원·달러 환율은 지난해 연 평균 7.4% 상승한 바 있다. 원화 기준으로 1인당 GNI는 전년 대비 4.6% 늘어난 3,093만 5,000원으로 3,000만 원을 처음으로 웃돌았다. 가계 구매력을 나타내는 1인당 가계총처분가능소득(PGDI)은 1,756만 5,000원으로 1년 새 4.7% 증가했다.

류할 경우 7개국으로 늘어난다. 다시 말해서, 한국의 종합적인 경제력이 세계 7위권에 진입하는 것이다.

앞에서 살펴보았듯이 한국의 종합적인 과학기술 능력은 세계 7위권인데 특히 국내총생산(GDP) 대비 과학기술(R&D) 투자액의 비율은 4.3%(2014년)로 세계 1위이며, 세계 2위인 스웨덴의 4%에 비해서도 상당히 높다.[4] 연구개발(과학기술) 투자의 절대액수 역시 세계 6위로 이탈리아를 앞서고 있다. 또한 기업 부문에 한정해 보더라도, 기업들의 매출액 대비 연구개발(R&D) 투자비 비율에서 한국의 기업들은 3.4%로 세계 1위이다. 기업부설 연구소가 3만 5,000개에 달할 정도로 민간 기업들에서의 기술능력이 높다. 예컨대 삼성전자와 현대·기아차가 생산하는 제품들의 기술 및 품질 수준은 이미 글로벌 선진업체의 그것과 비등해졌거나 어떤 영역에서는 더 앞서고 있다. 글로벌 파이어파워(Global Firepower, GFP)가 2016년 조사한 세계 126개국의 군사력 순위에서는 11위에 올랐다. 또한 현대 군사력의 핵심인 군사 과학기술 면에서도 한국은 세계 9위이며 이탈리아(10위)보다 앞섰다.[5] 참고로 군사 과학기술의 세계 순위는 미국, 프랑스, 러시아, 독일, 영국, 일본, 중국, 이스라엘, 한국, 이탈리아 순인데, 군사 과학기술 면에서도 한국은 러시아와 중국, 이스라엘을 제외할 때 서방 G7에 속하는 강국이다.

중국 사회과학원은 2006년에 이어 2012년에도 한국의 종합 국력을 세계 9위로 평가했다. 또한 그 동안 '선진화' 담론을 이끌어온 한국의 '한반도선진화재단' 역시 2015년에 한국의 종합 국력을 세계 9위로 평

---

4   참고로, 미국과 독일, 프랑스, 영국, 이탈리아 등의 GDP 대비 R&D 지출 비율은 2~3% 가량이다.
5   《2015 국방과학기술수준 조사서》, 국방기술품질원.

가했다. 세계의 강대국 순위는 미국, 중국, 일본, 인도, 독일, 영국, 프랑스, 러시아 순이며, 한국은 러시아 다음으로 세계 9위이다. 주목할 점은 서유럽의 이탈리아, 캐나다의 국력이 한국의 그것보다 낮게 평가받는다는 것인데, 이탈리아와 캐나다는 그간 서방 7개국 정상회담(G7)의 일원으로서 국제사회에서 강대국 행세를 해왔다. 이렇듯, 전 세계적 차원에서 볼 때 한반도 남쪽에 위치한 대한민국은 이제 G9 또는 서방 G7에 속하는 어엿한 강국이다.

그런데도 우리는 한국을 약소국으로, 개발도상국으로 여기는 사고 관습을 여전히 유지하고 있다. 여기에는 먼저 한반도를 둘러싼 주변 4대 강국인 미국과 일본, 중국과 러시아가 세계 최강국에 속한다는 점이 크게 작용한다. 미국과 중국, 일본과 러시아와 비교할 때 한국은 경제력 또는 군사력 등에서 열위에 있다. 그러나 한국이 동북아시아의 끝이 아닌 서유럽의 한가운데 속한다고 상상해보라. 서유럽에서 인구 5,000만이 넘는 나라는 영국(6,400만)과 프랑스(6,600만), 독일(8,100만), 이탈리아(6,200만) 뿐이다. 스페인(4,800만), 네덜란드(1,700만), 스웨덴(1,000만), 스위스(800만) 등이 있지만 모두 인구수에서 한국보다 적다.

물론 한국의 1인당 국민소득 3만 달러는 서유럽 평균(4만 달러)보다 여전히 적다. 그렇지만 인구수와 그에 따른 경제력의 전체적 규모가 중요하다. 중국의 1인당 국민소득이 아직 8,000달러(2015년)에 불과하지만 미국에 이어 세계 2위 초강대국 취급을 받는 것은 그 인구수 때문이다. 인구 규모와 함께 전체적 경제력과 과학기술 능력, 군사력 등을 감안한다면 한국은 서유럽에서 바로 이탈리아를 제치고 독일과 프랑스, 영국에 이은 서유럽 4대 강국으로 떠오른다.

이제 한국은 세계 7대 자본주의 강국이다. 우리나라의 야권과 진보는 이러한 명명백백한 사실에 상응하여 자신의 세계관을 새롭게 일신해야 한다. 무엇보다 한국경제와 한국 사회를 전근대 또는 반(半)봉건 사회, 하물며 '식민지 반(半)봉건 사회'라고 보는 관점을 내던져야 한다. 한국은 1960년대 이래 근대화와 공업화 즉 자본주의적 근대화와 공업화를 성공적으로 수행한 나라에 속한다. 그것은 매판적 또는 종속적(예속적) 산업화가 아니라 자주적이고 자립적인 산업화였고, 그 결과 자립적인 한국 자본주의가 세계시장에 등장하였다. 오늘날 세계인들은 대한민국을 대표하는 '민족자본'(national capital)으로서 삼성과 현대, LG와 SK 등 재벌계 대기업들과 포스코와 같은 과거 국영기업을 꼽는 데 주저하지 않는다.

한국경제에 있어 민족주의의 과제는 자본주의자들, 특히 대자본가들(big capitalists)에 의해 성공적으로 수행되었다. 자본주의적 민족주의(capitalistic nationalism)가 성공적으로 자신의 임무를 완수한 것이다. 세계시장에서 '자본주의적 민족'으로서 한국인을 대표하는 전형적인 모습이 문화적으로는 한류(韓流) 열풍이다. 문화적 현상으로서의 한류 자체가 상업적(자본주의적) 기획사들에 의해 주도되었으며 한류의 내용 역시 매우 현대적=자본주의적=물질주의적으로 바뀐 한국적=민족적 문화이다. 예컨대 TV 드라마 〈시크릿 가든〉에 등장하는 백만장자 백화점 사장 현빈과 무술감독 하지원(길라임)의 모습, 그리고 드라마 〈밀회〉에 등장하는 예술재단 기획실장 김희애의 모습은 물질주의와 이기심, 출세주의 등이 지배하는 한국 자본주의를 묘사한다.

우리나라보다 근대화 즉 자본주의적 산업화(특히 자립적 산업화)가 훨씬 덜 된 태국과 필리핀, 인도네시아를 방문해서 한류 드라마에 등장하는 현대적 한국인의 삶, 주로 부유층의 부르주아적 삶을 동경하는 그곳 사람들에게 "한국은 전근대 사회이며 한국을 지배하는 삼성그룹 역시 봉건적 기업이다."라고 말하는 모습을 상상해보라. 만약 한류 TV 드라마에 등장하는 부유층과 재벌 일가의 상류층 부르주아 문화('갑질' 문화 등)가 '전근대적 봉건성'의 증명이라면, 태국과 필리핀, 인도네시아 부유층들의 그것은 전근대보다도 못한 미개 야만 국가의 모습이란 말인가? 그런 말을 듣는 태국과 필리핀, 인도네시아인들은 아마도 모멸감을 느끼거나 아니면 그렇게 말하는 한국인을 자기 나라의 '치부'에 몰두해 과장을 일삼는 정신 나간 사람으로 치부할 것이다.

자본주의적 특권, 자본주의적 갑질

앞서 보았듯이 모든 통계는 1990년대 중·후반부터 지금에 이르는 20년간 우리나라에서 부자들은 더 부유해졌는데 가난한 이들은 더 가난해졌다는 점을 보여준다.

자유주의 또는 시장 자본주의의 근대성과 진보성을 신뢰하는 야권의 정치인 및 학자들은 그 원인으로 여전히 덜 완성된 근대화 즉 덜 완성된 고전적 자유주의를 지목한다. 경제학자로는 정운찬과 장하성, 정치학자로는 최장집이 그 대표 인물이다. 이들은 한국경제에서는 여전히 과거 개발독재 중상주의의 유산인 재벌그룹 체제와 관치경제의 지배가 유지되고 있으며 그 때문에 빈부격차와 갑을관계 같은 온갖 경제 사회적 충돌과 대립이 발생한다고 말한다. 따라서 재벌그룹 개혁과 관치경제 타파를 핵심 내용으로 하는 개혁, 곧 서방 선진국들이 17~19세기에 수행한 고전적 자유주의 내용의 개혁을 수행하는 것이 21세기 한국 자본주의 발전 단계 즉 중상주의 또는 봉건제 말기 단계에 상응하는 역사적 진보라고 말한다.

정치적으로는 민주주의, 경제적으로는 고전적·개혁적 자유주의 또는 진보적·평등적 자유주의 입장에 서 있는 이들 논자들은 한국경제를 여전히 '근대화·합리화·시장화'가 덜 된, 한마디로 시장 자본주의가 덜 발전한 경제로 본다. 따라서 '합리적 시장' 즉 시장 자유주의의 원리를 더욱 강화하는 내용의 경제구조 개혁, 자본주의를 더욱 자본주의답게 만드는 시장개혁이 필요하다고 말한다. 깨끗하고 투명한 자본주의, 약간의 복지와 약간의 노동권을 가미하되, '공정한 시장질서 또는 경쟁적 시장질서'를 주축으로 하는 '자유주의적 자본주의'가 이들이 꿈꾸는 유토피아이다.

하지만 한국경제의 기본적 모순을 '전근대적이고 봉건적인 중상주의'(재벌그룹+관치경제) 대 '투명하며 경쟁적인 공정시장 자본주의' 사이의 대립으로 사고하는 자유주의의 기획이 무엇을 낳았던가? 그들의 구상과 기획은 과거 김대중-노무현 정부 치하에서 거의 모두 실시되었다. 그 학자들이 자유주의적 관료들과 협력하여 진행한 '시장개혁'이 바로 깨끗하고 투명한 공정시장 자본주의로의 전환이었다. 분명 좋은 일이며 훌륭한 성과였다. 박수와 갈채를 받아 마땅하다. 하지만 그 결과 가난한 이들은 더 가난해지고 부자들은 더 부유해졌다. '착한, 투명한 자본주의'라는 가면을 내걸고 자본주의다운 자본주의가 등장했다. 노골적인 이윤추구와 금융투기 재테크, 저임금의 알바-비정규직 증가와 삼포세대 청장년의 등장, 노인 빈곤층의 증가와 같은 전형적인 자유시장 자본주의 현상이 도처에서 출현했다.

자본주의가 자본주의다워질수록 그 경제는 인간과 자연을 더욱 착취하며 빈익빈 부익부와 함께 환경파괴가 심화된다. 오늘날 우리 사회에서 목격되는 불평등 심화와 가진 자들의 갑질 횡포의 배경에는 인간의 인간에 대한 착취의 심화가 있다. 약자인 을에게 가해지는 갑의 횡포와 착취는 대한항공과 남양유업 같은 대기업에서만 일어나지 않는다. 중소기업과 영세기업, 동네 카페와 마트의 주인들이 그 종업원과 알바생들에게 가하는 횡포와 착취, 인권유린과 약탈 같은 갑질 역시 묵과할 수 없는 수준이다. 없는 자들에 대한 약탈과 갈취가 전반적인 현상이 되고 있는 바, 이것은 명백한 자본주의적 갑질이다. 따라서 자본주의 자체를, 그것의 고유한 본성인 착취와 갑질을 비판하는 관점에 서지 않는 이상, 더 이상 이 나라 역사의 진보를, 헬조선 탈출을 이루어낼 수 없다.

피케티의 《21세기 자본》, '선진화' 담론은 끝났다

노무현 대통령 치하였던 10년 전에 박세일 교수를 필두로 하는 일단의 보수 지식인들이 '선진화'라는 담론을 제기했다. '한반도선진화재단'이라는 이름의 싱크탱크가 만들어졌고, 《대한민국 선진화 전략》이라는 책도 발간되었다. 한나라당과 보수 진영은 선진화 담론에 열광했다. 이명박-박근혜 대통령 정부도 선진화를 주요 국정 의제로 제시했다. 손학규 등 일부 야권인사들도 동조했다.

그런데 피케티가 쓴 《21세기 자본》이 다루는 대상이 21세기의 미국과 독일, 프랑스와 스웨덴 같은 선진국들이다. 피케티는 이 책에서 20세기 후반부터 선진국들에서 빈부격차 심화와 함께 부와 소득의 세습 계급화가 다시 진행되고 있다고 지적한다. 아프리카와 남미의 가난한 개발도상국 이야기가 아니다. 세계에서 가장 부유한 선진국들에서 19세기 자본주의가 부활하고 있다는 것이다.

미국의 버니 샌더스 대통령 후보가 열렬히 비판했던 것처럼, 그리고 미국의 수천만 20대 청년들이 열광적으로 동의했던 것처럼, 21세기 미국 자본주의는 미국의 서민들에게, 특히 청년들에게는 지옥이다. 1990년대 중·후반에 시작된 '헬조선'의 지옥도 풍경은 '천조국' 미국에서 이미 1980년대 초·중반부터 비슷하게 펼쳐지고 있었다. '헬조선'은 '헬미국'의 복사판이었음이 드러났다.

이것은 무엇을 의미하는가? 우리보다 훨씬 투명하고 합리적인 자본주의의 대명사인 미국 등 서방 선진국들에서 빈부격차와 세습계급 부활이 심화되고 있다는 것은 더 이상 '선진화' 또는 '정상국가화' 담론이 이 나라 야권과 진보의 담론으로서 유효하지 않다는 것을 보여준다.

문제는 우리나라가 아직까지 봉건적이고 중상주의적, 전근대적인 재벌그룹과 관치경제가 온존하기 때문에 발생하는 것이 아니다. 오히려 문제는 우리나라가 21세기 선진국의 모습인 자유시장 자본주의로 전환하기 때문에 발생한다. 천조국 미국에서와 마찬가지로 우리나라에서도 19세기 빅토리아 자유주의의 원리 즉 자유시장 자본주의의 원리가 삶의 모든 영역에서 관철되고 있다. 불평등 심화, 부와 소득의 세습 계급화는 그 결과의 하나일 뿐이다.

부와 소득의 세습화, 계급 질서의 부활

한국은 서방 자본주의 7대 강국이며 선진국 초입에 도달하였다. 그러나 동시에 빈부격차와 갑질 횡포, 부와 소득의 세습 계급화가 심해지고 있다. 천조국 미국과 비슷한 모습으로 전환하면서 그런 현상이 나타나고 있다. '돈이 돈 버는 원리'와 '돈 가진 자가 주인'이라는 원리, 적나라한 자본주의가 유일무이한 통치 원리로 작동하는 경제구조가 만들어졌다. 그 결과 돈 없는 자들, 돈 없는 부모 만난 이들에겐 지옥이 만들어졌다.

우리가 매일 접하는 TV 드라마와 사건·사고 뉴스에서 듣는 가족 간 불화와 사회적 충돌이 어떤 라인(line)을 따라 발생하고 있는가를 유심히 살펴보라. 다시 말해서, 한국 사회와 한국경제를 앞으로 크게 뒤흔들 대지진이 앞으로 어떤 단층선(fault lines)을 따라 진행될 것인가를 살펴보라.

〈출생의 비밀〉과 〈밀회〉, 〈시크릿 가든〉 같은 TV 드라마에서 묘사되는 한국 사회 부유층과 특권층이 과연 '재벌 오너 패밀리들'과 '국가 관료들'뿐이란 말인가? 그들만이 갑질하는 특권층으로 묘사되는가? 그렇지 않다. 그 드라마들에서 묘사되듯이, 오늘날 한국 사회에서 벌어지는 우리 주변의 가족적, 사회적 불화와 대립의 갈등선은 국민의 0.001%도 되지 않는, 그야말로 한줌도 안 되는 숫자의 재벌 일가와 고위관료 특권 세력과 나머지 전체 사회 계급·계층 사이에서만 벌어지지 않는다. 그들이 아니더라도 특권자들은 곳곳에 존재한다. 언급한 드라마에 묘사되듯이, 이 나라의 부유한 특권 귀족은 대기업과 학교재단·문화재단 오너만이 아니다. 성공한 중견기업인과 성공한 벤처기업가들, 교수와 언론인, 성공한 부동산·주식 재테크 투자자들, 그리고 연예인과 스포츠 선수로 성공한 이들 역시 스스로를 특별한 신분, 부유한 신분으로, 즉 귀족으로 의식하고 행동한다. 이들 역시 재산이 수십억, 수백억에 달하는 상위 1% 부자들이다. 또한 세상 사람들은 좋은 대학 나와서 좋은 직장에서 승진한 386 세대와 386 정치인 역시 일종의 특권적 신분으로 바라본다. 이들 중에서도 재산이 10억, 20억이 넘는, 상위

2% 이내의 부자들이 많다.

이들 상위 1%와 나머지 99%, 또는 상위 5%와 나머지 95% 사이에는 점점 더 넘지 못할 벽, '넘사벽'이 세워지고 있다. 양자 간에는 더 이상 신분의 상승 또는 하락이 일어나지 않는다. '출생의 비밀' 말고는 달리 신분 상승 또는 계급 상승할 방법이 없다. 부와 소득이 세습화되고 계급 질서가 부활하고 있다.

이것이 현재 TV 드라마에서 묘사되고 뉴스에 나오는 우리 주변의 온갖 일상적 불화와 충돌, 그리고 범죄의 모습이며 우리 사회에 임박한 대지진의 단층선이다. 그 단층선은 전근대 대 근대의 대립이 아니며 시장 자본주의가 매 순간마다 더욱 간격을 넓히고 있는 갈등선이다. 문제는 전근대적 특권이 아니라 매우 자본주의적인 특권이다.

최순실 감독, 박근혜 주연의 드라마 〈출생의 비밀〉과 〈밀회〉

자본주의적 특권으로 인해 발생하는 사회적 갈등을 마르크스주의자들은 자본 대 노동 간의 대립, 자본가 계급과 노동자 계급 간의 대립이라고 말한다. 하지만 그렇게 말하는 것은 문제를 협소하게 만든다. 자본가 계급이란 누구인가? 노동자 계급이란 누구인가? 과연 펀드 매니저와 재테크 개미 투자자들을 하나의 자본가 계급이라고 말할 수 있을까? 과연 연봉 7,000만~1억 원의 현장 노동자 및 은행 직원들과 연소득 1,500~3,000만 원의 알바-비정규직 또는 영세기업 노동자들을 하나의 노동자 계급이라고 할 수 있을까? 이들이 서로 동류의식과 연대의식을 가지면서 '우리는 하나의 노동계급'이라고 느끼고 있을까? 오늘날 우리 사회에서 벌어지는 사회적 충돌과 갈등의 선은 '노동자 계급과 자본가 계급'이라는 개념과 담론으로 환원할 수 없다. 훨씬 더 넓은 담론, 넓은 프레임으로 이해해야 한다.

주로 직장 내에서 기업주·경영자 대 직원·노동자 간의 대립으로 파악되는 자본-노동 간 계급 대립의 프레임은 취업자들의 정규 고용관계를 전제로 한다. 하지만 오늘날 21세기 자본주의에서는 미취업 청장년과 노인들, 여성들이 넘쳐난다. 하도급 상거래 계약으로 위장된 저임금 착취형의 일자리도 넘쳐난다. 정리해고와 명퇴, 저성과자 일반 해고로 인해 정규직 노동자 지위 즉 노동자 계급에서 이탈한, 하지만 노동자 계급보다도 가난한 영세 자영업자들도 넘쳐난다. 미국이나 다른 선진국들에서도 마찬가지이다. 반면에 부동산·주식 재테크에 성공한 정규직 월급쟁이들(노동자 계급)도 많으며 아예 직장(노동자 계급 지위)을 내던지고 부동산·주식 재테크에 전업적으로 나서는 자들도 많다.

오늘날 이와 같이 새로운 현상을 이해하는 보다 넓은 개념과 담론의 프레임이 있다. 바로 부르주아와 프롤레타리아 간의 대립이다. 프랑스 사람인 토마 피케티가 자신의 《21세기 자본》에서 '자본'을 마르크스가 말한 자본이 아니라 일종의 '자산' 개념으로서 이해한 것은 '자본가 계급'이 아니라 '부르주아 계급'(자산가 계급)이 21세기 세계 자본주의를 이끌고 있다고 파악했기 때문이다. 부르주아와 프롤레타리아에 해당되는 우리말이 있다. 바로 '가진 자들' 또는 '있는 놈들' 그리고 '못 가진 자들' 또는 '없는 놈들'이다. 산업 자본주의의 시대에는 노동자 계급과 자본가 계급, 그들 사이의 대립이라는 말이 직관적으로 이해된다. 하지만 오늘날 금융자본주의 시대, 재테크 원리가 지배하는 카지노 자본주의의 시대에 일어나는 계급 간 대립은 부르주아(자산가=유산자)와 프롤레타리아(비자산가=무산자)간에 형성된다. 저임금에 고용이 불안한 알바와 비정규직, 그리고 중소·영세업체 노동자들을 설명하기 위하여 미국과 유럽, 일본 등 선진국에서도 프레카리아트(precariat), 즉 불안정한 (precarious) 프롤레타리아(proletariat)라는 신개념이 유행한다. 요즘에는 프레카리아트라는 개념이 학문적으로도 타당성을 인정받는다. 이것은 부르주아와 프레카리아트 간의 대립이 오늘날의 자산가 자본주의, 19세기 빅토리아 자본주의의 21세기 부활을 설명하는 더욱 포괄적이고 보편적인 계급 개념임을 보여준다.

금융자본주의, 재테크 자본주의 시대에는 자본(capital)보다는 자산 (property)의 소유 유무가 인간적, 사회적 차별의 근원이다. 자산에는 부동산과 유가증권(금융자산)만 있는 것이 아니다. 그것의 힘에 의해 만들어지는 학력과 학벌 역시 상속된다. 공교육을 무너뜨리고 자신들만의 사립학교와 자사고 특권을 만든 부르주아들은 자신들의 부와 재산을 학력과 학벌을 통해 상속한다. 재벌 일가와 고급 관료들을 포함하여 모든 부자들이, 즉 대한민국 상위 1%의 가진 자들이 자신의 재산과 소득, 그리고 학력을 상속하기 위해 고군분투한다. 자신의 귀족적 특권을 대대손손 물려주어 세습하기 위하여 노력한다. 19세기 빅토리아 자유주의 시대의 모습이 21세기 한반도 남쪽에서 새로운 옷을 입고 부활한 것이다. 이것이 〈출생의 비밀〉과 〈밀회〉 등 모든 인기 TV 드라마가 다루고 있는 대립과 갈등의 소재들이다. 자산가 부유층은 자신의 부르주아 지위를 유지하고자 분투하면서 행여 자기 자식들이 프레카리아트 지위로 추락할까 두려워한다. 다른 방법으로 신분 상승, 계급 상승이 힘든 프레카리아트 즉 무산자들은 〈출생의 비밀〉에서처럼 출생의 비밀을 위조하거나 아니면 〈밀회〉에서처럼 천재 피아니스트로서 비밀리에 부유층 여인과의 밀회를 통하는 방법이 아니고서는 신분 세탁이 불가능하다. 박근혜-최순실 게이트에서 드러난 최순실-정유라와 최순득-장시호의 출생과 행적을 둘러싼 각종 비밀과 의혹들은 그들을 주인공으로 하는 새로운 〈출생의 비밀〉과 〈밀회〉의 드라마 장면들을 떠올리게 한다.

04   '돈이 돈 버는' 재테크 자본주의

    자본주의란 '돈이 돈을 버는' 원리가 지배하는 경제이다. 만약 그 원리가 지배하지 않는다면 그 경제는 자본주의라고 말하기 힘들다. 그런데 상당수의 야권 경제 전문가들이 한국경제는 자본주의가 덜 발전한 경제, 즉 자본주의적 경제성장의 초기 국면에 속한 경제라고 주장한다. 한국경제에서는 아직 자본주의가 본격적으로 발전하지 않았으며 전근대적 중상주의와 봉건성의 원리가 여전히 지배하고 있다는 것이다.

    한국경제는 아직 '돈이 돈을 버는' 경제가 아니라는 테제를 증명하고자 시도한 책이 장하성의 《왜 분노해야 하는가》이다. 이 책에 따르면 한국경제에서는 가장 부유한 상위 소득 계층의 경우에도 재산소득이 미미하다. 개인소득 상위 10%에서 재산소득이 차지하는 비중은 전체 가계소득의 0.7%에 불과하다. 이렇듯 가장 부유한 소득 계층에서도 전체 가계소득에서 재산소득이 차지하는 비중이 미미한 까닭에 장하성은 "오랜 자본주의 과정에서 자본을 축적한 선진국과 달리 한국은 가계의 재산 축적이 의미 있는 재산소득을 발생시킬 만큼의 수준에 아직 이르지 못했다.(241쪽)"는 과감한 결론을 도출한다.

물론 장하성도 저소득층에 비해 고소득층은 재산이 많고 재산이 많은 만큼 재산소득도 많다는 명백한 사실을 인정한다. 실제 소득 상위 10%의 재산소득은 소득 최하위 10%의 재산소득보다 13배나 많다. 그럼에도 불구하고 소득 상위 10% 계층에서 재산소득은 그들의 총가계소득의 0.7%에 불과하며 근로소득이 95%를 넘어 압도적이라고 말한다.

따라서 그는 다음과 같은 과감한 단순화를 단행한다. "재산과 소득의 관계를 보면 자본 축적의 초기에는 소득이 재산을 형성시키고 자본 축적이 일정 수준에 이르면 그 재산이 다시 소득과 재산을 높이는 인과관계를 갖는다. 논의를 과감하게 단순화시킨다면, 한국의 상황은 재산이 다시 소득을 만드는 것이 아니라 소득이 재산을 이루는 자본축적의 초기에 해당한다고 할 수 있다."(217쪽)

이것은 "한국경제는 아직 전근대적인 중상주의 또는 봉건적 자본주의이다."는 자유주의적 관점과도 일치한다. 그렇다면 1990년대 중·후반 이래 본격화된 소득격차 심화는 무슨 이유로 발생한 것일까? 장하성 같은 이들은 한국경제에서 벌어지는 빈익빈 부익부의 소득격차 및 불평등 심화는 '돈이 돈을 버는 자들' 즉 자산가들의 재산소득 때문이 아니라 재벌그룹 체제, 즉 '전근대적인 봉건적 기업구조' 때문에 발생한다고 설명한다.

장하성이 증거로 제시하는 통계 자료가 가장 돈을 잘 버는 소득 상위 20% 계층의 미미한 재산소득이다. 실제 장하성이 인용하는 통계

그림 6 소득 계층별 가계소득 구성 비율

(단위: %)

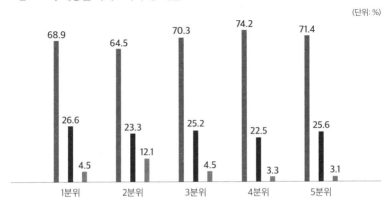

■ 노동소득 ■ 사업소득 ■ 재산소득

자료: 통계청, 가계금융·복지조사, 2014
장하성, 《왜 분노해야 하는가》, 242쪽에서 재인용

그림 7 소득 계층별 근로소득 비중

(단위: %)

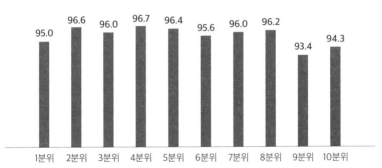

자료: 통계청, 가계동향조사, 2014
장하성, 《왜 분노해야 하는가》, 238쪽에서 재인용

청 〈가계금융·복지조사〉 자료에 따르면 가장 소득이 높은 소득 5분위 (5,000만 인구의 상위 20%인 1,000만 명)의 총가계소득에서 근로소득이 차지하는 비중은 71.4%이고 사업소득이 25.6%이다. 재산소득은 3.1%에 불과하다. (〔그림 6〕 참조). 통계청의 또 다른 조사인 〈가계동향조사〉 자료에 따르더라도 가장 돈 잘 버는 소득 10분위(5,000만 인구의 상위 10%인 500만 명)의 총가계소득에서 근로소득의 비중은 94.3%인데 반해 재산소득은 미미하다. (〔그림 7〕 참조). 이렇듯 가장 소득이 높은 상위 계층에서 근로소득이 압도적이며 재산소득이 미미하다는 이유에서 장하성 등 야권의 경제 전문가들은 "한국에서는 재산소득이 소득 불평등과 빈익빈 부익부의 원인이 아니다."라고 결론 내린다.

'돈이 돈을 버는' 경제의 말기적 증상

물론 그가 제시하는 통계 자료는 그 자체로서 틀린 것이 아니다. 하지만 통계청의 〈가계동향조사〉와 〈가계금융·복지조사〉의 한계는 명백하다. 조사 요원들이 집집마다 방문하여 얼굴을 마주보고 질의응답하여 조사해야 하는데 부유층 주택과 아파트의 경우 방문조사원을 아예 문전박대하는 까닭에 그 재산과 재산소득을 조사하는 데 한계가 명백하다는 비판을 받아왔다.[6]

통계청 조사 자료는 우리가 살아가는 생활세계의 한 단면만을 보여 줄 뿐이다. 먼저 우리 주변의 일상생활을 둘러보자. 가령 유명 배우들

---

6 통계청 가계동향조사와 가계금융·복지조사의 이러한 본원적 한계에 대해서는 김낙년 (2014)과 홍민기(2015)에 잘 서술되어 있다. 홍민기(2015), "자산과 재산소득의 현황", 이병희 외 (2015), 〈경제적 불평등 실태와 정책 대응〉, 한국노동연구원 정책연구보고서.

이 개봉영화의 성공으로 수십, 수백억의 돈을 벌게 되면 가장 먼저 하는 일이 목 좋은 곳의 빌딩과 상가를 구입하는 일이다. 임대수익을 평상시 얻을 수 있고 건물가격 상승으로 양도소득까지 얻을 수 있기 때문이다. 우리는 이런 일을 신문과 TV에서 일상적으로 접한다. 다음은 요즘 TV에서 자주 보는 농구선수 출신 방송인 서장훈에 관한 신문기사이다.

방송인 서장훈이 건물 임대료와 관련된 루머에 대해 해명했다. 16일 방송된 JTBC '아는 형님'에서 배우 신소율은 "여기서 키가 제일 큰 사람이 건물을 많이 갖고 있다고 들었다."고 말했다. 이를 들은 이상민은 "임대료를 반 밖에 안 받는다더라."고 말했다. 그러자 서장훈은 "큰일 난다. 사람들이 찾아와서 진짜 반값을 받냐고 물어 본다."며 "진짜 농담 아니다. 일반적인 가격에서 조금 덜 받는 거다. 반값이 말이 되냐. 자꾸 반값이라고 하는데 그거 아니다. 심각한 얘기다."라고 토로했다.

앞서 서장훈은 반값 임대료를 받는 착한 건물주로 조명됐다. 한 매체는 부동산 전문가의 말을 인용해 "서장훈은 흑석동이랑 서초동에 빌딩 두 채를 소유하고 있다. 보증금 7억에 월세 3,000만 원 정도로 인근 시세보다 약 50% 정도 저렴하게 받고 있다. 임차인의 사정을 봐주는 경우가 많다."고 밝힌 바 있다.

보도에 따르면 2000년 외환위기 시절 약 28억 원에 매입한 서초동 빌딩 시세는 약 150억 원으로 올랐고, 약 58억 원에 매입한 흑석동 빌딩 시세는 약 100억 원으로 오른 것으로 알려졌다. 서장훈은 현재 200~300억 원대의 자산가인 것으로 전해졌다. 《한국경제신문》 2016년 4월 17일자)

그리고 다음은 TV 프로그램에서 자주 보는 방송인 백종원에 관한 기사이다.

새마을식당, 한신포차, 본가, 홍콩반점 등 외식 브랜드를 만들고 경영해 요식업계 대부로 꼽히는 백종원 씨가 두 차례에 걸친 빌딩 투자로 74억 원의 차익을 거두면서 부동산 투자 달인으로 떠올랐다. 4일 부동산업계에 따르면 백종원 씨가 소유하고 있는 회사 더본코리아는 2014년 3월 130억 원에 매입한 서울 강남구 논현동 165-13, 14 빌딩을 최근 174억 원에 매각해 세금을 제외하고 2년 만에 44억 원의 매각차익을 냈다. (…)

더본코리아는 지난 상반기에도 빌딩 매각으로 차익 수십억 원을 얻었다. 더본코리아는 2012년 8월 44억 원에 산 서울 강남 논현동 빌딩을 지난 5월 74억 원에 매각해 4년 만에 30억 원의 시세차익을 얻은 바 있다. (…) 업계에서는 백종원 씨가 빌딩 투자로 쏠쏠한 차익을 얻어 자신감이 붙은 만큼 추가 빌딩 매입에 나설 것이라고 관측한다.

1993년 설립된 더본코리아는 백씨가 만든 새마을식당 등 20개 이상의 외식 브랜드를 보유하고 있다. 지난해 말 기준 더본코리아 최대주주는 지분 76.69%를 갖고 있는 백종원 씨, 2대주주(23.31%)는 강석원 씨다. 더본코리아의 지난해 매출액은 1,238억 원으로 2014년(927억 원) 대비 33% 늘었다. 지난해 영업이익은 109억 원으로 2014년(63억 원)에 비해 73% 증가했다.

(《매일경제신문》 2016년 9월 5일자)

부동산 임대소득과 양도소득은 재산소득이며 불로소득(비근로소득)이다. 한국경제에서 수십 년째 논란된 것이 부동산 투기이고 투기꾼들의 불로소득이었다. 열심히 땀 흘려 일하는 서민들, 근로소득에 전적으로 의존해 생계를 꾸리는 이들을 좌절시키기 때문이다.

어디 부동산 투기뿐인가? 1998년 이후 새롭게 나타난 현상이 재테크이다. 특히 2천년 초·중반에 주가와 부동산 가격이 폭등하면서 주식과 펀드, 부동산 등 다양한 자산에 투자하는 이른바 재테크 자본주의가 본격화되었다. 요즘에는 이명박-박근혜 정부와 한나라당-새누리당을 안팎에서 돕고 있는 경제학자와 경제 관료들도 공공연하게 미국 자본주의, 월스트리트 자본주의를 한국경제의 구조개혁 모델로서 간주하면서 월스트리트와 비슷한 금융시장과 자산시장, 유가증권 시장을 한국경제에서 창출하고자 애쓴다. 김대중-노무현 정부와 그리고 더민주당, 국민의당(안철수)도 비슷하다.

한국경제에서는 1960년대부터 1990년대 중반에 이르는 개발독재의 고도 성장기에 금융자본이 아니라 산업자본 즉 제조업 자본이 주도했다. 그에 반해 미국 자본주의를 모델로 하는 구조개혁이 시작된 1998년 이후부터 재테크가 만연하고 "부자 되세요"가 인사말이 되는 새로운 시대가 출현했다. 이때부터 가장 부유한 0.1%의 억만장자 대자산가들과 부유한 1%의 백만장자 자산가들, 그리고 대기업 정규직과 공무원, 교사 등의 근로소득 상위 10%도 각종 유가증권과 부동산에 열심히 투자하는 시대가 열렸다. 부동산 투자와 주식투자, 그것과 결합된 자산시장 버블이 경제성장의 엔진이 되어 '돈이 돈을 버는 시대'가 활짝 열렸다.

생산적 투자와 생산적 노동에 따른 정당한 소득보다는 불로소득(재산소득)을 추구하는 자본주의가 재테크 자본주의이다. 국제 경제학자들은 이것을 '카지노 자본주의'(casino capitalism)라고 부른다. 주주자본주의(shareholders capitalism) 역시 카지노 자본주의의 여러 현상 중 하나일 뿐이다. 골드만삭스 등 월스트리트의 금융회사들이 갖고 있는 가치관은 최상위 0.1~1%의 부유한 자산가들의 이해관계가 산업자본가(생산적 기업가)의 그것에 비해 더욱 중요한 최고의 가치로서 숭배 받는 것이다.

케인스와 베블렌 같은 경제학자들은 불로소득자들이 기생충처럼 재산소득을 획득하면서 그들의 이해관계가 경제 전체와 금융·기업 세계를 지배하는 경제구조를 '지대추구 자본주의'(rentier capitalism)라고 불렀으며 그 경우 자본주의가 말기적 증상 즉 기생충적 약탈의 모습을 보인다고 비판했다. 재테크가 판치는 자본주의는 자본 축적의 초기 현상이기보다는 자본 축적의 말기적 현상이다.

재산소득=자산소득이 미미하다는 일부 경제학자들의 주장과 반대로 현실에서는 금융자산과 부동산 자산을 대리 운용해주는 자산 운영 비즈니스가 성장하고 있고 그에 따라 고액 재산가(자산가)들의 부와 소득 역시 급속하게 늘고 있다. 이 점은 고액 재산가들의 재산(자산)을 대리하여 운용해주면서 그 운용수수료를 얻는 프라이빗뱅킹(Private Banking, PB) 서비스업의 급성장에서 엿볼 수 있다. 십여 년 전부터 시중은행들은 VIP 고객들을 상대로 프라이빗뱅킹 사업을 하고 있는데, 김기준 의원실의 보도자료(2015년)에 따르면((그림 8) 참조) 시중은행에 10억 이상의 금융자산을 예치한 고액 자산가들의 숫자는 1만 6,400여 명이며 이들의 예치자산 총액은 2014년 기준 약 40조 원이다. 이들 고액 자산가들의 1인당 평균 예치 자산액은 24억 원이다. 저금리 시대에 돈을 굴릴 곳을 찾지 못한 고액 자산가들이 은행의 프라이빗뱅킹 센터를 찾아 전문가들부터 재테크에 관한 조언을 받는 경우가 늘고 있는 것이다.

고액 자산가 1인당 24억 원의 PB 예치액에 대해 수익률을 연 2%로 낮게 잡더라도 매년 4,800만 원의 재산소득을 기대할 수 있다. 게다가

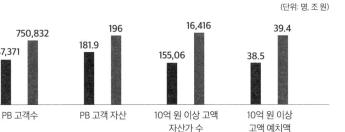

그림 8 **국내 은행권 전체 PB 고객 및 자산 현황**

(단위: 명, 조 원)

747,371 750,832 181.9 196 155,06 16,416 38.5 39.4

PB 고객수　　PB 고객 자산　　10억 원 이상 고액　　10억 원 이상
　　　　　　　　　　　　　　자산가 수　　　고액 예치액

■ 2013년 6월말 ■ 2014년 6월말

자산금액은 PB 고객들의 예금, 펀드, 신탁, 방카슈랑스, 외환 등을 모두 합친 것임
자료: 김기준 의원실

보통 PB 서비스에 가입하는 고객들의 기대수익율은 연 4~6%인데, 이
것을 가정할 경우 1인당 연 1억~1억 5,000만 원의 재산소득을 기대할
수 있다.

　18개 은행의 프라이빗뱅킹 고객은 모두 75만 832명에 달하는데, 요
즘에는 은행들이 3억 원 이상을 예치한 고객들에게도 프라이빗뱅킹
서비스를 해준다.[7] 이들이 은행의 PB센터에 운용을 위탁한 금융자산
은 2014년 195조 9,528억 원에 달하는데, 그 중 예금이 114조 2,147억
원으로 58.29%를 차지한다. 펀드는 26조 9,877억(13.77%)이고 신탁 16
조 9,867억(8.67%), 방카슈랑스 29조 469억(14.82%), 외환 2조 6,434억 원
(1.35%) 등이다. 간단하게 계산하더라도, 이들 73만여 명의 3억 이상 예
치 PB 고객들이 그들의 196조 자산으로 2014년에 획득한 재산소득은
적어도 4조 원(수익율 2%)이고 많게는 8~12조 원(수익율 4~6%)에 달한다.
적은 금액이 아니다.

7　2014년 10월 26일 금융감독원이 국회 정무위원회 소속 김기준 새정치민주연합 의원에게 제
출한 국정감사자료.

한국은 서방 세계 7위의 백만장자 강국

그런데 부유한 재산가(자산가) 중에는 아직 PB 고객으로 등록하지 않은 이들이 많다. 앞서 보았듯이 18개 시중은행의 PB 서비스 고객 중 10억 이상 예치 고객은 2014년에 1만 6,000여 명에 불과하다. 국민연행 경영연구소가 잠재적 PB 고객을 조사하기 위해 매년 발간하는 〈한국 부자 보고서〉 시리즈에 따르면 2015년 말 기준 한국의 부자는 약 21만 1,000명이며 이들의 보유한 금융자산 총액은 476조 원에 달한다. 여기서 부자란 부동산을 제외하고 금융자산만 10억이 넘는 자산가들을 말한다. 금융자산에는 예금과 적금, 주식, 채권, 외환 등 모든 금융상품이 포함된다. 전체 인구의 0.41%인 21.1만 명이 가계 전체 총금융자산의 15.8%를 보유하고 있다. 특히 부동산을 뺀 금융자산만 200억 이상 보유한 슈퍼리치들의 숫자는 2011년 500명에서 2015년 800명으로 증가했다.

세계적으로 한국은 금융자산 100만 달러(최근 환율로 10~12억 원)를 보유한 이른바 백만장자가 가장 빠르게 증가하는 나라이다. 미국식 자본주의로의 구조개혁(시장개혁)이 김대중-노무현 정부 치하에서 진행되던 2002~2005년 사이에는 금융자산 100만 달러 이상 백만장자의 숫자가 연평균 19.4% 증가했다. 메릴린치가 발간하는 〈아시아 태평양 연례 부자 보고서〉에 따르면 한국에서 금융자산 100만 달러 이상 백만장자의 숫자는 2002년 5만 5,000명에서 3년 뒤인 2005년에 8만 7,000명으로 급증했다.[8] 국민은행 발행 〈한국 부자 보고서 2016〉에 따르더라도

---

8 *Asia-Pacific Wealth Report*, Capgemini & Merrill Lynch.

표 2 **국가별 백만장자 수 순위**

	국가명	인원	비율(%)
1	미국	4,006	16.6
2	일본	2,327	22.3
3	독일	1,130	11.4
4	중국	758	17.8
5	영국	527	13.4
6	프랑스	472	9.7
7	스위스	330	16.8
8	캐나다	320	7.2
9	호주	219	5.8
10	이탈리아	203	15.6
11	한국	176	10.3

2013년 기준. 비율은 전년대비 증가율
자료: 캡제미니, RBC자산운용

금융자산 10억 이상 고액 자산가들의 숫자는 2008~2014년 기간에 연평균 13.7%씩 증가하였다.

한국에서 백만장자가 크게 증가한다는 것은 컨설팅 회사인 캡제미니와 RBC자산운용이 2014년 6월에 발표한 〈2014년 세계 부(富) 보고서〉에도 나타난다.[9] 한국에서 백만장자는 2012년 16만 명에서 2013년 17만 6,000명으로 10.3% 증가했다. 집과 자동차(내구소비재)를 제외하고 금융자산 100만 달러 이상의 보유한 소유자를 파악한 이 보고서에 등장하는 부자 숫자는 국민은행 발행 〈한국 부자 보고서〉와 거의 같다.

국제적으로도 한국은 세계 10위의 재산가 나라이며 2013년에 이미 세계 10위인 이탈리아에 이어 11위로 올라섰다.(〈표 2〉 참조) 상위 1% 백

---

9 *World Wealth Report*, Capgemini & RBC Wealth Management에서 매년 발간.

만장자 부자들의 부와 소득이 한국경제의 GDP 수준인 세계 10위로 성장한 것이다. 그런데 국가별 백만장자 숫자를 비교한 수치를 보더라도 1인당 국민소득이 3만 달러가 넘으면서 인구가 5천만 명이 넘는 3050의 나라는 미국과 일본, 독일, 영국, 프랑스, 이탈리아와 그리고 한국의 7개국뿐이다. 즉 한국은 재산가·자산가 숫자의 차원에서 보더라도 G7에 속해 마땅한 7대 강국이다.

이렇듯 한국경제는 '아직 자본주의가 덜 발전한 전근대적 봉건제' 또는 '아직 부유층의 재산소득이 미미한 중상주의 경제'이기는커녕 오히려 '돈이 돈 버는' 재테크 자본주의의 원리가 G7 강국 수준으로 발달한 경제이다.

1% 부자들의 재산 구성

국민은행 경영연구소가 발간하는 〈한국 부자 보고서 2016〉에 따르면 21만 1,000명의 백만장자 자산가들이 보유하고 있는 금융자산(부동산 제외)은 약 476조이며 1인당 평균 22억 6,000만 원이다. 5,200만 국민 중 0.41%에 불과한 21만 1,000명이 가계 전체 금융자산의 15.8%를 보유하고 있다. 그 21만 1,000명의 부자들이 1인당 2~3명의 가족원을 가진다고 가정할 경우 5,200만 전인구의 1%가량인 약 50만 명이 금융자산만 10억 이상인 백만장자이다.

이들 재산가들은 또한 평균적으로 부동산 등 비금융자산 역시 10억 이상 소유하고 있다. 이들의 금융자산 대비 비금융자산 비율은 평균 51.4 대 43.6이다.((그림 9, 10) 참조) 즉 한국에서 부자 대접을 받으려면 최소한 부동산(자기집 포함)과 금융자산을 각각 10억씩 최소한 20억 이상

그림 9 **한국 부자의 총자산 구성비**

(단위: %)

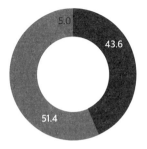

- 금융 자산 ● 부동산 자산 ● 기타 자산

자료: 〈한국 부자 보고서 2016〉, 국민은행 경영연구소

그림 10 **자산 구성비의 변화 추세**

(단위: %)

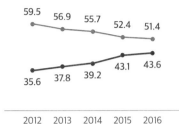

- 금융 자산 비중 ● 부동산 자산 비중

그림 11 **한국 부자들의 부동산 자산 및 규모**

(단위: %)

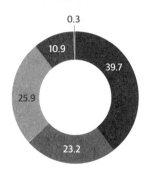

- 거주용 주택/아파트/오피스텔 ● 투자용 주택/아파트/오피스텔 ● 빌딩/상가 ● 토지 ● 기타

자료: 〈한국 부자 보고서 2015〉, 국민은행 경영연구소

의 재산을 가지고 있어야 한다. 이것이 한국의 최상위 1% 부유층의 모습이다.

물론 이 수치는 최소값일 뿐이고 평균값은 다르다. 〈한국 부자 보고서 2015〉에 따르면 부자들은 1인당 평균 22억 3,000만 원의 금융자산과 함께 18억 3,000만 원의 부동산을 가지고 있다. 즉 한국의 상위 1% 백만장자 부자들의 평균 재산은 41억 가량이며 그 절반은 부동산, 다른 절반은 금융자산이다. 그리고 부동산 자산 중 9억은 자기가 사는 집이고 다른 9억은 상가와 빌딩, 오피스텔, 주택 등 수익형 부동산이다. 부자들의 재산(富)에서 차지하는 부동산의 비중은 해마다 줄고 반면에 금융자산 비중은 늘고 있는데, 이는 재산가들의 금융자산 투자 비중을 높여 한국의 금융산업 및 자산운용 시장을 미국식으로 바꾸려 애써 온 역대 정부의 일관된 정책이 성과를 거둔 것으로 이해된다.

부자들이 보유한 금융자산의 평균 수익률은 2.99%이다. 따라서 한국의 부자들은 22억 6,000만 원의 금융자산으로부터 연평균 7,000만 원가량의 금융수익(재산소득)을 얻는다. 게다가 수익형 부동산의 연 수익률을 3~4%로 가정할 때 이들 부자들은 9억의 수익형 부동산으로부터 연 2,700만~3,600만 원의 수익도 얻는다. 이 둘을 합치면 연 9,000만 원~1억 원이다. 기타자산(1인당 약 2억)으로부터 발생하는 자산소득 약 500만 원까지 합칠 경우, 한국의 백만장자 부자들은 1인당 연 9,500만 원~1억 1,000만 원의 자산소득(재산소득)을 얻고 있다. 실제 〈2015 한국의 부자 보고서〉의 실태 조사에 따르면 백만장자 부자들의 연평균 재산소득은 1억이다.

장하성은 "가장 돈을 잘 버는 소득 상위 10%의 경우 재산소득이 전체 가계소득의 3%로 미미하고 근로소득이 95%에 달해 압도적이

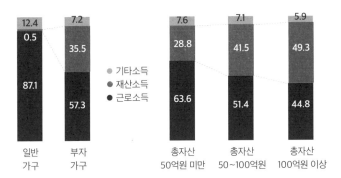

그림 12 **부자들의 가계소득 구성과 총자산 규모별 가계소득**

(단위: %)

- 기타소득
- 재산소득
- 근로소득

	일반 가구	부자 가구		총자산 50억원 미만	총자산 50~100억원	총자산 100억원 이상
기타소득	12.4	7.2		7.6	7.1	5.9
재산소득	0.5	35.5		28.8	41.5	49.3
근로소득	87.1	57.3		63.6	51.4	44.8

자료: 〈한국 부자 보고서 2015〉, 국민은행 경영연구소

다."라고 말한다. 틀린 통계는 아니다. 그런데 그는 왜 하필 소득 최상위 10%에 해당하는 전인구의 10%인 500만 명에 관해서 말하는가? 왜 가장 부유한 최상위 1%인 50만 명에 대해서는 말하지 않는가?

통계청 조사에 등장하는 소득 최상위 10% 계층의 대부분은 연봉 7,000만 원이 넘는 근로 소득자와 그 가족이다. 여기에는 대기업과 공기업, 은행과 보험·증권사 등에 근무하는 정규직 직원과 교사와 공무원이 모두 포함된다. 이들의 개인·가계 총소득에서 재산소득이 미미하고 근로소득이 압도적인 것이 자명하다. 하지만 전인구의 1%인 50만 부자들의 경우 확연히 다르다.

〈한국 부자 보고서 2015〉에 따르면 전인구의 1% 가량인 고액 자산가 가족들에서 재산소득은 근로소득만큼이나 중요한 의미를 가진다. 이들의 2014년 가계소득 2억 9,000만 원(중앙값 2억)에서 재산소득은 1억 원으로 1/3을 차지한다. 근로소득이 1억 6,000만 원이고 기타소득이 2,000만 원이다. 더구나 금융재산 100억 이상의 최상위 0.1% 부유층에

서 재산소득은 전체 가계소득의 49.3%로 거의 절반이다.([그림 12] 참조)

한국의 상위 1% 부유층에서 연평균 1억의 재산소득은 현업에서 은퇴하여 근로소득이 사라진 이후에도 자신들이 바라는 넉넉한 노후 생활을 충분히 대비할 액수이다. 그런 까닭에 〈한국 부자 보고서〉는 "결국 한국 부자에게 있어 노후 준비란 현재 보유 중인 자산 가치의 성장 및 관리를 통해 어떻게 안정적인 현금 흐름을 지속적으로 창출할 것인가의 문제라고 할 수 있다."고 지적한다.

여기서 주목할 사실은 백만장자 부자들의 연평균 근로소득이 1억 6,000만 원이라는 점이다. 이 수치는 이들 부자들이 바로 근로소득자들 중 최상위 1%에 해당한다는 사실을 보여준다. 즉 높은 근로소득(봉급과 임금)을 올리는 잘나가는 중소기업의 오너, 대표이사, 사장과 변호사, 변리사, 의사 등 전문직들, 그리고 대기업과 은행·보험사 등 금융회사 또는 공기업 등의 임원 또는 고급 간부들이 그들이다.

일상이 된 재테크

대한민국 상위 1%의 재산소득을 생생하게 묘사하는 신문기사가 있다. 〈중앙일보〉(2016년 3월 23일자)에 보도된 재무 컨설팅 사례이다. 다음은 그 기사의 내용을 재정리한 것이다.

2년 후 은퇴를 앞둔 53세의 A는 서울 여의도의 직장, 아마도 증권사에 근무하면서 연 근로소득 1억 5,000만 원을 버는 고소득 직장인이다. 그는 매월 50만 원의 즉시연금(재산소득)도 받고 있으니 그의 월 고정소득은 1,300만원, 연간 1억 5,600만 원이다. 그의 자산(재산)은 합계 28억 5,000만 원이

고 그 중 부동산이 8억 5,000만 원인데, 6억은 자신이 거주하는 여의도 아파트의 전세보증금이다. 그의 금융자산은 총 20억인데 그중 즉시연금이 3억이고 나머지가 17억이다. 그는 즉시연금 3억으로부터 매달 50만 원, 연 600만 원의 소득을 얻고 있다. 그리고 17억의 나머지 금융자산은 은행정기예금에 7억, 외화예금 3,000만원, 청약예금 3,000만원, MMT/MMDA에 8억 4,000만원, 주식에 1억 투자되어 있다.

〈중앙일보〉 기사에는 빠져 있지만, A는 금융자산 17억으로부터 최소한 정기예금 금리(2015년 말 1.5%)의 수익 즉 연평균 2,400만 원의 재산소득이 있다. 수익률을 연 4%로 높일 경우 연평균 6,800만 원의 재산소득이다. 이를 종합하면, A는 연 1억 5,000만 원의 근로소득과 함께 최소한 연 3,000만 원(즉시연금 600만 원+나머지 금융자산 수익 2,400만 원) 또는 연 7,400만 원(즉시연금 600만 원+나머지 금융자산 수익 6,800만 원)의 재산소득이 있다. 따라서 그의 연간 소득 합계는 대략 1억 8,000만 원~2억 2,000만 원이다.

그런데 A는 2년 뒤인 55세에 희망퇴직이 불가피하다. 은퇴 이후 그는 최소한 월 500만 원의 넉넉한 생활비를 원한다. 참고로 월 500만 원, 즉 연 6,000만 원의 소득을 가진 은퇴자란 노인들 중 가장 부유한 최상위 그룹에 속한다.

〈중앙일보〉가 소개하는 맞춤형 컨설팅 결과는 다음과 같다. 아마도 은행·증권사의 프라이빗뱅킹 직원 역시 비슷한 내용으로 고객에게 조언해줄 것이다.

(1) A는 향후 주택시장 전망이 어둡다는 판단으로 지금까지 30평대 아파트에 6억 전세살이를 해왔는데, 전세값이 계속 폭등하므로 앞으로

주거불안에 시달릴 수 있다. 따라서 향후 수요가 꾸준할 것으로 예상되는 역세권 30평대 아파트를 구입한다. 현재 전세보증금 6억에서 2억만 얹으면 8억짜리 아파트를 구입할 수 있다.

그 다음, 컨설턴트들은 그의 자산 포트폴리오를 대대적으로 재편하여 수익(재산소득)을 높일 것을 다음과 같이 조언하였다.

(2) 임대수요가 많고 월세가 안정적으로 나오는 전용면적 $60\,m^2$ 이하 소형아파트를 여러 채 구입한다. 서울의 소형아파트 임대수익률은 연 4 ~5% 수준이며 1년 만기 정기예금 금리 1.5% 전후보다 훨씬 높다. 예컨대 영등포 일대 전용면적 $31\,m^2$(14평) 아파트의 평균 매입가격이 1억 8,000만 원인데, 보증금 1,000만 원에 월세 60만 원으로 세주면 연수익률 4.24%에 달한다. 이런 아파트를 5채를 구입하면 매달 300만 원의 고정 소득을 기대할 수 있다.[10] 이것만으로도 A는 매달 300만 원의 월세 수익과 그리고 이미 받는 즉시연금 월 50만 원을 합쳐 매달 350만 원의 안정된 재산소득을 확보할 수 있다.

그의 총재산 28억 5,000만 원 중 거주용 아파트 구입에 8억, 임대용 소형아파트 5채 구입에 9억이 들었다. 따라서 아직도 11억 5,000만 원의 자산이 남아있다. 이에 컨설턴트들은 A에게 잡다한 저수익 은행예금을 대폭 줄이고 그 대신 안정적 고수익이 보장되는 증권투자로 전환할 것을 제안했다.

(3) 먼저 매월 안정적인 월 지급 수익을 보장받는 금융상품에 투자

---

10 더구나 〈중앙일보〉의 컨설턴트들은 절세를 통한 수익률 향상을 위하여 다음과 같이 조언하고 있다: "소형아파트는 준공공임대사업자로 등록하면 취득세가 전액 면제되고, 매년 재산세 75%가 감면된다. 또 의무임대기간 8년을 채우고 팔면 양도세가 전액 면제되고, 임대소득에 대한 소득세의 75%가 감면된다. 잔금일로부터 3개월 내 주소지 구청을 방문해 준공공임대사업자 등록증을 발급받은 뒤 세무서에 사업자등록을 신청하면 된다."(〈중앙일보〉 2016년 3월 23일자)

하는 것인데, 3억 원을 월지급식 주가연계증권(ELS)에 투자하여 매월 세후 150만 원의 안정적 이자소득을 확보한다. 이 경우 수익률은 연 6%인데 목표 수익률은 연 7.0% 내외이다. 이때 절세를 통해 수익률을 높이려면 투자액 3억 중 5,000만 원은 A와 함께 같은 주소지에 거주하는 어머니 명의의 비과세 종합저축계좌를 개설한다.

(4) 그리고 비과세 혜택이 있는 개인종합자산관리계좌(ISA)에도 연간 납입한도 2,000만 원까지 투자한다. (5) 또한 2억 원을 단기저축계좌(CMA, MMF)에 넣어두면 아플 때 병원비 등 비상자금으로 빼 쓸 수 있다. 게다가 또 있다. (6) 앞서 말한 8억짜리 자기집을 주택연금에 가입하면 매월 180만 원의 주택연금을 수령한다.

이렇게 해도 A에게 남는 여유자금이 약 8억 원이다. 이 8억의 운용 방식에 대해 위 신문기사는 아무런 언급이 없다. 필시 재무 컨설턴트들은 보다 고위험-고수익의 금융자산 투자를 권했을 것으로 짐작된다. 주식과 금, 사모펀드, 외환, 해외증권 등 말이다. 그런 고위험-고수익 금융자산의 연 수익률을 4%로 가정할 경우, A는 연 3,200만 원의 자산 수익도 얻는다.

지금까지의 컨설팅 결과를 요약 정리해보자. 은퇴 이전에 A는 연 1억 5,000만 원의 근로소득과 함께 연 3,000만 원~7,400만 원의 재산소득을 가졌다. 2년 뒤 55세에 은퇴하면 그의 근로소득은 0이 된다. 그 대신 A는 다양한 재산소득을 얻는다. 먼저 월 300만 원 즉 연 3,600만 원의 주택 임대소득이 있다. 그리고 월 150만 원 즉 연 1,800만 원의 월지급식 주가연계증권 투자수익이 있다. 또한 A가 새로 구입한 8억짜리 자가주택 아파트를 주택연금에 가입할 경우 월 180만 원 즉 연 2,160만 원의 추가소득도 있다. 게다가 약 8억의 기타 금융자산에서 연 3,000만

표 3 A씨의 재무 컨설팅 사례

자산 부채 현황 (단위: 원)

자산		부채	
아파트 전세 보증금	6억		
오피스텔 전세보증금	2억 5,000만		
10년만기 즉시연금(비과세)	3억		
은행정기예금	7억		0
MMT, MMDA	8억 4,000만		
주식계좌	1억		
외화예금	3,000만		
청약예금	3,000만		
합계	28억 5,000만	합계	0
순자산			28억 5,000만

변경 전 현금 흐름 (·: 지출항목 변동)

수입		지출	
·근로소득	1,250만	·생활비	300만
·즉시연금소득	50만	·본인 용돈	200만
		·보험료	8만 4,000
		·여유 자금	791만 6,000
합계	1,300만	합계	1,300만

변경 후 현금 흐름

수입		지출	
·임대소득	300만	·생활비	500만
·즉시연금소득(3억, 10년 만기)	50만	·여유 자금	330만
·월지급식ELS	150만		
·주택연금(60세 이후)	180만		
·국민연금(63세 이후)	150만		
합계(63세 이후)	830만	합계	830만

자료: 〈중앙일보〉 2016년 3월 23일자

원가량의 투자수익도 기대할 수 있다. 이 모든 소득을 합산할 경우 그의 연간 소득은 1억 500여만 원에 달한다. 모두 비근로소득 즉 재산소득이다. 앞서 보았던 〈한국 부자 보고서〉에 나오는 최상위 1% 부자들의 연평균 재산소득 1억 원에 가까운 수치이다. 더구나, 증권업계에 수십 년간 근무하면서 꼬박꼬박 국민연금을 납부한 그는 월 150만 원 즉 연 1,800만 원의 국민연금도 기대할 수 있다. 국민연금 역시 다양한 금융자산(부동산 투자자산 포함)에 대한 투자수익으로 연금 지급금을 벌어들인다는 점에서 재산소득에 해당한다.

1%에겐 재테크, 9%에겐 희망고문, 90%에겐 신기루

대다수 일간지와 경제지들이 이와 비슷한 내용의 재테크 컨설팅 기사를 싣고 있다. 근로소득 이외의 추가소득과 은퇴 이후 노후소득을 마련하는 재테크는 조금이라도 여유 소득이 있는 이들의 초미의 관심사가 되었다. 재테크를 통해 얻는 소득은 명백한 재산소득이다. "부자 되세요"가 인사말로 등장하고 "은퇴자금 종잣돈 10억 만들기"가 직장인 아빠의 좋은 덕목으로 등장한 것이 15년 전이다. 요즘에는 그것이 15억이 넘었다. 연봉 5,000만 원 이상을 버는 소득 상위 20%의 직장인들에게 은퇴자금 종잣돈 10~15억을 모아 그것으로 월 200~500만 원의 안정적인 노후소득(재산소득)을 확보하는 것은 선택이 아니라 의무가 되었다. 물론 연봉 5,000만 원이 넘는 소득 상위 20%, 즉 5,000만 국민의 1/5인 1,000만 명의 고소득 직장인들 및 그 가족들조차 대부분의 경우 은퇴자금 종잣돈 10~15억 모으기에 실패한다. 이들의 다수는 5억 정도면 모를까 그 이상 모으기가 힘들다. 자식들 교육비와 어르신 용돈 등에 허덕이는 처지에 더 이상 저축할 여유가 없기 때문이다. 설령 수천만 원 또는 수억 원의 종잣돈을 모아 재테크에 나선다 하더라도 제대로 돈을 버는 경우가 별로 없다. 주식투자와 보험상품 가입의 경우 증권사와 보험사, 펀드매니저들만 좋은 일 시켜주는 경우가 태반이다. 금융자산 10억, 부동산 자산 10억을 넘어 프라이빗뱅킹 서비스를 제대로 제공받지 않는 한, 재산과 고급 정보가 부족한 개미투자자들에게 성공적인 재테크의 기회는 잘 주어지지 않는다. '돈 놓고 돈 먹는' 재테크 시장은 그야말로 돈이 많은 자일수록 수익을 독차지하는 불공정하고 불공평한 시장인 것이다. 그럼에도 불구하고 이들 소득 상위 20%의 직장인과 노동자들은 재테크에 나선다. 그렇게라도 하지 않고서는 OECD 최하위의, 형편없이 열악한 노인복지의 나라에서 은퇴 후 30~40년을 버티며 살아갈 수 없기 때문이다. 스스로 '희망고문'에 나서는 것이다. 요즘 대기업과 증권사, 보험사, 은행, 공기업 등에서 정규직으로 근무하는 이른바 '중산층' 즉 소득 상위 20% 계층의 처지가 이렇듯 팍팍하다. 그렇다면 나머지 80%의 국민들은 더 이상 볼 것도 없다. 이들의 삶에 재테크와 재산소득은 머나먼 신기루일 뿐이다.

05

가장 부유한 1%가
싹쓸이하는 재산소득

앞에서 보았듯이, 우리나라에서 가장 부유한 상위 1% 인구의 재산소득은 연평균 1억 원이며 그들의 가계소득에서 재산소득이 차지하는 비중은 크다. 이에 반해 연봉 5,000~1억 원의 소득 상위 10% 또는 20%의 직장인들에서는 가계소득의 대부분이 근로소득이며 재산소득의 비중은 미미하다. 그런데 상위 1% 부자들의 가계소득에서 재산소득의 비중이 크다는 것은 한국경제에서 발생하는 재산소득의 대부분을 그들이 가져간다는 것을 의미한다. 가장 부유한 상위 1%가 재산소득을 싹쓸이하여 가져간다는 것을 보여주는 것이 주식배당소득과 이자소득이다. 먼저 배당소득부터 보자. 배당소득은 주식보유자에게 분배되는 재산소득으로 주식에 직접 투자하건 아니면 펀드를 통해 간접 투자하건 모두 받을 수 있다. 외국인 투자자들의 배당소득은 한국에서 과세하지 않으므로 우리나라 국세청 소득자료에 포함되지 않는다.

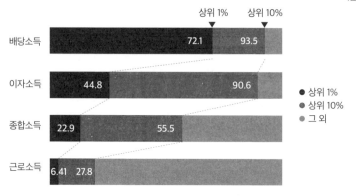

그림 13 **상위 1%와 상위 10% 소득점유율** (2012년 기준)

(단위: %)

자료 : 국세청, 최재성 의원실 보도자료, 2014년 10월 8일.

2014년 9월 최재성 의원이 국세청으로부터 받은 〈2012년 배당소득·이자소득 100분위 자료〉를 살펴보면(96쪽, (표 5) 참조), 배당소득을 받은 국내 주식투자자는 2012년에 882만 5,000여 명(전 국민의 17%)이다. 그 중 주식을 많이 가진 주식 상위 1%인 8만 8,000명(전 국민의 0.17%)이 총배당소득 11조 3,000억 원 중 무려 72.1%인 8조 1,700억 원을 가져갔다. 그 다음, 그 1%를 뺀 9%에 해당하는 주식투자자 79만 4,000명(전 국민의 1.6%)에 해당하는 이들이 총배당소득의 21.4%를 가져갔다. 결국 배당소득 상위 10% 또는 전 국민의 약 1.8%인 88만 명이 전체 주식배당소득의 대부분인 93.5%를 가져간 것이다. 국내 주식투자자의 90%에 해당하는 794만 3,000명 즉 전 국민의 15.9%에게는 겨우 그 나머지인 6.5%의 배당소득인 7,300억 원이 배당되었을 뿐이다.((그림 13) 참조)

요약하면, 전 국민의 1.8%에 해당하는 88만 명이 전체 배당소득의 93.4%를 가져갔다. 그렇다면 이들은 누구인가? 한국의 가장 부유한

1% 부자들과 그 가족이다. 그 나머지인 6.5%의 배당소득을 전 국민의 15.9%에 해당하는 794만 3,000명이 가져갔는데, 이들은 대기업과 공기업, 은행과 보험사 정규직, 교사와 공무원으로 근무하는 정규직 직원과 노동자들, 그 가족들이다. 이들이 바로 앞서 언급한 대한민국 소득 상위 10% 또는 20% 그룹의 근로소득자들이다.

주식을 가진 자들만이 경제민주화의 주체로 등장하는 주주민주주의는 대한민국 상위 1% 부자들만의 민주주의 즉 귀족민주주의이다. 경제민주주의를 주주민주주의로 이해하는 박영선과 김종인, 안철수와 박원순, 장하성과 박상인, 최정표 등이 요구하는 것은 결국 이들 한국 사회 상위 1%의 귀족들이 주인이 되는 경제이다. 최상위 0.001%의 재벌 일가들, 즉 귀족 중의 귀족들만 독점한 경제 권력을 상위 1%의 귀족들에게 골고루 나누어 갖게 하자는 것이 주주민주주의이다.

한편, 전 국민 중 가장 부유한 1~2%가 재산소득의 90% 이상을 싹쓸이하는 현상은 이자소득에서도 조금 완화된 형태지만 비슷하게 나타난다. 이자소득은 예금 및 적금과 채권(국채와 회사채 등)에서 발생한다. 누구나 은행에 예금통장을 가지고 있고 따라서 은행예금과 적금에서 발생하는 이자에 대한 소득세인 이자소득세를 납부한 이들이 전 국민의 92%인 4,785만 명에 달한다. 하지만 대부분의 예금과 적금은 소액인 까닭에 예금자들은 매년 통장에 찍혀 있는 이자소득과 이자소득세에 별 관심이 없다. 하지만 수억 원 이상의 은행 예금-적금과 국채, 회사채 등 채권을 보유한 고액 자산가들의 경우 이자소득이 상당한 액수에 달하며 그것에 과세되는 세금인 이자소득세의 액수도 상당하다.

국세청 소득세 자료에 따르면 2012년의 이자소득 총액은 24조 9,000억 원이다. 그런데 이자소득자들 중 가장 부유한 1%인 47만

8,500명(전 국민의 0.9%)이 그 이자소득의 44.8%인 11조 1,400억을 가져갔다. 1인당 평균 약 2,330만 원을 가져간 것이다. 이것은 전 국민 중 가장 부유한 최상위 0.9%가 평균 국민보다 50배(=44.8/0.9) 많은 이자소득을 벌었다는 것을 의미한다.

그리고 상위 1%를 뺀 나머지 9%의 이자소득자들인 430만 명(전 국민의 8.3%)이 2012년 총이자소득의 45.8%인 11조 4,000억 원을 가져갔다. 1인당 평균 약 265만 원이다. 이자소득 상위 1%와 9%를 합칠 때, 상위 10%의 이자소득자들(전 국민의 9%)이 2012년 이자소득 전체의 90.6%를 가져갔고 나머지 9.4%의 이자소득을 전 국민의 91%가 가져갔다.

이렇듯 배당소득과 이자소득으로 대표되는 재산소득은 우리나라 국민 중 가장 부유한 최상위 1~2% 부유층으로의 집중도가 매우 높아서 평범한 서민들 재산소득의 50배에 달한다. 그만큼 재산소득의 불평등이 심하다.

앞의 국세청 소득 자료를 인용하여 최재성 의원은 "배당소득과 이자소득은 대표적인 재산소득으로 초고소득층이 그 소득의 대부분을 점유하고 있다. 우리 사회는 근로소득 격차가 큰 상태에서 재산소득의 쏠림 현상까지 가중돼 소득 불평등이 극에 달한 상태다. 소수에게 몰려 있는 자본소득에 대한 과세를 강화해야 한다."고 말했다.[11] 칭찬할만하며 올바른 지적이다.

한편, 재산소득의 불평등이 얼마나 심각한가에 관한 최재성 의원실의 보도자료에 대해 자유주의적 진보 측 논객들은 그런 주장이 "한국경제는 아직 전근대적인 중상주의 봉건적 자본주의"라는 자신들의 고

---

11 〈한겨레신문〉 2014년 10월 8일자.

유한 테제를 훼손시키지 않을까 우려했다. 예컨대 인터넷 언론인 〈프레시안〉의 이승선 기자는 다음과 같이 썼다.

최 의원의 보도자료를 보고 일각에서는 요즘 유행하는 토마 피케티의 이론이 한국에서 이미 실현되고 있다는 증거로 받아들일 태세다. '돈이 돈을 벌어들이는 세습 자본주의가 이미 한국에서 끔찍할 정도로 실현되는 것을 보여주는 통계'로 [그 보도자료를] 받아들일 만하기 때문이다. [하지만] 장하성 고려대 경영대학 교수는 《한국자본주의》라는 신간을 통해 '한국에서 자본수익률이 경제성장률보다 낮은 것으로 추정되고 있다'는 주장을 통계자료를 근거로 제시했다. 그는 각종 인터뷰에서 '비판을 하더라도 외국의 수입이론을 그대로 한국에 적용해서 비판하지 말고, 한국의 현실이 정말 어떤지 알고서 비판하자'면서 '신자유주의의 폐해를 겪지도 못할 정도로 제대로 된 시장경제를 거치지 못한 한국에서 신자유주의의 잣대로 비판하는 것은 넌센스'라고 강조했다. (〈프레시안〉 2014년 10월 9일자)

내가 보기에는 이승선 기자와 장하성 교수야말로 시대착오적인 넌센스를 범하고 있다. 게다가 최재성 의원실이 인용한 국세청 자료에는 배당 및 이자소득보다 훨씬 중요한 또 다른 재산소득(자본소득)인 부동산 임대소득이 빠져있는데, 만약 부동산 임대소득까지 포함한다면, 우리나라에서 재산소득의 불평등은 위의 수치보다도 훨씬 더 심각하게 나타날 것이다. 물론 상가와 빌딩에서 발생하는 임대소득에 대해서는 이미 소득세(사업소득세)가 부과되고 있는데, 최재성 의원실이 보도한 국세청 자료에는 그 자료가 빠져 있다. 더구나 주택에서 발생하는 임대소득에 대해서는 법제도의 미비로 인해 아직 임대소득세가 부과조차 되지 않고 있으며 따라서 원천적으로 국세청에 관련 자료가 없는 상태다.

재산소득 불평등이 근로소득 불평등보다 심해

앞의 2장에서 보았듯이 우리나라에서 근로소득의 불평등은 1990
년대 중·후반을 기점으로 크게 벌어졌다. 비정규직과 외주화 등 노동시
장 유연화로 저임금 노동자들의 숫자가 크게 늘었기 때문이고, 다른 한
편으로는 대기업 CEO와 임원·경영자들의 연봉과 스톡옵션이 폭발적
으로 증가하면서 상위 0.1~1% 근로소득자들의 연봉이 과거의 두 배
이상으로 증가했기 때문이다.

그런데 방금 전에 보았듯이, 우리나라에서 가장 부유한 상위 1~
2%의 재산소득은 평범한 서민들 재산소득의 50배에 달한다. 50배의
불평등이다. 이에 비한다면 그나마 근로소득 불평등이 덜 심하다고 할
수 있다. 2012년 국세청 소득세 자료를 이용한 최재성 의원실 보도자료
((그림 13) 참조)를 보면, 가장 돈을 잘 버는 근로소득자 상위 1%는 총근로
소득 422조 4,446억 원의 6.41%인 27조 787억 원을 가져갔다.[12] 즉 최상
위 1%는 평균적인 근로소득자보다 6.41배를 더 벌어간다. 6.41배의 불
평등이다. 그리고 근로소득 상위 10%(최상위 1%도 포함)는 그 27.8%인 117
조 4,396억 원을 가져갔으므로, 근로소득 상위 10%는 평균적인 근로

---

12 최재성 의원실에서 2012년 국세청 소득세 자료에 기초하여 작성한 이 자료에서 모든 수치
는 근로소득세를 납세한 근로소득자들 기준이다. 즉 여기서 말하는 근로소득 상위 1%, 10%,
90% 등의 숫자와 그들의 총근로소득 27조 원, 117조 원, 422조 원 등의 숫자 역시 근로소득세를
납부한 자들만을 전제로 하고 있다. 그런데 2014년 근로소득자 1,618만 7,000여 명 중 740만 명
(45.7%)은 근로소득세를 전혀 내지 않았다(기획재정부 전수조사). 따라서 이들은 위 수치에서 빠
져 있다. 기획재정부에 따르면 2013년 말 소득세법 개정으로 저소득층에 대한 세액공제 혜택이
늘면서 근로소득세 면세자 비율이 높아졌다고 한다.

소득의 2.78배를 벌어간다.

근로소득 불평등이 그나마 재산소득 불평등에 비해 상대적으로 덜 심하다는 사실은 다른 통계에서도 나타난다. 2015년 9월 국세청이 윤호중 의원에게 제출한 2014년 기준 근로소득세 자료에 따르면 2014년 근로소득자 1,618만 7,000여 명(여기서는 근로소득세 면세점 이하 소득자도 포함)의 평균 연간 근로소득은 3,172만 5,000원(월 264만 원) 가량이다.[13] 이 책 35쪽에 실린 〈표1〉을 보면, 1,618만 7,647명의 근로소득자 중 가장 돈 잘 버는 최상위 1.1%인 17만 8,830명은 최소한 연봉 1억 3,500만 원(근로소득세 납세 전)을 벌었으며 2014년 총근로소득 513조 5,476억 원의 7.67%인 39조 3,791억 원을 이들이 가져갔다. 7.67배의 불평등이다. 그리고 이들 최상위 1.1% 근로소득자들의 평균 연봉은 2억 2,020만 원이다. 이 역시 심한 소득 불평등이며 더구나 1990년대 중반 이전 시기에 비해 훨씬 심해진 것이다. 그럼에도 불구하고 재산소득 불평등에 비해서는 정도가 덜하다. 다른 한편, 이들 최상위 1.1%를 제외한 근로소득 상위 10%(정확하게는 상위 10.5%)는 최소한 연봉 6,700만 원 이상을 버는 근로소득자들인데, 여기에 해당되는 근로소득 납세자는 144만 738명이며, 이들은 2014년 총근로소득 513조 5,476억 원의 24.37%인 125조 1,396억 원을 가져갔다. 즉 이들 1~10%(정확하게는 1.1~10.5%)의 근로소득자들의 1인당 평균 연봉은 8,565만 원이다. 대부분 대기업과 은행 등 금융회사 직원에 해당되는 이들은 평균적인 근로소득자 연봉 3,172만 5,000원의 2.7배를 벌고 있는 것이다.

---

13 윤호중 의원실에서 2014년 국세청 소득세 자료에 기초하여 작성한 이 자료의 수치는 근로소득세를 납세하지 않은 이들(근로소득세 면세자)도 포함하여 1,618만 7,000여 명의 모든 근로소득자를 기준으로 하고 있다. 즉 최재성 의원실 보도자료(2014년 10월 8일)와는 차이가 있다.

최상위 1%와 나머지 99% 사이의 '넘사벽'

그런데 주목해야 할 또 하나의 사실이 있다. 돈 잘 버는 상위 10% 구간 내에서의 차이도 매우 심하며 유별나게 가장 부유한 1%로 소득이 집중된다는 사실이다. 구체적으로 말해서, 상위 10% 범주 내에서도 부유할수록 소득이 꾸준히 높아지는데 가장 부유한 최상위 1% 구간에서는 그것이 급격하게 높아진다. 이러한 현상은 정도의 차이가 있을 뿐 근로소득과 종합소득, 배당소득, 이자소득 등 모든 소득 범주에서 관찰된다.

2012년 국세청 소득세 자료를 종합소득과 근로소득, 배당소득, 이

표 4 **최상위 1%에 집중되는 종합소득과 근로소득**

구분	종합소득 100분위 (2012년 귀속)					근로소득 100분위 (2012년 귀속)				
	인원 (명)	종합소득 금액 (원)	총종합 소득 대비 (%)	누적 (%)	1인당 금액 (백만 원)	인원(명)	총급여 (백만 원)	총 급여 대비 (%)	누적 (%)	1인당 금액 (백만 원)
1%	43,529	28,854,822	22.90	22.90	662.89	106,122	27,078,652	6.41	6.41	255.17
2%	43,529	8,884,146	7.05	23.95	204.1	106,123	13,687,280	3.24	9.65	128.98
3%	43,529	6,351,336	5.04	34.99	145.91	106,123	11,943,604	2.83	12.48	112.54
4%	43,529	5,114,596	4.06	39.05	117.5	106,123	10,947,279	2.59	15.07	103.16
5%	43,529	4,383,573	3.48	42.53	100.7	106,123	10,215,601	2.42	17.49	96.26
6%	43,529	3,887,932	3.09	45.61	89.32	106,123	9,619,628	2.28	19.77	90.65
7%	43,529	3,510,592	2.79	48.40	80.65	106,123	9,097,022	2.15	21.92	85.72
8%	43,529	3,201,548	2.54	50.94	73.55	106,123	8,660,385	2.05	23.97	81.61
9%	43,529	2,948,430	2.34	53.28	67.73	106,123	8,294,132	1.96	25.94	78.16
10%	43,529	2,735,046	2.17	55.45	62.83	106,123	7,986,577	1.89	27.83	75.26
합계	4,352,929	126,023,230	100	100	28.95	10,612,293	422,371,491	100	100	39.8

자료: 최재성 의원실 보도자료, 2014년 9월 9일.

자소득의 각 범주별로 100개의 소득구간으로 나누어 정리한 최재성 의원실의 자료를 보자. ((표 4)와 (표 5) 참조).

먼저 근로소득의 경우, 상위 10%의 구간 내에서 매 1%씩 소득 분위가 높아질 때마다 근로소득이 19% 내외로 꾸준히 증가하는데 최상위 1% 구간에서 갑자기 2배로 증가한다. 즉 근로소득 상위 2%의 1인당 평균 연간 근로소득이 1억 2,898억 원인데 반해 상위 1%의 그것은 2억 5,517억 원으로 갑자기 98%나 증가한다. 우리는 앞의 2장에서 김낙년 교수가 사용한 국세청 근로소득세 자료를 인용하면서, 1998년 이후 그나마 총근로소득 증가율보다 높은 속도로 실질임금이 상승하고 있는 것은 근로소득 상위 10%인데, 그 내부에서도 최상위 0.1~1% 근로소득자들로의 소득 집중이 진행되고 있다고 지적한 바 있다.

한편, 종합소득의 경우 최상위 1%의 특권적 소득 지위가 더욱 심하다. 종합소득 상위 2%의 1인당 평균 소득이 2억 410만 원인데 반해 최상위 1%의 그것은 6억 6,289억 원이다. 갑자기 225% 즉 3배 이상 증가한 것이다.

이자소득의 경우에도 최상위 1%의 특권적 지위가 관찰되는데, 이자소득이 많을수록 점진적으로 증가하던 1인당 연간 이자소득이 상위 2%에서 상위 1%로 높아질 때는 갑자기 연 716만 원에서 2,228만 원으로 3배 이상, 즉 225%나 늘어난다.

최상위 1%의 특권적 소득 지위가 가장 심한 것은 주식보유자에 대한 배당소득이다. 이에 대해서는 앞에서도 말한 바 있는데, 배당소득이 많을수록 점진적으로 늘어나던 1인당 배당소득은 상위 2%에서 상위 1%로 높아질 때 갑자기 연 923만 원에서 9,260만 원으로 거의 10배나 증가한다.

표5 최상위 1%에 집중되는 배당소득과 이자소득

구분	배당소득 100분위 (2012년 귀속)					이자소득 100분위 (2012년 귀속)				
	소득자 (명)	소득금액 (백만 원)	전체 금액 대비 (%)	누적 (%)	1인당 금액 (백만 원)	소득자 (명)	소득금액 (백만 원)	전체 금액 대비 (%)	누적 (%)	1인당 금액 (백만 원)
1%	88,254	8,172,039	72.14	72.14	92.6	478,584	11,141,859	44.75	44.75	23.28
2%	88,254	814,845	7.19	79.33	9.23	478,584	3,426,003	13.76	58.51	7.16
3%	88,255	447,006	3.95	83.27	5.06	478,584	2,137,601	8.59	67.10	4.47
4%	88,254	301,528	2.66	85.27	3.42	478,584	1,518,593	6.10	73.20	3.17
5%	88,255	225,871	1.99	85.94	2.56	478,584	1,156,099	4.64	77.84	2.42
6%	88,254	178,032	1.57	87.93	2.02	478,584	917,820	3.69	81.53	1.92
7%	88,254	144,293	1.27	89.50	1.63	478,584	738,559	2.97	84.49	1.54
8%	88,255	119,517	1.05	90.77	1.35	478,584	610,025	2.45	86.94	1.27
9%	88,254	100,696	0.89	91.83	1.14	478,584	50,289	2.02	88.96	1.05
10%	88,254	85,932	0.76	92.72	0.97	478,585	420,526	1.69	90.65	0.88
합계	8,825,442	11,328,761	100	93.48	1.28	478,584	2,489,708	100	100	0.52

자료: 최재성 의원실 보도자료, 2014년 9월 9일.

이처럼 모든 소득 유형에서 가장 부유한 1%와 그 다음의 2% 사이에 상당한 소득격차가 존재한다는 것은 이 나라 경제에 하나의 특권적인 최상위 1%의 소득계급이 존재한다는 것을 보여주고 있다. 즉 넉넉하게 사는 상위 10% 내에서도 가장 잘사는 1%의 갑부들과 그렇지 못한 9% 사이에는 쉽게 넘어설 수 없는 격차와 장벽, 이른바 '넘사벽'이 존재하는 것이다.

10 대 90의 대결이냐, 1 대 99의 대결이냐

박근혜 정부와 새누리당은 최상위 0.1~1%의 부자들과 혼맥과 학

연 등 각종 인맥으로 강하게 결합되어 있으며 그 자체 대한민국 최고 부유층인 특권적 귀족계급의 일부이다. 박근혜 정부와 새누리당이 펼치는 경제사회정책이 대다수 평민들의 이익과 충돌하는 것이 당연하다. 이들 전 국민의 1%인 최상위 백만장자, 억만장자 부자들에게는 재산소득 즉 금융자산 및 부동산 자산에서 발생하는 자산소득이 매우 중요하다. 그런데 야권의 일부 경제전문가들은 이렇게 생각하지 않는다. 특히 야당의 경제관과 기존의 경제민주화론을 대표하는 장하성 같은 경제학자들은 재산(富) 및 재산소득이 아니라 근로소득의 양극화가 모든 양극화와 불평등의 주범이자 본질이라고 말한다. 근로소득 상위 10% 또는 20%와 나머지 90% 또는 80%간의 대립이 모든 불평등의 본질이며, 그것은 결국 대기업-중소기업 간 임금격차로 인해 발생한다고 설명한다. 그리고 다시, 이러한 임금격차가 발생하는 궁극적 원인은 전근대적이고 봉건적인 기업구조 즉 재벌그룹 및 대기업 체제 때문이라고 말한다. 재벌그룹 및 대기업 위주의 중상주의적 또는 봉건적 기업구조를 약화 또는 해체하지 않는 한, 소득 불평등을 줄일 수 없다는 것이다. 이런 의미에서 그들은 한국경제가 여전히 자본주의 초기 즉 중상주의 또는 봉건적 자본주의 단계에 머물러 있다는 분석을 제시한다. 시대착오적이다.

하지만 1990년대 중·후반 이래 지난 20년간 한국경제에서 발생한 소득 불평등 심화에서 가장 두드러진 현상은 가장 부유한 최상위 1%에게 재산소득과 근로소득이 기하급수적으로 집중되었다는 사실이다. 근로소득 상위 10% 내에서도 최상위 1% 또는 0.1%라고 할 수 있는, 연봉 수억, 수십억의 CEO와 임원진에게로 근로소득이 집중되고 있다. 하지만 장하성 등 야권의 자유주의 경제학자들은 이런 명백한 사

실 앞에서 눈을 감아 버린다. 한국 자본주의가 자본 축적의 초기 단계
는커녕 오히려 자본 축적의 말기 증상인 카지노 자본주의, 지대추구
자본주의를 향해 내달리면서 투기소득과 불로소득이 경제와 기업세계
전체를 지배하고 있는데도 말이다.

왜 보수는
박정희를 배신하는가

상위 1% 부자들의 보수 정당

한때 청와대 권력 2인자로 간주되던 우병우 전 청와대 민정수석은 2014년 임명 시 423억의 재산을 신고했지만 우병우 가족의 재산이 1천억이 넘는다는 증거가 계속 폭로되었다. 소득세 등 각종 세금을 회피하기 위해 합법을 가장한 편법을 동원한 증거들이 폭로된 것이다.[14] 또한 박근혜 대통령의 최측근 인사인 조윤선 전 민정수석 역시 매년 수십억에서 오락가락하는 수상한 신고 재산 및 예금액과 그리고 연간 5억 원에 달하는 수상한 소비지출로 2016년 9월 초 국회 인사청문회에서 논란이 되었다. 우병우와 조윤선 같은 이들은 대한민국 상위 0.01~0.1%

---

14 〈중앙일보〉 2016년 7월 22일자.

에 해당하는 억만장자들이다. 최순실, 최순득 일가도 마찬가지이다. 2016년 6월 새로 출범한 20대 국회에서 새로 등록한 새누리당 국회의원의 신고 재산 평균액이 26억 원이다. 이 사실이 잘 보여주듯이 평균적인 새누리당 의원들 스스로가 대한민국 상위 1%의 부자들이다. 30억 이상 재산을 신고한 20대 국회의원 중 32명(58%)이 새누리당 또는 친새누리 무소속 의원이다. 또한 19대 국회 새누리당 국회의원의 절반이 서울 강남 3구에 고가 부동산을 가지고 있다.[15] 박근혜 정부의 청와대 측근 권력에도 서울의 강남 3구에 상가와 빌딩 등 고가 부동산을 보유한 이들이 많다.

국회 공직자윤리위원회가 2016년 8월 26일 공개한 20대 국회(2016년 6월 1일 출범) 신규 의원 154명의 재산 내역에 따르면, 국회의원 1인당 평균 신고 재산액은 새누리당 26억 5,824만 원, 더불어민주당 16억 1,736만 원, 국민의당 14억 7,338만 원, 정의당 3억 8,461만 원의 순이다. 더불어민주당의 수치는 김병관 의원(2,341억)을 제외한 수치이다. 지난 19대 국회 신규 의원 183명의 재산 평균액은 15억 원이며 제18대 국회 161명의 재산 평균은 32억 원이었다.[16] 통계청의 2015년 〈가계금융·복지조사〉에 따르면 우리나라 국민의 2015년 평균 가계 자산액은 3억 4,000만 원인데, 살고 있는 자기 집 또는 전세주택 보증금과 약간의 예금이 재산 전부라고 할 수 있다. 국민들의 평균 재산과 비슷한 재산액의 국회의원이 있는 정당은 정의당뿐이었다.

재산 50억 원 이상의 신규 국회의원은 12명(7.8%)이었고 20~50억 원은 27명(17.5%)이었다. 앞서 보았듯이 우리나라에서 백만장자로 대

---

15 "새누리당 의원과 장관은 '강남스타일'", 〈시사저널〉 2015년 6월 16일자.
16 〈조선일보〉 2016년 8월 26일자.

접 받으려면 부동산과 금융자산 합계 최소한 20억 이상을 보유해야 하는데, 20대 국회 신규 의원의 1/4인 39명(25.3%)이 20억 이상을 보유한 백만장자라고 할 수 있다. 신고재산 10억~20억인 국회의원도 37명(24.0%)이다. 그 밖에 5억~10억이 34명(22.1%), 5억 미만이 44명(28.6%)이었다. 신규 국회의원의 절반은 재산이 10억이 넘고, 다른 절반은 10억 미만이다.

국회의원 후보자들은 자신의 재산을 중앙선거관리위원회에 의무적으로 신고해야 한다. 지난 4월 13일(2016년)의 국회의원 선거에 즈음하여 여야 간에는 때 아닌 재산 논쟁이 벌어졌다. 안형환 새누리당 대변인이 "김종인 더민주당 대표가 시가 3억 2,000만 원 상당의 금괴 8.2kg과 4,000만 원짜리 손목시계를 보유하고 있으며 또한 재산이 8년 만에 무려 22억이 늘어났다."고 비난한 것이다. 김종인 대표가 자신이 재산 내역을 투명하게 중앙선관위에 신고했기에 벌어진 일이다. 이에 대해 더민주당 측은 "이미 투명하게 밝혀진 재산 신고 내역을 가지고 치졸한 정치 공작을 벌인다."며 반박했다. 김종인 대표는 선거에 즈음하여 88억 6,000만 원의 재산을 신고했다. 대한민국 상위 1% 부자 중에서도 상위권에 속할 높은 수준의 재산이다.

이렇듯 재산 20억이 넘는 백만장자 국회의원 중에는 주주자본주의 방향의 재벌그룹 개혁과 시장주의 방향의 경제민주화를 외쳐온 김종인 같은 이들도 포함된다. 박영선 의원 또한 33억 8,000만 원의 재산을 신고했는데, 자신이 거주하는 주택 8억 이외에 13억 가치의 수익형 부동산, 14억 8,000만 원 가치의 금융자산, 2억 2,000만 원 가치의 골프장 회원권도 신고했다.

박근혜의 배신의 정치

빈익빈 부익부의 경제 불평등이 본격 심화되기 시작한 것은 1990년 대 중반부터이며 더구나 1998~2007년 집권한 민주 대통령 치하에서 본격화되었다. 이 기간 중에 가장 가난한 소득 1분위(하위 20%)의 실질임 금이 크게 줄었으며, 더구나 중산층 즉 소득 하위 2~3분위(소득 하위 20 ~60%)의 실질임금 역시 줄거나 정체했다. 취업과 연애와 출산을 포기한 삼포 청년세대가 등장한 것도 이 시기였다. 그래서 노무현 정부 말기에 는 "민주주의가 밥 먹여주냐?"는 비아냥거림이 보수 언론에서 인기를 끌었고 선거 때마다 한나라당(새누리당) 후보들이 승리했다. 이른바 '박 정희 향수'의 분위기가 넘실거렸고 박근혜는 일약 '선거의 여왕'으로 등 극했다. 많은 평민들, 특히 가장 가난한 서민들은 과거 소득과 재산이 꾸준히 상승하던 개발독재 시절을 그리워했다.

그런데 과연 이명박+박근혜 대통령과 한나라당+새누리당의 통치 하의 지난 9년간 평민들의 생계가 나아졌던가? 전혀 그렇지 않다. 오히 려 상위 1% 백만장자들과 상위 0.01% 억만장자들에게 낙원이 열렸다. 대다수 서민과 청년들에게는 헬조선 지옥의 문이 활짝 열렸다. 이명박 +박근혜 정부는 서민 살림살이 개선이 아니라 부자 살림살이 개선에 집중했다.

여기서 제기되는 하나의 의문이 있다. 1960~80년대의 30년간 군 부독재 시기에는 상대적으로 공평한 소득분배와 함께 빠른 경제성장 까지 달성되었는데, 왜 이명박+박근혜 보수 대통령 치하에서는 빈익빈 부익부가 더 심해질 뿐만 아니라 경제성장에서마저 형편없는 성적을 내고 있는 것일까?

그 의문에 대한 답은 오늘날의 이명박+박근혜 대통령과 그 측근들의 머릿속에 박힌 경제 철학과 경제 정책이 과거 박정희-전두환-노태우 대통령 시절의 그것과 본질적으로 다르다는 점에서 찾을 수 있다. 즉 과거 개발독재 30년간 한국경제를 이끈 인물들이 중상주의 또는 국가주의의 경제 담론과 정책의 프레임을 가지고 있었다면, 오늘날 이명박-박근혜 대통령과 그 측근, 그리고 한나라당-새누리당 인사들의 머릿속을 지배하는 것은 이른바 시장주의(신자유주의)이며 반(anti) 중상주의, 반 국가주의이다. 자유시장과 자유기업(free enterprise)을 지고지순한 원칙으로 내세우는 자유기업원의 정신, "민중은 개돼지에 불과할 뿐"이라고 믿는 뉴라이트의 정신이 이들의 영혼이다.

박근혜와 박정희는 경제에 관한 한 정반대이다. 딸이 아버지의 정신을 배신한다. 아버지를 이끌었던 경제 정신과 경제 성과, 경제 정책의 기조를 그 딸이 완전히 뒤집고 정면으로 부인한다. 그리고는 건전한 보수, 따뜻한 보수의 정신으로 부자 증세와 복지 확대, 경제민주화를 내세운 유승민 의원 같은 이들을 "배신의 정치"라고 비난한다. 박근혜 대통령 스스로 자기 아버지 박정희를 배신하는 배신의 정치의 극단적 모습을 보여주고 있다는 점에 대해서는 아무 의식도 없다.

배신의 정치를 부추기는 뉴라이트 경제학

딸이 자기 아버지의 경제 사상을 배신하는 것을 음양으로 돕는 이들이 이른바 뉴라이트와 자유기업원에서 활동하는 주류 경제학자들이다. 이들이 어떻게 박정희 정신을 정면으로 부인하고 배신하는지 살펴보자.

뉴라이트 진영을 대표하는 이영훈 서울대 경제학과 교수가 엮은 《한국형 시장경제 체제》라는 제목의 책이 2014년에 발간되었다. 이 책은 오늘날 한국경제가 처한 난관의 근본 원인으로 '자유시장의 결여'를 지적한다. 그 책의 서론에 해당하는 글에서 이영훈 교수는 "한국경제는 여전히 과거 박정희 정부에서 비롯된 국가주의적 시장경제의 구조적 특징을 보존하고 있으며 그것 때문에 한국경제에서 소득과 부의 불평등이 심화되고 있다."고 단호하게 진단한다. 이영훈과 안병직, 그리고 박세일 같은 뉴라이트 학자들은 2016년의 오늘날이나 1970년대의 박정희 대통령 시절이나, 한국경제는 여전히 국가주의적 시장경제이며 자유시장의 원리가 제대로 작동하지 않고 있고, 그것 때문에 부와 소득의 불평등이 심화되고 있다고 진단한다. 놀랍게도 이것은 "오늘날 한국경제에서 발생하는 부와 소득의 불평등의 근원은 중상주의 또는 국가주의적 경제구조의 유산"이라고 지적하는 장하성과 최정표 등 야권 경제학자들의 발언과 아주 비슷하다.

이영훈과 정규재 같은 뉴라이트 경제학자와 신문 논설위원들이 제시하는 처방은 따라서 '자유시장의 복원'이다. 이들은 자유시장 자본주의를 복원하기 위해서 1960~80년대의 개발독재 시기에 만들어진, 따라서 박정희식 경제구조에 해당하는 국가주의적 경제구조를 철저하게 폐기할 것을 요구한다. 구체적으로는 재벌그룹 규제와 노동 규제, 환경 규제, 수도권 규제 등을 필두로, '자유시장 및 자유기업' 원칙을 가로막아 온 온갖 정부 규제를 폐지 또는 완화할 것을 요구한다. 또한 네덜란드 수준의 완전한 무역개방이 필요하므로 FTA와 TPP 등 온갖 자유무역 협정이 필수적이라고 말한다. 이들에 따르면, 자유로운 인간들이 국가의 간섭과 개입 없이 자유시장에서 자유롭게 경쟁하고 계약을 체결할 수 있어야 하며, 국가의 역할은 공정한 법치의 역할 즉 시장의 자유로운 작동을 관리하는 심판관에 머물러야 한다. 애덤 스미스와 존 로크 같은 고전적 자유주의자들, 그리고 하이에크와 밀턴 프리드먼 같은 신자유주의자들이 꿈꾸던 최소국가, 야경국가가 이들의 유토피아이다.

이영훈과 안병직의 외침은 고독한 늑대의 울부짖음이 아니다. 뉴라이트 지식인들은 이미 박근혜 정부에서 요직에 앉아 있다. 대표적으로 KBS 이사장에 부임한 이인호 전 서울대 교수가 있다. 또한 그들과 똑같이 철두철미 자유주의의 입장에 서서 입에 거품을 물고 야권과 진보를 비난하는 한국경제신문의 정규재 주필도 있다. 〈조선일보〉와 〈문화일보〉, 〈동아일보〉 등 보수 언론이 일상적으로 전파하는 경제관이 '자유시장, 자유기업' 숭배론이다. 또한 그것은 한반도선진화재단의 이름으로 활동해온 박세일과 이창용 같은 저명한 경제학자들의 사고방식이기도 하며 이명박-박근혜 정부에서 경제 정책을 주물러온 박재완, 최경환, 강만수, 안종범, 강석훈, 김종훈 같은 경제·통상 관료들의 신념이기도 하다.

김영삼·이명박 대통령에 이어 박근혜 정부의 청와대와 내각에서 결정적인 정치적, 정신적 영향력을 행사하는 이들의 사고방식을 보면, 그리고 그런 자들을 중용하는 박근혜 대통령 자신의 경제 관련 발언을 접하다보면 도무지 그들에게 1960~80년대의 30년간 계속된 중상주의 또는 국가주의적 경제성장 시대와 그것의 성과에 대한 자부심이 단 한 움큼이라도 있는지 의심이 간다. 그들이 과거 30년간 지속된 국가주도 경제구조의 긍정적 측면을 철저히 부인하기 때문이다.

'박정희 향수'는 60대 이상 노년층만이 아니라 한국 보수파들이 공유하는 뿌리 깊은 정서적 공감대이다. 박근혜 정부의 출범과 존속에 박정희 향수라는 정서적 공감대가 결정적 역할을 했다고 해도 과언이 아니다. 그런데 정작 박근혜 대통령 자신과 그리고 청와대와 정부에서 경제사회 정책을 기획하고 집행하는 학자와 관료들의 머릿속은 온통 뒤죽박죽이다. 과거 박정희 정부를 이끌었던 경제 정신과 그 성과를 정면으로 부정하고 있는 것이다.

자가당착에 빠진 한국 보수파의 오락가락 경제관에 대하여 나는 장하준 교수와 함께 저술한 《무엇을 선택할 것인가》의 첫 장에서 비판적으로 지적한 바 있다. 장하성 교수 역시 자신의 2014년 책 《한국 자본주의-경제민주화를 넘어 경제정의로》에서 "보수 우파의 '박정희 향수'는 자신들이 주장하는 자유민주주의 시장경제를 스스로 부정하는 형용 모순이며 시대착오적이다."고 비판했다(93쪽). 이병천 교수 역시 자신의 책 《한국자본주의 모델》의 제1부에서 "이영훈 같은 뉴라이트 경제학자들은 정작 한강의 기적을 낳은 박정희가 취한 국가주도 경제성장론을 거부한다."고 비판했었다.(80쪽).

그런데 사실 과거 1960~80년대의 시기, 1990년대 중반 이전의 시기에 달성된, 상대적으로 공평했던 소득분배와 빠른 경제성장의 비결을 국가주도 개입주의 또는 중상주의에서 찾는 경제학자는 우리나라에서 아주 드물다. 장하준 교수를 제외할 때 대다수 보수 경제학자와 야권 경제학자들이 각기 다른 이유에서 그것이 사실이 아니라고 맹렬히 부인한다.

뉴라이트 보수와 자유주의 진보의 공통점

김영삼-이명박-박근혜 정부뿐만 아니라 김대중-노무현 정부도 "국가주의 경제는 나쁘고 시장주의 경제가 좋다"고 했다. 1994년 WTO 가입과 1996년 OECD 가입, 그리고 1998년 이후의 IMF 시장개혁(구조개혁), 2011년의 한미FTA 협정과 오늘날의 TPP 추진이 모두 '국가주의 및 중상주의 해체 만세'의 정신으로 이루어지고 있다. 이런 경제 담론을 명시적으로 바람직하다고 주장한 하이에크와 밀턴 프리드먼, 그리고 한국의 공병호와 정규채, 복거일과 김정호 등은 그것을 (신)자유주의라고 자랑스럽게 부르며 자신을 신보수 또는 뉴라이트라고 지칭한다. 그런데 한국경제가 여전히 전근대적인 중상주의 단계에 머물러 있다고 하면서 21세기 한국경제에서 19세기 고전적 자유주의의 진보적 성격을 역설하는 야권 인사들과 경제학자들 역시 스스로를 자유주의자라고 말한다. 이들은 2016년 이 순간에도 "한국경제에서는 여전히 자유시장 원리에 어긋나는 재벌그룹과 관치경제가 존속되어 박정희식 중상주의는 여전히 강고하다."고 보면서 그것 때문에 부와 소득의 불평등이 심해진다고 한다. 따라서 중상주의를 해체하여 고전적 자유주의의 시장 원칙이 주도하는 경제구조를 만들어야 비로소 소득 불평등이 해소되어 중산층이 두터운 경제, 누구나 공정·공평한 시장질서가 형성된다고 말한다.

그런데 이들 자유주의적 진보 경제학자들이 바람직하다고 말하는 '합리적 시장 원칙이 관철되는 경제'란 바로 이영훈 같은 뉴라이트 경제학자들도 마찬가지로 열렬히 주창하는 그것이 아니던가? 이렇듯 여권과 야권, 보수와 진보의 경제사상은 사실 비슷하다. 양자가 대동소이하다. 이명박-박근혜 정부와 자유기업원, 뉴라이트가 자유시장을 숭배하는 데 반해, 진보 측의 고전적 자유주의 경제학자들은 '공정한 시장'과 공정한 경쟁시장 질서를 숭배할 뿐이다. 하지만 양자 모두 시장 자본주의의 효율성과 합리성, 공정성을 신봉하는 시장주의자, 자유주의자라는 점에서는 같다.

새누리당이나 더민주당+국민의당의, 경제 정신과 경제 담론이 서로 비슷하다는 것을 보여주는 사건이 최근에 발생하였다. 2016년 4월 총선에 즈음하여 새누리당이 강봉균 전 의원을 선대위원장으로 영입한 것이다. 물론 강봉균을 영입한 새누리당의 의도는, 과거 박정희-전두환-노태우 정부의 고위 경제 관료를 지냈고 또한 2012년 대선 때 박근혜를 도왔던 김종인 박사가 더민주당 대표로서 4·13 총선에 나섰으니, 역시 경제통이면서 과거 김대중-노무현 정부와 민주당에 경제통으로 몸담았던 강봉균 전 의원을 영입하여 맞불을 놓겠다는 의도였다. 강봉균 전 의원은 더민주당과 국민의당 등 야권에 여전히 강하게 살아숨 쉬고 있는 시장주의 또는 자유시장 자본주의를 대변하는 인물이다. 그는 김대중 정부에서 재경부 장관을 지내면서 한국경제의 시장개혁 즉 미국식 자본주의로의 전환을 총지휘했다. 또한 2002년 대선 당시에는 노무현 대통령 후보의 경제공약을 주도했고 그 후 열린우리당의 정책위원회 의장까지 지냈다. 다만 그는 2012년 4월 총선에서 민주당에서 공천 받지 못하자 탈당했다. 왜냐하면 그가 복지국가에 적극 반대하는 시장 자유주의 입장을 취했기 때문이다.

2부

그들은 왜
경제민주화에
실패할까

07

재벌을 포함하여
자유시장 자본주의가 문제다

한국의 대기업그룹에서는 종종 총수 일가 형제·자매들 간에 경영권 분쟁과 골육상쟁이 일어난다. 2015년 가을, 롯데그룹의 신동빈-신동주 형제 간의 경영권 분쟁에서 시작된 논란은 2016년 들어 롯데그룹 일가에 대한 검찰 수사로 확대되었다. 당시 청와대 우병우 전 수석이 총지휘하는 검찰 수사의 칼끝은 롯데그룹 오너 및 경영진의 횡령과 배임, 비자금 조성과 탈세 문제로 향했다. 롯데만이 아니다. 2014년 12월에는 대한항공 그룹의 조현아 전 부사장이 '땅콩 회항' 사건을 일으키며 항공법을 위반하여 2015년 5월의 2심 재판에서 징역 10월 집행유예 2년을 선고받았다.

재벌 일가의 왕족질은 여기에 그치지 않았다. 현대그룹 창업주인 고 정주영의 손자인 정일선 현대BNG-Steel 사장은 자신의 운전사에게 모닝콜과 초인종 누르는 시간과 방법 등 하루 일과를 상세하게 적어놓은 A4지 140장짜리 매뉴얼을 주고는 그가 매뉴얼대로 행동하지 못할 경우, 욕하고 때리는 것은 물론 감봉까지 했다. 운전사를 노예 취급한 것이다.

재벌의 갑질, 부자들의 갑질

자기 회사 근로자를 정당한 인권과 노동권을 가진 임금노동자가 아니라 노예 또는 노비처럼 마구 다루는 재벌 일가의 꼴불견 작태에 우리 사회와 정치권이 분노하는 것은 당연하다. 그런데 많은 이들 특히 민주·진보 측의 학자와 정치인들은 이것을 마치 재벌들이 중세 유럽의 귀족적 봉건영주처럼 군림하기 때문인 양 비난한다. 이런 사건들은 "한국경제가 여전히 법 위에 군림하는 특권적인 재벌 일가에 의해 지배되는 봉건적 자본주의다."는 명제를 증명하는 전형적인 사건이라는 것이다. 따라서 이들은 저런 갑질 횡포를 근절하려면 삼성과 현대, LG, SK 등 재벌그룹을 해체 또는 축소하여 봉건적 자본주의를 해체해야 한다고 목소리를 높인다. 재벌 오너 일가의 갑질을 근절하는 본질적 해법은 봉건주의를 혁파하는 근대화, 즉 시장 자본주의를 본격화시키는 개혁이라는 것이다. 이것이 19세기 서구의 고전적 자유주의가 21세기 한국에서 여전히 진보성을 가진다고 역설하는 자유주의 경제학자들의 주장이다.

그런데 위 명제가 만약 옳다면, 꼴불견 갑질 행태는 이른바 봉건적 기업조직인 재벌그룹들에서, 재벌그룹 오너와 그 후계자들에게서만 관찰되어야 한다. 그런데 과연 그럴까? 최근 언론에 보도된 비재벌 오너들의 갑질 행태를 보자.

2016년 4월 2일, 미스터피자를 운영하는 MPK(Mr. Pizza Korea)의 정우현 회장은 자신이 업무차 방문한 건물의 경비원 얼굴을 주먹으로 가격하는 폭행을 행사하여 고발당했다. 같은 4월에는 대림산업의 이해욱 부회장이 운전기사의 행동이 마음에 안 들면 욕설과 함께 가혹행위를 했다고 하여 고발당했다. 그 전인 2015년 12월에는 몽고간장으로 유명한 경남 마산의 몽고식품 김만식 명예회장이 상습적으로 운전기사를 욕하고 두들겨 팼다는 것이 논란이 되었다. 비슷한 시기, 경남 창원의 무학소주 최재호 회장이 운전기사를 수시로 욕하고 시간외 근무수당도 지급하지 않아서 고발당했다. 그리고 2013년 9월에는 스포츠 용품 업체 블랙야크의 강태선 회장이 셔틀버스 운영 지연으로 비행기를 놓치자 비행장 용역 직원을 신문지로 폭행하여 논란이 되었다. 2013년 4월에는 호두과자를 생산하는 중소제과업체 프라임베이커리의 강수태 회장이 서울 롯데호텔 지배인의 뺨을 지갑으로 여러 번 때렸다는 내용이 SNS를 통해 알려졌다.

미스터피자와 대림산업, 몽고식품, 무학소주, 블랙야크는 모두 대기업이며 작은 계열사도 가지고 있지만 재벌그룹이라고 부르기는 힘들다. 게다가 프라임베이커리는 중소업체이다. 그런데도 그런 회사들의 대주주들이 종업원 등 아랫사람들을 노비처럼 함부로 대하는 갑질 행패를 부렸다.

그 뿐만이 아니다. 2015년 1월에는 부천 현대백화점 VIP 모녀 갑질 사건이 논란이 되었다. 백화점에 한 번 올 때마다 700만 원 이상 쇼핑을 하는 VIP 고객 모녀가 주차장 알바 학생을 무릎 꿇게 하고 욕설을 퍼부었다. 백화점 업계 근무자들에 따르면 백화점 고객들의 그런 비슷한 갑질 행태는 매달 1,000만 원, 매년 1억 이상 쇼핑하는 VIP고객, 플

래티넘 고객들에서 드문 일이 아니다. 게다가 백화점만이 아니다. 대형 마트와 커피숍, 비행기, 술집 등 우리 사회 곳곳에서 '돈 많은 부자 고객들'이 난폭한 갑질 행패를 부린다. 서울 압구정동에 사는 부유층 입주민 역시 최저임금 경비원을 노비처럼 다루면서 마구 폭행했다.

이처럼 종업원 또는 노동자를 노비 취급하면서 마구 때리고 욕질하는 졸부들의 갑질 행태는 재벌그룹 오너 일가에게서만 나타나지 않는다. 그것은 비재벌 대기업 오너들에서, 중견기업 및 중소기업 오너와 그 후계자들에서 널리 목격되는 현상이다. 더구나 기업 오너는 아니지만 수십억, 수백억대의 빌딩과 금융자산을 가지고 매년 수억 원을 쇼핑하는 재산가와 그 가족들에게서도 흔하게 목격되는 현상이다.

그렇다면 이들 모두의 공통점은 무엇일까? 그들이 대한민국 상위 1% 또는 0.1%에 속하는 부자들, 이른바 부르주아라는 점이다. 이들 역시 최순실과 정유라와 마찬가지로, "돈 가진 것도 실력이며, 돈 없는 니네 부모를 원망해"라고 생각하는 족속들이다.

봉건적 갑질 행패냐, 자본주의적 갑질 행패냐

아랫사람들을 무자비하게 억압하고 착취하면서 그들을 노예 또는 노비처럼 마구 다루는 윗사람들의 갑질과 행패가 과연 봉건제 하에만 있었다고 말할 수 있을까? 과연 중세 유럽과 19세기 이전 조선 시대에만 그랬었나? 그런 갑질 횡포와 작태는 4000년 전 이집트 시대에도 있었고, 2000년 전 그리스-로마 시대에도 있었으며, 우리나라의 경우 4300년 전 고조선시대와 1300년 전 통일신라시대에도 있었다.

또한 그러한 갑질 행패는 '근대 유럽'이라고 부를 수 있는 1830년대 프랑스와 영국, 독일에서 흔히 볼 수 있었다. 빅토르 위고가 쓴 소설 《레 미제라블》의 무대는 1815~30년 시기의 프랑스, 즉 프랑스 대혁명과 나폴레옹 전쟁 이후의 근대화된 프랑스이다. 그 근대화된 프랑스에 코제트와 장 발장 같은 비참한 서민들, 즉 프롤레타리아들이 도처에 넘쳐났다. 또한 공장주로서 부를 쌓은 부자들 즉 부르주아들이 도처에서 자신의 부와 소득을 자랑하고 으스대면서 아랫사람들, 가진 것 없는 비참한 사람들에게 갑질 행패를 부렸다. 디킨스가 쓴 소설《올리버 트위스트》와《크리스마스 캐롤》의 무대는 1830년대의 런던 빈민가와 공장지대이다. 그 시기 영국에도 모든 재산을 잃은 비참한 유랑민들 즉 프롤레타리아들이 도처에 넘쳐났다. 그리고 상업·무역과 제조업으로 부를 쌓은, 스크루지 영감 같은 신흥 졸부 부르주아들이 도처에서 으스대며 없는 자들에게 갑질을 했다.

고전적 자유주의의 전성기인 19세기 빅토리아 자유주의 시대는 신흥 부르주아의 시대, 상업과 무역, 제조업과 금융투자로 돈을 번 자본가과 재산가들, 졸부들의 황금 시대였다. 그들의 속물근성과 황금만능주의, 자본과 자산(富)에 대한 물신숭배가 봉건 영주·귀족들의 기사도와 노블리스 오블리제를 압도한 시대였다.

19세기 근대 유럽에서 평민들은 과거와 달리 노예도 노비도 아닌 '자유로운 인민'이었다. 하지만 고향의 농토와 집 등 모든 재산을 잃고 농촌에서 이탈하여 유랑했던 이들은 '비참한 자들'이었다. 이들은 배고픔에 못 이겨 공장에 취업하여 임금 노동자로 생활하며 수시로 사장 또는 직장상사에게 모욕을 당하거나, 그게 안 되면 자기 몸을 파는 창녀가 되었다. 그것도 안 될 경우 도둑질을 하거나 급기야 굶어 죽을 수밖에 없는 자들이었다. 그들은 사실상 '임금 노예'였다.

대한항공 조현아와 미스터피자 정우현, 몽고간장 김만식과 현대백화점 VIP 고객, 그리고 압구정동의 부유층 입주자는 중세 유럽의 봉건 귀족도 아니고 조선 시대의 양반·지주도 아니다. 그들은 근현대 유럽의 부르주아와 똑같이 물신숭배의 속물정신에 찌든 졸부들이다. 이런 자들이 21세기 현대 한국 자본주의의 주인(the principal)에 해당하는 상위 1% 부자들이다. 한국경제와 한국 사회의 주인이자 지배자로 자부하는 그들의 물신숭배, '돈이면 다 된다'는 사고방식은 하늘을 찌른다. 최순실의 딸 정유라의 "돈도 실력이야"는 말은 그들의 일상적 사고방식과 생활 패턴을 무심코 드러냈을 따름이다.

다른 한편, 그들에게 걸핏하면 무릎 꿇리고 뺨을 얻어맞는, 그러면서도 속으로 꾹꾹 참으며 눈물을 흘리는 운전기사와 알바 대학생, 백화점 종업원들은 중세 유럽의 농노가 아니며 조선시대의 노비, 상놈이 아니다. 그들은 온갖 수모를 겪으면서도 '목구멍이 포도청'인지라 눈물을 머금고 그나마 자기 일자리와 월급을 지키려 애쓰는 '가진 것 없는 자들'이다. 칼 폴리니가 《거대한 전환》에서 지적한 것처럼, 그들은 19세기 프랑스의 프롤레타리아 또는 영국의 노동자 계급과 똑같은 임금 노예들이다.

폴라니가 말한 '악마의 맷돌', 즉 자유시장 자본주의라는 맷돌에 짓눌려 서럽고 비참하게 살아가는 인간들이 바로 21세기 한국 사회의 청년들과 서민들이다. 이들은 19세기 서구의 고전적 자유주의의 전성기, 즉 빅토리아 자유주의의 시대에 어디서나 흔히 볼 수 있었던 평범한 서민, 청년들과 전혀 다를 게 없다. 21세기 한국의 삼포·오포 청년들이야말로 빅토르 위고가 《레 미제라블》에서 묘사한 '비참한 자들'인 것이다.

19세기의 고전적 자유주의가 21세기에 새로운 모습으로 부활하여 신자유주의로 등장한 오늘날, 미국과 유럽, 그리고 한국에서는 도처에 비참한 인생의 청년들이 넘쳐난다. 돈 없는 부모 만난 청년들에게는 한국만이 아니라 미국도 지옥이다. 헬조선은 헬미국이다. 희망을 잃은 비참한 자들, 삶의 의욕을 잃은 청년들은 한국 땅에서만 아니라 세계 도처에서 볼 수 있다. 이런 점에서 이들의 존재는 세계사적 보편성을 지닌다. 따라서 앞으로 진행될 세계사적 대전환의 주역, 혁명적 변화의 주역은 바로 이들 세계 보편적 삼포·오포 청년들이다. 이것이 피케티가 말하는 '21세기 자본주의'의 의미이다.

재벌그룹을 해체하면 갑질이 사라질까?

그럼에도 불구하고 경제민주화를 재벌그룹 개혁으로 좁게 생각하는 자유주의 경제학자들은 마치 자유시장 또는 공정시장 원칙을 강화하는 구조개혁을 하게 되면 재벌그룹 오너들의 갑질 작태와 족벌 경영이 사라져 한국 사회에서 세습 귀족계급이 소멸하고 공정한 세상이 열릴 것처럼 말한다. 마치 재벌그룹이 해체 또는 축소되어 독립적 대기업들로 전환하게 되면 대기업들에서 인권과 노동권이 드라마틱하게 신장되고 CEO와 임원들의 갑질 횡포, 직장 상사들의 악질적 갑질 또한 순식간에 사라질 것처럼 장밋빛 유토피아를 말한다.

가령 노무현 대통령 정부에서 금융위원회 부위원장을 지냈으며 재벌그룹 해체 또는 축소를 강력하게 요구한 이동걸 교수는 "30대 재벌그룹 체제를 해체하여 300대 독립 대기업 체제로 바꾸는 것이 경제민주화"라는 칼럼(《한겨레신문》 2011년 12월11일자)으로 유명한데, 그는 2016년 3월 30일에 다음과 같은 글을 〈프레시안〉에 기고했다.

(⋯) 이렇게 구조화된 '오너 세습' 족벌 자본주의는 단순히 '전근대적' 자본주의가 아니라 다름 아닌 '봉건적' 자본주의다. 우리나라에는 재벌이라 불리는 30~50명의 봉건 영주가 있고 봉건 영주들은 자본이라는 영토 안에서 절대적인 지배 권력을 행사하면서 자신의 자본 영토 안에 있는 수많은 하청 중소기업들을 다스리고 있다. 재벌 영주의 자본 영토에 종속된 중소기업들은 영주의 지배권을 벗어날 수 없다. 영주들은 집합적으로 국가 경제의 운영에 영향력을 행사하고, 국가는 영주들의 말을 무시하거나 거스를 수 없으며 영주들의 이익에 반하는 행동을 할 수도 없다. 영주들은 대를 이어 세습하고, 영주를 정점으로 '자본에 근거한' 신(新)신분사회를 형성한다.

1997년 위기 이후 (⋯) 중소 하청기업의 희생 위에 대기업이 성장하는 빨대 경제(trickle-up) 구조가 고착되었다. 우리 산업 생태계는 중소기업이 중견기업·대기업으로 성장할 수 없는 불모지가 되었다. 우리 경제는 동력을 잃고 성장 잠재력이 저하되었다. 양극화가 다방면에서 심해졌고 계층 이동이 어려워지면서 신분이 고착되었다. 이는 1990년대 이래 세계적으로 퍼진 신자유주의의 영향을 받은 탓도 있지만 우리 경제의 경우는 시장만능주의 사고에 기초한 '봉건적' 자본주의가 낳은 결과다. (⋯)

그렇다면 우리가 지향해야 하는 바람직한 체제는 어떤 것인가. 재벌체제의 비효율성을 제거하고 우리 경제에 구조화된 봉건적 요소를 척결하기 위해서 필요한 것은 '민주적 자본주의(democratic capitalism)' 체제다. 자본주의의 역할(경제적 파이의 확대)과 민주주의의 역할(파이의 분배 등)이 잘 공존·조화하는 체제다. (⋯)

경제민주화, 즉 한국경제의 진로를 '봉건적 자본주의'에서 '민주적 자본주의'로 전환하는 일이 결코 쉬운 일은 아니다. 그 핵심은 재벌[그룹] 개혁이고, 재벌[그룹]체제(즉, 재벌[그룹] 중심 경제체제)의 개혁인데 우리 경제의 지난 반세기 역사에서 재벌개혁을 할 수 있는 기회는 단 두 번밖에 없었고 두 번 다 실패했음을 보면 한국경제의 진로를 바꾸는 일도 결코 성공을 보장할 수 없다. (…)

이동걸의 칼럼은 사고의 혼란과 자가당착의 극치를 보여준다. 먼저 "시장만능주의 사고에 기초한 봉건적 자본주의"라니, 이게 무슨 엉터리 발언이란 말인가? 모든 역사학자와 경제학자들에 따르면 봉건제 경제는 시장경제가 미발달한 경제였으며 시장만능 자본주의는 봉건 경제를 혁파하고 그것을 무덤 속에 보냈다는 역사적 대전제 위에서 수립되었다. 따라서 "시장만능주의 사고에 기초한 전근대적, 봉건적 자본주의"란 '펄펄 끓는 물에 떠 있는 얼음'과 같은 엉터리 주장이다.

둘째, 만약 그의 말이 만약 옳다면, 예를 들어 삼성그룹이 해체되어 삼성전자와 삼성생명이 독립적 상장기업으로 전환되면, 또는 한진그룹과 현대차그룹이 해체되어 대한항공과 한진해운이 분리되고 현대차와 현대모비스가 분리되어 각각 독립 대기업으로 우뚝 서게 되면, 그 회사 안팎에서 민주주의의 기운이 용솟음쳐야 한다. 즉 그런 독립 대기업들에 등장할 새로운 대주주와 펀드투자자들, 그리고 소액주주 재테크 투자자들이, 그리고 새롭게 선임될 CEO와 임원들이 민주공화정과 인권, 노동권의 전도사가 되어 '돈(자본)에 대한 숭배'와 '자본 축적과 자본 증식에 대한 숭배'를 중지하고 그 대신 노동자의 인권과 노동권, 그리고 소비자 권리를 최고의 가치로 숭배하는 새로운 사고방식과 행동양태를 보여야 한다. 그런데 과연 그 새 주인(principals)과 대리인들(agents)께서 그렇게 인간적으로 행동하겠는가? 기대 난망이고 어불성설이다.

자본주의란 자본(화폐적 부)에 대한 숭배, 부(자본)의 축적과 증식에 대한 물신숭배를 핵심으로 하는 가치관이다. 자본주의란 또한 그런 가치관이 지배 원리로서 작동하는 경제사회 시스템을 말한다. 이동걸이 말하는 민주적 자본주의는 실은 전혀 민주적이지 않다. 오히려 그것은 자유시장 자본주의 그 자체일 뿐이다.

게다가 재벌그룹이 해체된다고 해서 한국경제를 좌지우지하는 최고 부유층 계급의 부가 해체될까? 가령 삼성그룹이 해체된다고 해서 이건희-이재용 일가의 막대한 부와 재산이 공중 분해되어 해체될까? 절대로 그럴 리가 없다. 설령 삼성그룹이 해체되는 경우에도 10조, 20조에 이르는 이건희 가문의 부는 절대로 해체되지 않는다. 단지 형태를 바꿀 뿐이다. 이건희-이재용 일가는 에버랜드(지금은 삼성물산) 주식과 삼성전자, 삼성생명 등 삼성그룹 계열사 주식의 형태로 가지고 있는 부와 재산을 매각하고 그 대신 각종 국내외 채권과 주식, 헤지펀드·사모펀드 주식, 그리고 금과 달러 등의 새로운 형태로 부의 형태를 바꿀 것이다. 말하자면 국제 금융시장의 큰손으로, 국제적 금융 자산가로 환골탈퇴하는 것이다.

이동걸과 같은 한국의 민주·진보 경제학자들이 지향하는 재벌개혁의 내용은 사실상, 월스트리트 금융자본주의가 한국경제의 바람직한 미래라는 것을 대전제로 하여, 재벌 가문들에게 그 방향으로 나아가라고 부추기는 것이다. 재벌 가문들로 하여금 산업자본가 계급이기를 그만 두고 금융 자산가 계급이 되라고 재촉한다. 재벌그룹 또는 대기업 '그룹'이 아닌 재벌 '가문'의 이익의 관점에서 볼 때, 그것은 그리 나쁜 선택이 아니다.

태산명동에 서일필

다시 장하성과 위평량, 김상조 등 야권의 자유주의 경제학자들의 논리를 상기해보자. 그들은 다음과 같은 3단계 논리를 전개한다.

첫째, 한국에서 불평등은 부(재산)의 불평등보다는 소득 불평등 때문에 발생하며 재산소득 불평등보다는 근로소득(노동소득) 불평등이 주요 원인이다. 그러므로 재산(부)의 불평등을 주요 테제로 하는 피케티의 《21세기 자본》은 한국에 맞지 않다. 신자유주의가 오늘날 경제 불평등의 주요 원인이라는 테제도 한국경제에는 맞지 않는다.

둘째, 한국경제의 불평등은 주로 중상주의 또는 전근대적 경제구조 때문에 발생한다. 구체적으로 말해서 근로소득 불평등이 일어나는 주요 원인은 대기업-중소기업 간의, 그리고 정규직과 비정규직 간의 임금 불평등 두 가지이다.

셋째, 이 두 종류의 근로소득 불평등을 야기한 궁극적 원인은 재벌그룹 또는 대기업 위주의 경제구조이다. 따라서 재벌그룹 또는 대기업 위주 경제구조를 축소 또는 해체하고 중소기업 위주의 경제구조를 구축하지 않고서는 소득 불평등을 해소할 수 없다.

이 3단계 논리 중에서 첫 번째는 앞에서 다루었다. 여기서는 둘째와 셋째를 다루어보기로 하자. 과연 둘째와 셋째의 논리가 우리 경제의 현실에 부합할까? 결론부터 말하자면, 반은 맞고 반은 틀렸다.

대기업-중소기업 간에 벌어지는 임금격차

먼저 누구도 부인할 수 없는 명백한 사실부터 확인해보자. 대기업과 중소기업 간의 임금 불평등은 실제로 심각하다. (그림 1)에서 보듯이 2014년 현재 대기업과 중소기업 간의 임금격차는 거의 두 배이다. 중소기업에 다니는 정규직 직원들이 평균 연봉 2,500~4,000만 원을 받을 때 대기업 직원들은 평균 5천~8천만 원가량을 받는다. 대학생들이 취업 재수까지 해가면서 기를 쓰고 대기업과 은행, 공기업 등에 취업하려 애쓰는 현실적인 이유이기도 하다.

그런데 늘 그런 격차가 있었던 건 아니었다. 1980년 초·중반까지만 해도 중소기업에 다니는 직원들의 봉급은 대기업 직원의 97%였으니, 대기업과 중소기업 간의 임금격차는 거의 없었다. 한국경제가 매년 8~10% 성장하던 1960~70년대에도 이는 마찬가지였다. 게다가 당시만 해도 전체 근로자의 47%가 대기업에 근무하고 나머지 53%가 중소기업에 근무했다.

그런데 30여년이 지난 2014년에는 중소기업 봉급 수준이 대기업의 60% 수준으로 떨어졌다. 제조업에서는 53%, 즉 거의 절반에 불과하다.

그림 1 대기업과 중소기업 간 평균 임금격차

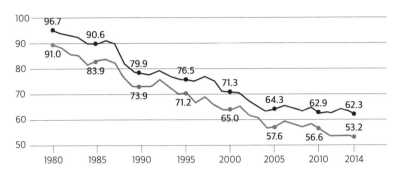

(단위: %)

● 전산업 ● 제조업

1980~2007년 자료: 고용노동부, 매월노동통계조사
2008~2010년 자료: 고용노동부, 사업체임금근로자간조사
2011~2014년 자료: 고용노동부, 사업체노동력조사
자료: 장하성, 《왜 분노해야 하는가》, 94쪽에서 재인용

그림 2 대기업과 중소기업의 고용 비중 추이

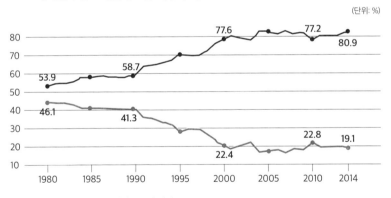

(단위: %)

● 중소기업(5~299인) ● 대기업(300인 이상)

1980~1992년 자료: 고용노동부, 매월노동통계조사
1992~2014년 자료: 고용노동부, 직종별사업체노동력조사
자료: 장하성, 《왜 분노해야 하는가》, 94쪽에서 재인용

동시에 전체 근로자 일자리 중에서 월급이 많은 대기업 일자리는 19%로 비중이 줄었고 나머지 81%는 월급이 적은 중소기업 일자리이다. 근로소득의 81%가 낮은 임금의 중소기업에서 발생하니 근로소득 불평등이 악화된 것은 당연한 현상으로 보인다.([그림 2] 참조)

임금격차가 벌어진 이유는 기업별 노조운동

장하성과 위평량, 최정표 등 야권의 자유주의 경제학자들이 인정하듯이, 1980년대 초·중반까지만 해도 대기업-중소기업 간의 임금격차는 크지 않았다. 또한 재벌기업 등 대기업들은 요즘보다 훨씬 많은 정규직 일자리를 창출하고 있었다. 그만큼 대기업-중소기업 간의 근로소득 격차가 지금처럼 심하지 않았고, 대기업 취업 역시 지금처럼 힘들지 않았다. 그런데 그 시기는 아이러니하게도, 장하성 등 야권 경제학자들이 "대기업-중소기업 간 양극화와 임금격차의 역사적, 구조적 뿌리"라고 비판하는 바로 그 시기, 즉 중상주의적 국가주도 및 대기업 주도 경제성장의 전성기가 아니던가?

그런데 앞의 [그림 1]에서 나타나는 바와 같이, 대기업-중소기업 간 임금격차가 급격하게 벌어진 첫 번째 시기는 다름 아닌 1980년대 말이다. 특히 1987년부터 1990년의 4년간 가장 빠르게 임금격차가 벌어졌다. 이 시기에 무슨 일이 일어난 것일까?

그 시기는 1987년 6월의 민주항쟁과 함께 전국에서 노동자 대투쟁이 본격화된 시기이다. 당시 노동자 투쟁은 울산의 현대중공업과 현대자동차, 창원의 통일중공업과 대우조선 등지에서 진행되었는데, 노동조합이 우후죽순처럼 결성되고 노조가 임금인상 파업에 나서면서 불과 수년 만에 대기업 노동자들의 임금이 급격하게 상승하였다. 그러나 3~4년간 기세등등했던 민주화 투쟁과 현장 노동 투쟁은 1991년 노태우 정권이 강경대 열사의 죽음을 계기로 민주화운동 탄압에 나서면서 한풀 꺾인다. 그럼에도 불구하고 1990년대 중반에 이르기까지 노동운동은 정치적 민주주의의 진전과 함께 노태우-김영삼 정권의 탄압을 이겨내며 꾸준히 성장했다. 그 성과가 대기업 및 공기업, 공공부문, 금융권의 정규직을 중심으로 조직된 민주노총이었다. 민주노총은 1995년 노조원 41만 명과 함께 역사적으로 출범했다.

그런데 민주노총과 한국노총이 이끄는 우리나라의 노동운동은 전체 노동자들의 80%를 차지하는 중소·영세기업 노동자들을 포함하는 노동운동을 일구는 데 실패했다. 그들의 처우와 차별을 최우선적으로 개선하려 노력하는 형제애(fraternity) 정신의 노동운동을 이룩하는 데 실패한 것이다.

더구나 1997년에 닥친 외환금융위기와 그 이후 전개된 자유주의적 시장개혁은 노동운동의 방향성과 정체성에 큰 혼란과 후퇴를 야기하였다. 명목상으로는 산업별 노동운동이지만 실질적으로는 현대차와 대우조선 등 특정 대기업의 정규직 노동자들이 자기 회사의 임금과 사내복지를 확대하려 애쓰는 기업별 노동조합 운동으로 진행되었다.

앞의 제2장에서 보았듯이 1990년대 후반부터 근로소득 상위 10% 또는 20%의 임금은 꾸준히 오르는 데 반하여 나머지 근로소득자 그룹의 임금은 정체되거나 아니면 오히려 후퇴했다. 근로소득의 양극화가 그렇게 진행된 큰 이유 중 하나가 대기업과 공공부문 정규직이 주도해온 기업별, 직역별(공무원) 노동조합 운동이다. 기업별 임금인상과 사내복지 확대 투쟁이 20년간 계속된 결과 대기업과 공공부문, 금융권의 정규직 노동자 및 직원들의 실질임금은 꾸준히 올랐다. 이들의 연봉은 오늘날 5,000만 원에서 1억 원에 달한다.

이에 반해 중소기업 및 영세기업 노동자들과 외주하청, 비정규직 및 알바 노동자들은 노동조합 조직에 포함될 수 없었던 까닭에, 이들의 임금과 복지 수준이 20년째 개선되지 않고 정체되었다. 따라서 노동운동이 청년 알바와 식당 아줌마들, 그리고 대기업-중소기업 사내하청과 비정규직, 그리고 중소·영세기업에 근무하는 정규직들까지 포함하여 이들을 '형제애'의 정신, 즉 사회연대의 정신으로 조직하지 않는 이상, 그들을 지역별, 산업별로 조직하여 업종별-지역별 최저 임금인상과 국가 복지 확대를 위해 노력하지 않는 이상, 대기업-중소기업 간 임금격차는 앞으로도 계속 벌어질 것이다.

자유주의 시장개혁 때문에 임금격차 심화

〔그림 1〕에서 보다시피, 1980년대 말의 4년간 급속한 속도로 벌어지던 대기업-중소기업 간 임금격차는 1990~1996년을 거치면서 완만한 속도로 바뀐다. 노동운동의 힘이 강화된 것을 반영하는 것이다. 그런데, 1997~2005년의 기간 중에 또 다시 대기업-중소기업 간 임금격차가 상당한 폭과 속도로 진행된다. 이 기간 중에는 무슨 일이 일어난 것일까?

먼저 명백한 사실은, 이 기간 중에 노동운동의 힘과 위세가 상승하는 일은 없었다는 점이다. 오히려 97년 말 외환·금융위기와 이후 진행된 시장개혁에 따른 기업 구조조정과 해외매각, 인수합병 등의 과정에서 노동운동의 힘과 위세가 크게 후퇴했다. 그렇다면 이 기간 중에 발생한 제2의 대기업-중소기업 간 임금격차 확대는 무엇으로 설명되는가?

1997~2005년은 민주정부의 집권 기간으로 중상주의 및 국가주의 경제구조가 해체되고 자유시장 자본주의로의 대전환을 위하여 재벌과 금융시장, 공공부문과 노동시장이 미국식으로 대대적으로 재편되는 작업이 열심히 진행된 시기였다. 그 기간 중에 대기업들은 정규직 일자리를 대대적으로 줄이는 정리해고와 희망퇴직, 명예퇴직을 실시했다. 동시에 상장 대기업들은 CEO 등 임원들에게 스톡옵션과 고액 성과급을 지급하기 시작했다. 또한 대기업들이 자기자본이익률(ROE)을 새로운 경영지표로 도입함에 따라 대기업의 구매담당 부서들은 제조원가 또는 생산원가를 낮추는 손쉬운 방법으로 납품 단가(하청 단가) 인하에 매달렸다. 납품 단가가 인하되면 구매담당 직원 및 임원들의 성과 연봉이 올랐고, 동시에 자기자본이익률이 올라가면서 회사의 주가와 임원들의 스톡옵션 가치도 올랐기 때문이다. 이 모든 구조개혁을 보수와 진보의 경제학자들은 시장주도 자본주의(market-driven capitalism)의 이름으로 찬양했다.

대기업-중소기업 간 임금격차가 두 번째로 벌어진 것이 이 시기이다. 그리고 앞서 보았듯이, 야권의 경제전문가들 스스로조차 대기업-중소기업 간의 거래에서 대기업들이 과도하게 납품 단가(하청 단가) 인하 요구가 발생한 것이 1997년 이후부터라고 지적하고 있다.

올바른 지적이다. 그런데 의문이 있다. 만약 그 말이 옳다면, 1997년 말 집권한 민주정부의 경제 정책과 경제담론 전반에, 그리고 그 기조를 여전히 계승하고 있는 더민주당 및 국민의당의 정치인 및 경제전문가들의 경제관에 심각한 결함과 자가당착이 있는 게 아닌가? 왜 하필

1998년 이후 민주정부 시기에 과거에 비해 과도한 납품 단가 인하가 발생하고 있는지, 더구나 과거에 비해 왜 비정규직 채용이 대기업과 중소기업들에서 확연히 만연하고 있는지, 그 이유를 명확히 밝혀야 하지 않겠는가?

동반성장 정책의 성과는?

1990년대 후반 이후 민주정부 치하에서 수많은 중소기업들의 처지가 과거에 비해 악화되었다. 2003년 2월 출범한 노무현 정부는 대기업-중소기업 간 격차를 줄이기 위해 노력하였고 많은 양심적인 경제학자들이 그 국정 기획에 참여하였다.

2006년에는 '대·중소기업 간 상생협력 촉진에 관한 법률'을 노무현 정부가 제정하여 공정거래 환경의 조성과 이를 통한 중소기업 성장을 도모했다. 하지만 그 이후에도 대기업-중소기업 간 임금격차 문제는 해결될 기미를 보이지 않았다. 왜 그랬을까?

이명박-박근혜 보수 정부 역시 대기업-중소기업 간 상생협력을 중시하는 데 이견이 없었다. 이명박 정부는 공정성장과 대기업-중소기업 간 동반성장을 국정 과제로 내세웠고 2010년 9월에는 '대·중소기업 동반성장 추진'을 발표했다. 그해 12월에 정운찬 전 서울대 총장이 이끄는 동반성장위원회가 출범하여 초과이익 공유제와 중소기업 적합 업종 정책을 시행했다.

2011년 3월에는 하도급법 개정안이 국회를 통과하여 하청 중소기업의 납품 단가 조정 협의 신청권을 중소기업협동조합에 부여하였다. 또한 대기업의 중소기업 기술 탈취에 대하여 징벌적 손해배상제를 도입하였다. 이명박 정부의 동반성장위원회에는 정운찬 교수와 함께 경제민주화에 관한 인식을 함께 하는 홍장표 등 상당수의 양식 있는 경제학자들이 참여하였다.

이렇듯 대기업-중소기업 간 상생과 동반성장은 여와 야, 보수와 진보를 넘어 누구나 공감하는 주제이다. 2016년 4월 총선에 즈음하여 더불어민주당과 국민의당(안철수) 모두 정운찬 전 국무총리를 자당 대표로 모시려 애썼다는 것은 이미 다 알려진 사실이다.

7.6조 원의 트리클다운은 태산명동에 서일필

대기업-중소기업 간 동반성장 정책 그 자체가 잘못된 것은 아니다. 불공정한 하도급 거래 척결과 이익공유제와 성과공유제, 그리고 징벌적 손해배상제 등의 정책들 역시 만약 그것들이 실현 가능하다면 바람직하다.

그렇다면 정운찬 등이 주장하는 이익공유제와 성과공유제, 징벌적 손해배상 등 다양한 대·중소기업 간 상생 정책을 정부가 시행하였을 때 과연 어느 만큼의 경제적 효과가 나타날 수 있을까? 이에 관해서는 장하성 교수의 책 《왜 분노해야 하는가》에서 그 답을 들을 수 있다.

장하성은 그 책에서 근로소득 양극화를 해결하기 위하여 다음의 두 가지 정책을 제안하고 있다. 하나는 삼성전자와 현대차 등 제조업 대기업들이 가져가서 사내유보금으로 축적하는 영업이익 중의 일부를 납품 단가(하청 단가) 인상 등을 통해 제조업 하청 중소기업의 영업이익으로 나누어주자는 제안이다.

그렇다면 이러한 대·중소기업 동반성장 정책을 통해 얼마만큼의 액수가 중소기업의 몫으로 떨어질 수 있을까? 장하성의 책에 나오는 계산에 따르면 연 7.6조 원이다. 이 액수는 제조업 중소기업 노동자들의 2013년 임금 총액인 71.5조 원의 10.6%에 해당하므로 결론적으로 제조업 중소기업 노동자들의 임금을 10.6% 높여줄 수 있는 금액이라고 한다.[1]

그런데 겨우 연 7.6조 원 또는 연 10.6%의 임금인상을 통해 한국경제의 핵심적 불평등 문제를 해결하겠다고? 야권의 경제민주화 정치인과 경제학자들이 그토록 난리법석을 떨면서 지난 20여 년간 외쳐온 대·중소기업 동반성장과 이익공유제, 성과공유제, 징벌적 손해배상 등의 정책이 결국은 연 7.6조 원의 액수를 중소기업들에게, 그리고 다시 중소기업 노동자들에게 트리클다운(trickle down, 낙수효과)시킨다? 너무 소박한 액수 아닌가?

물론 연 7.6조 원의 액수도 적지 않다고 말하는 이가 있을 것이다. 먼저 지난 5년간 727개 상장회사 대기업들 전체의 영업이익 총액은 연평균 100~130조 원이고 순이익은 70~100조 원이다. 그런데 10대 재벌그룹 소속 대기업들이 이러한 상장사 영업이익과 순이익 액수의 3/4을 가져간다. 특히 삼성전자와 현대·기아차가 각각 속한 삼성그룹 및 현대차 그룹의 수익이 전체 상장사 수익의 절반을 차지한다. 나머지 재벌그룹 계열사 및 독립 대기업들의 수익성은 그리 높지 않다.

따라서 하청 단가 인상 등을 통해 이들 상장 재벌 대기업에서 중소기업들에게 트리클다운시킬 수 있는 액수는 최대한으로 잡아도 10~20조 원, 현실적으로는 10조 이하로 추정된다.

---

1   장하성(2015), 앞의 책, 432쪽, 주석 15와 16 참조.

그런데 과연 연 10조도 안 되는 액수로 평민들의 살림살이가 획기적으로 나아질 수 있을까?

진짜 경제민주주의의 역사적 대장정을 향하여

연 7.6조 원의 금액으로 우리나라 직장인의 80%를 차지하는 중소기업 및 영세기업 노동자들의 임금을 제대로 인상하는 것은 명백히 불가능하다. 그래서 장하성은 자신의 책에서, 또 다른 방안을 제시한다. 제조업 대기업의 노동자들이 가져갈 임금인상분의 일부를 중소기업 노동자 분배의 몫으로 분배하는 것이다. 즉 제조업 대기업 노동자들이 그 임금의 일부를 중소기업 노동자들에게 양보하는 방식이다. 만약 제조업 대기업 노동자들의 자기들 임금 몫의 5%를, 중소기업 하청 단가인상 등의 경로를 통해 중소기업 노동자들의 임금인상에 사용하도록 양보한다면, 제조업 중소기업의 노동자들의 임금이 6.8% 상승하는 요인이 될 것이라는 분석을 장하성은 제시한다.

제조업 대기업의 노동자 분배 금액의 5%는 전체 총수익의 0.4% 정도이

다. 따라서 대기업 총수익 중에서 노동자의 분배 비중이 7.7%에서 7.3%로 줄어든다. 이것은 대기업과 중소기업 노동자 간의 연대와 특히 대기업 노동자의 양보가 전제되어야 할 만큼 당장의 임금 문제이기 때문에 현실성이 떨어지는 방법일 것이다. 하지만 몇 년을 두고 대기업 노동자의 임금 인상분 일부를 중소기업 노동자에게 이전하는 방식으로 중소기업과의 임금격차를 줄이는 것은 노동계 전체가 심각하게 고민해볼 만한 방안이다. (장하성,《왜 분노해야 하는가》, 170쪽)

이렇게 확보할 수 있는 액수가 연 4.85조 원이다. 별로 많은 액수가 아니다. 장하성 스스로 확인하듯이, 이 액수로는 전체 취업자가 아니라 다만 제조업 분야 중소기업 취업자들의 임금을, 그것도 겨우 6.8% 상승시키는 데 그칠 뿐이다.

정운찬과 장하성, 홍장표 등 야권의 저명한 경제학자들이 재벌개혁과 대기업–중소기업 동반성장의 경제민주화 정책이라고 역설해온 해법은 결국 2013년 기준 연 7.6조 원+4.85조 원=12.45조 원의 해법이라고 할 수 있다.

2017년 대통령 선거와 정권 교체를 준비하는 야권의 경제담론의 대명사가 경제민주화이다. 김종인을 온갖 구설수에도 불구하고 더불어민주당의 구원투수 대표로 등판시킨 이유도 결국은 그가 경제민주화의 선구자이기 때문이었다. 그런데 연 12.45조 원의 액수는 그 요란함과 떠들썩함에 비해 참 소박한 액수라고 하지 않을 수 없다. '태산명동에 서일필'인 셈이다.

요약하자면, 야권의 경제민주화 경제학자들의 주장을 논리적으로 따라가다 보면 결국 남는 것은 연 12.45조 원의 액수로 한국경제의 핵심적 불평등이 해결된다는 것이다.

대자본 대 중소·영세자본의 대결이냐, 총자본 대 총노동의 대결이냐

정부의 공식 통계를 따르더라도 현재 전체 취업자의 1/3인 600만 명가량이 비정규직이다. 이들의 평균 소득을 월 150만 원, 연 1,800만 원으로 가정할 경우, 이들의 월 소득을 중소기업 경력 10년 정규직 수준인 월 300만 원으로 높이는 데 필요한 연간 비용은 약 110조 원이다. 다른 한편, 노동계 통계에 따르자면 전체 취업자의 절반인 900만 명이 비정규직인데, 이들의 소득을 월 300만 원으로 높이려면 연간 약 165조 원의 비용이 소요된다.

한국경제가 직면한 경제민주화의 핵심은 어떻게 600~900만 명에 이르는 월급 150만 원의 저임금 불안정 노동자들을 최소한 월급 300만 원 이상 받는 정규직 중산층 노동자로 전환시킬 수 있는가에 달려 있다. 이것은 곧 연 110~165조 원의 근로소득이 비정규직 또는 중소기업 노동자들에게 분배되게 만드는 과제이다.

그런데 재벌그룹 개혁과 대기업-중소기업 동반성장을 핵심으로 하는 야권의 경제민주화 프레임은 불과 연 10조 내외의 금액을 만들어낼 수 있을 뿐이다. 더구나 이 액수가 모두 저임금 노동자들의 임금인상에 분배되는 것도 아니다. 왜냐하면 압도적 다수의 중소기업과 영세기업, 식당·카페 등에서는 인권과 노동권, 노동조합권이 야만적으로 유린되고 있으며, 그 10조 원 내외의 액수마저 고스란히 기업주의 호주머니로 들어갈 공산이 크기 때문이다.

이 모든 것이 말해주는 바는 알바와 비정규직, 중소·영세기업 노동자의 권리를 대폭 신장시키는 지역적, 산업적, 사회적 연대의 노동운동과 사회운동을 조직하지 않고서는, 그리고 그 운동의 권리를 법제도로서 합법화하여 대기업-중소기업 기업주들 및 경영자들에게 노동권과 인권, 그리고 지역별 및 산업별 단체교섭을 강제하는 법제정 및 재정 지원에 정치권이 나서지 않고서는, 나아가 이 모든 것을 가능케 하는 새로운 집권 세력의 정치적 구상과 비전이 존재하지 않는다면, 연 10조 원, 나아가 연 110~165조 원의 근로소득이 알바와 비정규직, 중소·영세기업 노동자들에게 새롭게 분배되는 세상은 꿈도 꿀 수 없다는 것이다.

밥 먹여주는 경제민주주의

국가가 세금을 거두어 복지정책을 통해 서민들에게 소득을 나누어주는 것을 소득의 재분배 또는 2차 소득분배라고 한다. 이에 반해 임금 등 근로소득과 배당·임대료 등의 재산소득으로 수취하는 소득은 소득분배 또는 1차 분배라고 한다.

야권 경제학자들에 따르면 우리나라는 소득재분배(2차 분배)의 개선(복지국가) 이전에 소득의 분배(1차 분배)를 개선하는 경제민주화가 더욱 시급하다. 왜냐하면 후자 없이 진행되는 전자는 '밑 빠진 독에 물 붓기'와 똑같기 때문이라는 것이다. 대기업-중소기업 동반성장 정책을 통한 중소기업 임금인상(1차 분배 개선)에 나서지 않고 중소기업 노동자들과 그 가족을 위한 복지정책(2차 분배 개선)에 나서봐야 밑 빠진 독에 물 붓기라고 그들은 지적한다.

맞는 말이다. 분명 한국경제에서 발생하는 전반적인 소득분배(1차 소

표1 노동소득분배율과 국민총소득의 제도부문별 구성

	국민총소득(GNI)				
	국민순소득(NNI)				
	국민소득(NI)				
	노동소득	자본소득			
가계소득	피용자보수	개인 영업 잉여	순재산 소득		고정 자본 소모
기업소득		영업 잉여 순재산 소득			고정 자본 소모
정부소득		영업 잉여		순생산 및 수입세	고정 자본 소모

자료: 한국은행(2005), 우리나라의 국민계정 체계

득분배)의 불평등은 개선되어야 하며, 여기에는 근로소득 및 재산소득 불평등이 포함된다. 그렇다면 한국경제에서 1차 소득분배는 얼마나 개선해야 할 것인가? 이에 관해서는 한국은행의 국민계정 통계로부터 유추할 수 있다.

2012년 말에 계산된 1년간의 총부가가치 생산, 즉 국내총생산(GDP)은 1,273조 원이다. 그 중 알바-비정규직과 정규직, 그리고 임원 등 모든 근로소득자들의 임금과 월급을 모두 포함하는 총근로소득(피용자보수)는 583.4조 원이다. 그에 반해 기업의 법인소득과 개인들의 재산소득, 그리고 자영업자들의 사업소득을 모두 포함하는 자본소득(영업잉여)은 384.2조 원이다. 그 밖에 정부 몫인 세금 등이 140조 원이고 나머지는 고정자본 소모(감가상각)에 사용된 164.3조 원이다.

정부소득과 고정자본소모를 논의에서 제외할 때, 자본소득(영업잉여) 대비 근로소득(피용자 보수)의 비율을 '노동소득분배율'이라고 부른다. 예컨대 2015년의 경우 노동소득분배율 = 근로소득 / 근로소득 + 자본소득 = 695 / 695 + 409 = 0.63이다. 즉 63%이다.((표 2), (그림 3) 참조)

표 2 국민총소득의 구성

(단위: 조 원)

	2007	2009	2011	2013	2015
노동소득 (A)	460	501	571	631	695
자본소득 (B)	291	308	383	392	409
고정자본소모	179	222	253	279	307
생산및수입세(공제)보조금	114	119	138	143	160
국외순수취경상이전	-4.16	-2.30	-5.36	-4.32	-4.70
합계 = 국민총소득	1,040	1,148	1,341	1,440	1,566
노동소득분배율 (A/A+B)	0.61	0.62	0.60	0.62	0.63

자료: 한국은행 국민계정

그림 3 노동소득 분배율 추이

(단위: %)

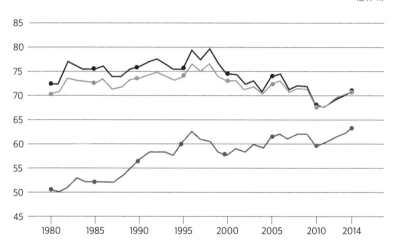

● 보정1 ● 보정2 ● 한국은행

참고: '보정 1'과 '보정 2'의 추정 방법은 아래의 보고서 방식을 따랐다.
이병희 외, "경제적 불평등과 노동시장 연구", 〈연구보고서 2013~01〉, 한국노동연구원, 2013.
보정 1: 자영업자 소득 중 노동소득이 차지하는 비중이 경제 전체의 노동소득분배율과 같다고 가정하여 수정한 것임.
보정 2: 자영업자 소득 중 노동소득이 차지하는 비중이 3분의 2라고 가정하여 수정한 것임.
자료: 장하성 (2015), 《왜 분노해야 하는가》, 70쪽에서 재인용

2007~2015년의 기간에 한국의 노동소득분배율은 60~63%이다. 그런데 오늘날 선진국들 중 근로소득자들에게 가장 유리한 방향으로 소득이 분배되는 스웨덴의 노동소득분배율의 과거 30년 평균값은 75%이다. OECD 평균인 독일의 과거 30년 평균값은 70%이다.

이것은 한국이 OECD 평균인 이탈리아와 독일 수준으로 노동소득분배율을 개선하려면 현재의 60%(2011년의 경우)에서 10%를 높여 70%에 도달해야 한다는 의미이다. 또한 스웨덴 수준이 되려면 15%를 높여 75%에 도달해야 한다. 이렇게 높이려면 70~100조 원(OECD 평균 수준) 또는 100~150조 원(스웨덴 수준)의 국민소득이 자본소득(영업잉여)으로부터 근로소득(피용자보수) 쪽으로 이동해야 한다. 즉 연 70~150조 원가량의 국민소득이 자본소득(기업소득 및 재산소득)으로부터 근로소득으로 새로이 분배되는 수준의 대담한 경제민주화(1차 소득분배)가 진행되어야 한다.

앞서 우리는 오늘날 전체 근로자의 1/3~1/2인 600~900만 명에 해당하는 월소득 150만 원의 알바와 비정규직, 사내하청 및 중소기업 노동자들의 월소득을 300만원 수준으로 높이려면 연 110~160조 원가량의 근로소득이 필요하다는 것을 지적했다. 한국은행의 국민계정 수치 역시 이와 비슷하게 연 70~150조 원가량의 소득이 자본소득(기업소득 및 재산소득)으로부터 근로소득으로 이전되는, 대단한 수준의 경제민주화가 필요하다는 것을 보여준다.

이러한 담대한 구상을 실현하려면 지금까지 이야기되어온 야권의 경제민주화 즉 주주자본주의(주주민주주의) 방향의 재벌그룹 개혁과 대·중소기업 동반성장, 그리고 '을(乙)지키기 운동' 등으로는 턱없이 부족하다. 야권의 경제민주화론을 대표하는 장하성 교수 스스로 자신들이 말하는 경제민주화, 즉 '공정한 시장질서' 위주의 경제민주화로는 연 7.6

조 원의 소박한 금액이 중소기업 노동자들의 임금인상(근로소득 상승)으로 트리클다운 될 수 있을 뿐이라고 고백하고 있다.

재벌그룹 개혁(공정거래법 규제)에 국한된 경제민주화보다 훨씬 넓고 깊은 경제민주화가 절실히 필요하다. 이를 위해서는 경제민주화의 내용과 방향을 질적으로 일신해야 한다. 노동권과 근로소득을 높이는 것을 그 핵심으로 하는 새로운 경제민주주의 담론이 절실히 필요하다.

경제민주주의의 본질적 과제는 알바·비정규직의 노동권과 노동조합 결성권이며 이들의 임금을 획기적으로 높이고 알바·비정규직의 숫자를 대폭 줄여나가는 것이다. 알바·비정규직과 중소기업 노동자를 모두 포괄하는 노동운동, 그들이 하나의 가족처럼, 하나의 형제자매처럼 서로 상부상조하면서 협력하는 진정한 형제애(fraternity)의 노동조합과 협동조합 운동이 새로이 시작되어야 한다. 형식과 겉치레에 그치는 것이 아니라 진정으로 형제애의 정신으로 움직이는 지역별, 산업별 노동조합이 실제로 법률적으로 권리가 확정된 단체교섭권을 가지고 지역별, 산업별 사용자 측과 맞설 수 있어야 하며, 그것을 회피하는 사업주 측을 처벌하는 법률적 강제가 필요하다.

요약하자면 대기업-중소기업과 자영업을 포함한 모든 기업주 및 경영자들, 그리고 그 뒤에 있는 백만장자, 억만장자 부유층 등의 자산가(재산가)로 구성된 총자본(자본소득)에 맞서서 모든 대·중소기업 노동자와 영세-자영업 노동자들이 하나의 가족처럼 단결하여 총노동(근로소득)의 권리와 협상력을 획기적으로 강화하는 것을 그 실체요 핵심으로 하는 새로운 경제민주주의의 담론과 프레임이 필요하다.

공정한 시장질서 대 공정한 노사질서

주류 경제학자들은 보수와 진보를 막론하고 경제민주주의를 '공정한 경쟁' 또는 '공정한 시장질서'로 이해한다. 이들은 국가의 역할을 '독과점 폐해의 시정'으로 이해하면서, 독점과 경제력 집중이 없이 공정한 시장에서 완전경쟁 원리가 작동하게 되면 그 완전경쟁 시장이 부와 소득을 자연스럽게 공평·공정하게 분배할 것으로 본다. 따라서 복지국가 같은 '인위적인 소득재분배' 체제는 필요 없거나 아니면 그 역할을 최소화시켜도 된다는 것이다.

보수와 진보 양측의 경제민주화 담론의 기초를 만들어온 정운찬 같은 이들은 지금도 공공연하게 "보편적 복지와 복지국가가 뭐 그리 필요하냐?"고 반문하면서 시큰둥한 주제로 여긴다. 공정한 시장질서를 구축하게 되면 복지국가 같은 사후적 재분배 장치는 별로 필요 없다는 것이다. 다시 말해 재벌그룹 개혁과 대기업-중소기업의 동반 성장으로 경제민주화를 실현하고 '경쟁시장 메커니즘 내에서의 소득의 원천적 분배' 장치를 잘 만들면 되는데 뭐 하러 '시장 메커니즘 외부에서의 소득 재분배' 장치를 만드느냐는 것이다.

이들은 대기업과 중소기업 간, 비정규직과 정규직 간의 임금격차 현상 역시 일물일가(一物一價)의 법칙, 즉 완벽한 경쟁적 시장가격 원리가 작동하지 않았기 때문으로 본다. 따라서 문제의 해결을 위해서는 재벌그룹과 국가의 시장개입(관치경제) 같은 시장 '왜곡' 요인을 제거하여 경쟁적 시장 '본래'의 기능을 회복해야 한다고 주장한다. 완벽한 경쟁적 시장질서(공정한 시장질서)를 구축하게 되면 대기업과 중소기업의 동반성장과 공정한 소득분배(하청 단가 인상)가 이루어지고, 동시에 대기업-중소기업 간 임금격차, 정규직-비정규직 간 임금격차도 사라진다고 말한다. 환상적이다!

과연 '공정시장 원리'를 강화하면 임금격차가 사라질까? 가령 재벌 그룹이 축소되어 계열 분리되면 대·중소기업 간 임금격차가 사라질까? 예컨대 대우그룹과 쌍용그룹이 해체된 이후 매각된 한국GM(과거 대우자동차)과 쌍용차, 그리고 르노삼성에 매각된 삼성자동차의 현실을 보자. 과연 그 독립 대기업들이 과거에 비해 훨씬 후한 하청 단가를 하청협력업체들 특히 협력중소기업들에게 지불하고 있을까? 전혀 그렇지 않다. 오히려 그 반대다. 하청 단가는 현대·기아차만큼 깎이고 있고 게다가 하청물량 자체가 과거에 비해 줄어든 경우가 많다. 또한 이들 협력업체들에서 임금 단가가 높아진 일도 없거니와 대·중소기업 간 임금격차도 전혀 줄지 않았다. 좀 더 경쟁적인 시장질서가 만들어지면 자본주의 시장경제의 근본 모순, 즉 돈 없고 자본 없는 사람들의 저임금, 저소득 문제가 해결될까? 원리상 입증할 수 없는 엉터리 주장이다.

서구에서 1920년대에 처음 논의되었던 경제민주주의는 공정한 노사질서에 관한 담론이다. 1970년대에 미국과 유럽에서 다시 활발하게 전개된 경제민주주의 역시 공정한 노사질서 또는 산업민주주의에 관한 담론이었다.[2] 여기서는 경제민주주의의 핵심을 돈 없고 자본 없는 사람들의 권리를 어떻게 기업과 산업, 국민경제 차원에서 확보할 것인

---

2   서독에서는 "더 많은 민주주의를 감행하자"는 슬로건으로 집권한 사회민주당의 빌리 브란트 수상이 1969~74년의 임기 중에 기존의 노사 공동결정제를 더욱 확장하자는 논의를 전개하여 대기업의 경우 이사회의 절반이 종업원 대표로 구성되게끔 개혁하였다. 서구 68혁명의 분위기 속에서 유럽 전역에서 벌어진 경제민주주의 토론의 결과 스웨덴에서도 집권 사회민주당의 올로프 팔메 수상의 주도로 1970년대에 회사 이사회의 1/3을 종업원 대표로 구성하는 법이 제정되었다. 한편 유럽의 경제민주주의 논의는 미국에도 상륙하여 정치학자 로버트 달은 자신의 강연을 엮은 책《경제민주주의에 관하여》를 1981년에 출간하였다.

지를 중시한다. 1주1표 또는 1원1표의 원리를 근간으로 하는 자본주의적 가치관이 아니라 1인1표의 원리를 근간으로 하는 민주주의의 가치관이 기업과 산업, 국민경제 차원에서 관철되어야 한다고 본 것이다.

회사 안에서는 주주(총수 일가와 대주주, 소수주주)들이 독점한 이사회 권력과 각종 의사결정 권력을 해체하여 노동자 대표들이 그 권력을 공유해야 한다. 노동자가 동등한 발언권을 가지고 기업의 모든 중요 의사결정 단위에 참여하는 기업 지배구조(corporate governance)를 만들자는 것이다. 산업 차원에서는 산업별로 조직된 노동조합을 만들어 사업주협회와 공동으로 해당 산업을 통치하는 산업 지배구조(industrial governance)를 만들자. 그리고 국민경제 전체 차원에서는 시장경제를 관리하는 경제적 지배구조(economic governance)인 한국은행, 금융위, 공정위, 노사정위, 방통위 등에 노동운동과 시민운동 등 사회공동체의 대표들이 적극 참여하도록 하자. 참여민주주의와 직접 민주주의가 형식과 절차에 그치지 않고 실질적 삶 속에 깊이 뿌리내리자는 것이다.

경제란 무엇인가? 우리가 살고 있는 자본주의 시장경제이다. 그렇다면 자본주의 시장경제를 민주화한다는 게 무슨 뜻일까? 선진국의 경우 경제민주주의보다 산업민주주의라는 말이 더 많이 쓰인다. 산업민주주의의 핵심은 노사 관계의 민주주의이다. 기업주, 즉 자본에 대항하는 종업원/노동자의 권리를 드높여 회사의 지배구조(통치구조)와 그 운영에서 1인1표 민주주의 원리를 관철시켜야 한다. 동시에 회사 밖에서도 1인1표 민주주의 원리가 작동하는 산업별 노동조합과 복지공화국을 만들어 평민들도 부자들에게 기죽지 않고 행복하게 살아보자는 것이다.

"민주주의는 회사(공장) 정문 앞에서 정지한다."는 유명한 말이 있다.

참된 경제민주주의는 민주주의의 원칙이 회사 안에서도 관철되어야 한다. 독일과 스웨덴, 덴마크, 네덜란드 등에서는 부장급 이하 전체 노동자의 직접선거에 의해 선출된 대의원들이 회사 이사회에 당당히 이사로 진출한다. 회사법상 기업의 최고 의사결정기구가 이사회인데, 주주와 노동자가 대기업을 공동으로 통치한다.

서독에서는 1940년대 말부터 이러한 노동자 공동결정제를 시행하고 있다. 60년 넘게 정착된 제도이다. 대기업의 경우 이사의 절반을 주주 대표가, 나머지 절반을 노동자 대표가 차지한다. 스웨덴의 경우 노동자 30인 이사의 소기업부터 시작하여, 노동자 이사가 회사 이사회 구성원의 1/3을 차지한다.

회사의 이사회는 사장(대표이사)과 경영진을 선출할 권한이 있다. 만약 노동자 이사들이 반대한다면 특정 사장 후보의 선출을 저지할 수 있다. 예컨대 "내 눈에 흙이 들어가기 전에는 노동조합을 인정할 수 없다."고 하는 이건희 일가는 삼성그룹 계열사의 CEO가 될 수 없고 이건희나 이재용 같은 자들은 삼성전자의 경영진에서 물러나야 한다.

경제민주주의의 본질을 이렇듯 산업민주주의와 노동권 또는 종업원 권리 차원에서 바라보는 것이 가장 중요하다. 제아무리 모든 국민이 투표권과 공직 출마의 권리를 가지고 있고 대통령이 민주적이면 뭐하나? 정작 매일 매일 출근해서 하루 일과의 대부분을 보내는 회사에서 노예 취급을 받고 일체의 투표권과 피투표권이 없다면 말이다. 그야말로 '돈 많은 자들의 독재', '돈 많은 자들의 갑질', 그리고 '종업원과 서민들은 노예'인 것이 헬조선의 현실이다.

영세 자영업자를 살리는 경제민주화

한편, 한국은행 국민계정의 자본소득(영업잉여) 수치에는 식당과 카페, 구멍가게 등을 운영하는 빈곤한 자영업자들의 근로소득도 포함되어 있다. 실제로는 근로소득인데도 한국은행 국민계정상 자본소득으로 잘못 계산된다. 이것은 국민계정의 계산 기법상 어쩔 수 없다고 한다. 그래서 한국은행 국민계정의 수치는 일정하게 보정될 필요가 있다. 자영업자 소득의 절반 또는 2/3를 자본소득 아닌 근로소득으로 보정하는 것이다.((그림 3) 참조)

자영업자 소득 중 2/3를 자본소득(개인 영업잉여)이 아닌 근로소득(피용자 보수)으로 간주할 경우 예컨대 2012년 노동소득분배율은 약 68%로 상승한다.[3] 2012년 자영업자 영업잉여 116조의 2/3인 77.3조를 자본소득이 아닌 근로소득으로 간주하는 것이다. 우리나라 경제활동 인구의 1/3가량인 600만 명의 자영업자들이 연 77.3조 원의 근로소득을 얻는다는 것은 이들이 1인당 연평균 1,300만 원, 월 110만 원의 근로소득을 얻는다는 것을 뜻한다. 자영업자들의 2012년 비근로소득(사업소득) 38.7조 원을 합쳐서 116조 원으로 계산할 경우에도 자영업자 1인당 평균 소득은 연간 1,930만 원, 월 160만 원이다. 이것은 자영업자들의 소득이 최저임금 수준의 임금을 버는 알바와 비정규직, 중소기업 노동자와 비슷한 수준이라는 것을 말해준다.

따라서 경제민주화의 과제에는 자영업자 소득을 월평균 160만 원

---

3 스웨덴과 독일 등 다른 나라들의 노동소득 분배율 수치 역시 자영업자 소득을 자본소득으로 계상하고 있다. 그러므로 앞에서 스웨덴과 독일의 노동소득분배율을 70%, 75%로 놓고 한국의 그것을 60%로 놓고 행한 계산은 정당성을 가진다.

에서 300만 원으로 올리는 과제도 필요하다. 이를 위해서는 다양한 정책이 필요하다. 1998년 이후 신자유주의적 구조개혁의 결과로 대기업에서 정리해고, 명퇴/희망퇴직으로 수백만 명이 울며 겨자 먹기로 자영업 창업에 나섰다. 그 결과 우리나라에는 OECD 평균보다 두 배나 많은 600만 명의 자영업주들이 있다. 2017년에 집권할 새 대통령 정부는 향후 10년에 걸쳐 단계적으로 자영업주 숫자를 그 절반인 300만 명 이하로 줄이고 자영업을 그만둘 300만 명이 월 300만 원 이상의 월급을 받는 피고용직 일자리를 얻도록 준비해야 한다.

그렇게 하려면 최우선적으로, 이른바 상시적 인력 구조조정을 정지시켜야 한다. 대기업과 공기업, 금융권에는 노무현 정부 때부터 정리해고와 명예퇴직, 희망퇴직이 관행으로 정착되어 있는데, 이것을 법으로 금지시켜야 한다. 적자를 내지 않은 흑자 기업이 종업원을 수시로 해고하는 것도 대통령과 국회가 나서서 원천 봉쇄해야 하며, 적자상태 기업의 경우에도 최대한 해고를 회피하도록 법으로 의무화해야 한다. 그런데 사실 이런 좋은 정책의 상당수가 이미 박정희-전두환-노태우 개발독재 시절에 시행되었다. 오늘날에는 러시아의 푸틴, 중국의 시진핑도 시행하는 정책이기도 하다.

앞서 본 바와 같이, 최저임금을 단계적으로 인상하고 나아가 중소기업 및 영세기업의 노동자들도 포괄하는, 진정한 형제애 정신의 노동운동이 성장하여 이들 업체에서 임금이 꾸준히 인상될 경우 가장 타격을 받는, 인상된 임금을 지급해야 할 자영업주들의 권익을 보호할 수 있도록 영세 자영업주들의 단계적 퇴출에 대비하는 고용보험과 적극적인 전직 교육제도의 도입도 필요하다. 또한 이들도 직장 가입 건강보험과 국민연금, 고용보험, 산업재해 등 4대 사회보험 제도를 보편적으로 이용할 수 있게끔 제도를 획기적으로 개선하여야 한다.

경제민주주의로 표현되는 시장소득 분배(1차 소득분배)의 개선만을 가지고는 여전히 크게 부족하다. 소득의 재분배, 즉 복지국가로 표현되는 2차 소득분배에서도 서민들과 노동자들에게 유리한 방향으로의 대담한 재분배가 필요하다.

2015년의 국내총생산(GDP)은 1,559조 원인데, 국가의 공공복지 재정지출은 중앙정부 및 지자체 예산을 포함하여 단지 그 10.5%인 164조 원에 불과하다.[4] 우리나라가 OECD 평균인 GDP의 22% 수준의 소박한 공공복지를 시행하려면 OECD 평균 수준의 복지국가인 폴란드와 뉴질랜드, 일본을 모방해야 한다. 그러려면 2015년 기준 343조 원의 복지예산이 필요한데 이를 위해서는 179조의 국가예산(중앙정부+지자체 예산)이 복지재정에 새로 추가되어야 한다. 이것만 해도 막대한 액수이다.

그 뿐이 아니다. 우리나라가 이탈리아 또는 독일 수준의 복지(GDP의 28%)를 하려면 2015년 기준 437조 원의 공공복지가 필요하다. 즉 2015년 기준, 273조의 신규 복지예산이 필요하다. 우리가 이탈리아 수준의 삶의 질에 도달하기 위해서도 황당할 만큼 큰 액수의 소득재분배가 필요한 셈이다. 하물며 우리가 프랑스, 덴마크, 스웨덴 수준의 복지국가(GDP의 30~32%)에 도달 하려면 2015년 기준, 304~335조 원의 신규 복지예산이 필요하다. 지금으로서는 도저히 상상이 안 되는, 또는 상상은 할 수 있지만 도무지 엄두가 나지 않는 천문학적 액수이다.

---

4 물론 이것마저 과다 평가되어 있다는 평을 듣는다. 특히 OECD에서는 공공임대주택 건설 예산만이 주택 복지 예산으로 계상되는데 반하여 우리나라에서는 주택도시기금의 대출액(후에 상환되는)의 연 10조 원에 이르는 액수 전체가 주택복지예산으로 보고되기 때문이다. 주택도시기금(과거의 국민주택기금)의 저리 대출을 제외할 때 우리나라의 순수한 주택복지 국가예산은 연 2조 원 이내에 불과하다.

하지만 이렇듯 연 179~335조의 신규 국가복지 예산을 새로이 마련하지 않고서는 알바와 비정규직, 중소기업 노동자를 포함하는 모든 평민들에게 만족할 만한 수준의 노인연금과 아동수당, 청년 구직수당과 실업수당, 초중고 및 대학의 공교육 질적 강화, 선진국 수준의 주택복지와 도시계획, 선진국 수준의 건강보험, 선진국 수준의 공공 문화·예술·과학 인프라와 스포츠·레저·생태 인프라를 공공서비스로 제공할 수 없다. 다시 말해서 그 액수는 우리들의 삶의 질을 선진국처럼, 하물며 폴란드, 이탈리아 수준으로 개선하는 데 필요한 절대 액수인 것이다.

향후 20년간에 걸친 복지국가 대장정 계획

앞서 우리는 서민들의 삶을 개선하려면 연 70~150조 원 규모의 경제민주화 즉 1차 소득분배(원천적 소득분배)가 새로이 필요하다고 말했다. 게다가 여기서 보다시피 연 179~335조 원 규모의 복지국가, 즉 2차 소득분배(소득의 재분배) 역시 새롭게 필요하다. 기존의 연 150조 사회복지 국가예산을 제쳐놓더라도 말이다.

경제민주화(저임금 노동자 임금인상)와 복지국가를 모두 합쳐서 계산하면, 2015년 기준 연 250조~485조 규모의 소득분배 개선이 필요하다. 다시 말해서, 2015년의 국내총생산 1,559조 원(국내총소득 1556조) 중에서, 기존의 연 150조 원의 복지예산에 추가하여, 연 250~485조 원의 소득이 서민들에게 새로이 추가 분배되어야 한다.

결론적으로 말해서, 연 400조~640조 규모의 복지국가+경제민주화를 향한 역사적 대장정을 2017년에 집권할 새 대통령 정부가 시작해야 한다. 야권의 일부 경제학자 및 경제전문가들이 말하는 기껏해야 연

7.6조 원 규모의 경제민주화를 넘어서야 한다. 대략 연 500조 규모의 경제민주화+복지국가를 국가비전으로 제시하며 서민들에게 그 역사적 대장정을 함께하자고 손을 내밀자. 그래야만 우리의 삶이 바뀌고 청년들이 '헬조선에서 탈주'할 수 있다.

물론 우리가 오늘내일 당장에 프랑스, 스웨덴 수준의 복지국가에 도달할 수 있다고 주장할 수는 없다. 먼저 1단계로 향후 5년간에 걸쳐 폴란드, 일본 수준의 복지국가에 도달하고, 그 다음 5년 뒤에는 이탈리아, 독일 수준의 복지국가에 도달하는 도정을 기획해보자. 그리고 다시 10년 뒤에는 프랑스, 스웨덴 수준의 복지국가에 도달하는 20년에 걸친 대장정을 기획해보자. 이것을 위해서는 20년에 걸친 5개년 계획, 인간개발과 공동체 개발을 위한 계획경제가 필요하다. 그간 우리의 민주정치와 진보정치는 헬조선 탈출을 위해 열정을 다하는 '거대한 전환'의 꿈과 희망의 국가비전을 제시하고 청년들에게 그 길을 함께 가자고 손을 내밀지 않았다. 이제는 미국의 샌더스처럼 역사적 대장정의 길을 제시하고 각 분야의 풀뿌리 지도자들을 모아서 우리들의 꿈과 이상(理想), 국가 비전에 대해 토론하는 위대한 정치운동과 사회운동을 기획해보자. 인간 개발, 개성 개발, 공동체 개발을 향한 수십 년간의 5개년 계획을 함께 기획하고 토론해보자.

10 혁신적 재벌 대기업은 살리고, 약탈적 재벌 대기업은 깨버리자

대다수 대기업들이 하청 중소기업들을 쥐어짜며 약탈하는 것이 현실이다. 정운찬과 장하성, 홍장표와 위평량 같은 경제학자들은 삼성전자와 현대자동차로 대표되는 수출제조업 대기업들이 하청기업 쥐어짜기의 주범, 따라서 근로소득 불평등의 주범이라고 말한다. 실제로 현대자동차 1차 하청업체의 임금은 현대차의 60% 수준이고, 2차 하청기업의 임금은 그 1/3 수준이며, 3차 하청기업의 그것은 1/4 수준이다.((그림 4) 참조)

그렇다면 이러한 단계적 임금격차는 왜 발생하는 걸까? 장하성과 홍장표 같은 경제학자들은 입을 모아 재벌계 수출 대기업들의 '하청 갑질'이 대기업-중소기업 간 임금소득 불평등의 궁극적 원인이라고 성토한다. 과연 그게 사실일까?

우리나라에는 약 50만 개의 기업이 있고 그 50만 개 회사의 총매출

그림 4 **현대자동차 대비 하청기업별 평균임금**

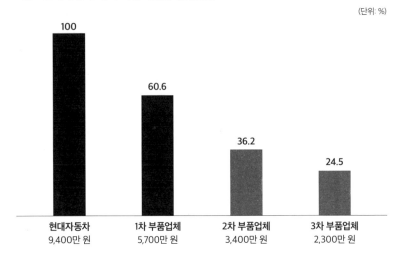

(단위: %)

현대자동차	1차 부품업체	2차 부품업체	3차 부품업체
100	60.6	36.2	24.5
9,400만 원	5,700만 원	3,400만 원	2,300만 원

자료: 〈조선일보〉 2015년 3월 21일자

액에서 재벌그룹 소속 100대 대기업의 매출은 29%를 차지한다. 그런데 이들 100대 재벌 대기업이 고용한 노동자는 전체 노동자의 4%에 불과하다. 반면에 중소기업은 전체 노동자의 72%를 고용하고 있는데도 기업 총매출액의 불과 35%만을 차지한다. 가장 심각한 불균형은 순이익인데, 100대 대기업이 모든 기업 순이익의 60%를 차지하는 반면에 중소기업의 그것은 35%에 불과하다.

이런 이유에서 많은 양식 있는 이들이 "대·중소기업 간의 수익성 격차가 중소기업의 지불능력을 압박하고, 그 때문에 중소기업의 임금이 낮다."고 주장한다. 매출액 대비 영업이익률로 측정한 수익성에서 중소기업의 영업이익률은 대기업의 1/2 수준, 생산성은 1/3 수준에 불과

한 까닭에 대·중소기업의 임금격차가 벌어졌다는 설명이다.[5]

요약하자면, "중소기업에 만연한 저임금의 궁극적 원인은 삼성전자와 현대차 등 재벌계 수출대기업들의 불공정한 하청 단가 등 불공정 거래"라고 대다수 경제전문가들이 입을 모아 성토한다. 대·중소기업간 하청거래의 최정점에 있는 삼성전자와 현대차 등 초대형 재벌 제조업체들이 일자리는 만들어내지 않으면서 하청 단가 인하를 통해 하청기업 수익마저 빼앗아버리며, 그래서 절대 다수의 일자리를 창출하고 있는 중소기업들의 수익성이 떨어지고 그 결과 저임금밖에 지급하지 못한다는 것이다.

대기업의 높은 수익성은 하청업체 쥐어짜기 덕택?

먼저 짚고 넘어갈 질문이 있다. 과연 삼성전자와 현대차 등의 높은 수익성이 하청업체 쥐어짜기 덕택에 발생한 것인가? 반드시 그렇지는 않다.

첫째, 현대차와 삼성전자가 2009~2013년 기간에 벌어들인 막대한

---

5 곽정수(2010)에 따르면 2009년 삼성전자와 현대차의 '매출액 대비 영업이익률'은 각각 8.23%와 7.01%를 기록했다. 그런데 이들과 거래하는 부품업체들의 그것은 각각 5.66%와 2.48%에 그쳤다. 2010년 1분기에는 그 격차가 더욱 벌어져 삼성전자와 현대차가 각각 14.56%, 8.35%의 높은 매출액 대비 영업이익률을 올렸는데 부품업체들의 그것은 4.87%와 4.62%에 머물렀다. 곽정수 (2010), "삼성전자·현대차, 그들만의 경기회복", 〈한겨레 21〉, 818호.

또한 정남기·정재호(2008)에 따르면, 건설, 기계, 자동차, 전기전자, 조선, 화학 및 철강 등 7개 업종에 종사하는 위탁/원청 대기업 22개와 수탁/하청 중소기업 1,023개의 재무제표를 이용하여 2002년부터 2007년까지 6년간 매출액 영업이익률을 조사한 결과, 원청 대기업과 하청 중소기업 간 격차는 2002년 3.11%에서 2004년 1.61%로 줄어들다가, 2005년 이후 다시 확대되어 2007년 4.42%를 보였다고 한다. 이러한 격차는 매출액 경상이익률에서 더욱 심각하였다. 2003년 2.17%까지 줄어들었던 원청 대기업과 하청 중소기업 간 매출액 대비 경상이익률의 격차는 2004년부터 다시 확대되어 2007년 6.13%에 이르고 있다고 보고하였다. 정남기·정재호 (2008), "2007년 대기업과 중소기업의 경영성과 분석", 중소기업연구원.

수익의 원천은 수출시장 즉 세계시장에서의 매출 호조인데 수출시장은 경제학자들이 가정하는 완전경쟁 시장에 가깝다.

둘째, 만약 현대차와 삼성전자에서 발생한 고수익의 원천이 원·하청거래의 불공정성에 있다면 현대차와 삼성전자에 납품하는 1차 하청업체들의 수익성이 그만큼 낮아야 마땅할 것이다. 하지만 실제 현실은 별로 그렇지 않다. 이 점에 대해서는 뒤에서 볼 것이다.

셋째, 하청업체의 수익성이 원청 대기업에 비해 현저하게 낮은 곳은 현대차와 삼성전자 등이 속한 수출제조업이 아니라 건설과 통신, 유통, IT서비스(소프트웨어) 등의 내수산업 특히 내수서비스 업종이다. 이들 업종에서는 원청 대기업의 수익성이 비정상적으로 높은 데 반하여 1차 및 그 이하 하청기업들의 수익성은 비정상적으로 낮다. 정치인 안철수가 유명세를 탄 계기인 이른바 '삼성동물원' 문제도 이들 업종에서 유별나게 심각하다. 즉 삼성동물원 문제는 삼성전자보다는 삼성SDS(IT서비스), 삼성전기보다는 삼성물산(건설) 등 특정 업종에서 나타난다. 이 점에 대해서도 바로 뒤에서 살펴볼 것이다.

넷째, 이런 맥락에서 원청 대기업들에 의한 하청기업 쥐어짜기의 약탈적 경제가 가장 크게 문제되는 것은 수출제조업이 아니라 주로 내수산업이다.

약탈경제 대 혁신경제, 내수산업 대 수출제조업

수출제조업과 내수산업 간에는 커다란 질적 차이가 있다. 자동차와 전자 등 수출제조업은 세계시장의 완전경쟁 상태에 노출되어 있으며 따라서 기술력과 품질능력이 핵심능력(core competence)이고 기술혁신이 풍부하게 일어나는 혁신산업(innovation industries)이다. 이에 반해 건설과 통신, 유통, IT서비스 등의 내수산업은 세계시장이 아닌 내수시장에서 주로 경쟁이 일어나며 기술력과 품질능력보다는 인건비 절감을 통한 비용절감과 인허가 획득 및 규제완화를 위한 공무원 및 정치인과의 정경유착 능력이 기업의 핵심 경쟁력으로 등장하는 약탈적 산업(predatory industries)이다.[6]

우리는 기술혁신이 주된 경쟁력이 되는 산업(주로 제조업)을 적극적으로 육성하고 동시에, 저임금 약탈과 하청업체 약탈, 금융고객 약탈 등 약탈과 수탈을 주된 경쟁력으로 삼게 마련인 산업(주로 내수 서비스업)을 억제해야 한다. 혁신경제와 약탈경제를 구별하면서, 혁신경제 영역은 키우고 약탈경제 영역은 해체시켜 나가야 한다. 이것은 그 산업의 주역이 재벌그룹이건, 일반 대기업이건, 아니면 중소기업 또는 벤처기업이건 상관없는 일이다.

사실 기존의 장하준-정승일의 재벌관 및 대기업관에 혁신경제와 약탈경제의 구분이 빠져 있었던 것이 사실이다. 장하준과 정승일은 혁신적 대기업(그 일부인 재벌계 대기업)인 삼성전자와 현대차 같은 수출제조업 분야의 대기업들에 주목하느라, 삼성SDS와 현대카드, 삼성물산과 현대백화점 같은 내수산업 대기업들의 약탈적 영업 행위에 대한 비판이 없었다. 앞으로는 혁신산업과 약탈산업(이권산업)을 구별하는 관점에서 대기업 및 재벌그룹에 관한 설명을 보완할 필요가 있다. 또한 역으로,

---

6 혁신적 대기업(그 일부인 재벌기업)과 약탈적 대기업(그 일부인 재벌기업)에 대한 나의 구별은 박창기의 책《혁신하라 한국경제》(창비, 2012)에서 배운 것이다. 그 책에서 박창기는 혁신경제와 이권경제, 요소경제, 공공경제의 4대 범주를 구별하면서 재벌계 대기업을 혁신적인 수출제조업에 속한 대기업과 그렇지 않고 정경유착과 독과점 등 이권 추구(rent-seeking)에 몰두하는 이권경제 대기업, 그리고 저부가가치·저임금 제품에 집중하는 요소경제 대기업 등으로 나누었다.

장하성과 정운찬, 김상조와 박상인, 위평량과 최정표 등의 재벌개혁론 및 경제민주화론에도 혁신경제와 약탈경제(이권경제)의 질적 구별이 결여되어 있다. 그 결과 이들 역시 현실 경제와 동떨어진 이야기를 해왔다고 할 수 있다.

자동차와 전자산업에서는
하청업체들의 수익성이 더 높다?

이제부터 위에서 언급한 네 가지 사항에 대해서 살펴보자. 먼저 삼성전자와 현대차로 대표되는 재벌 대기업들의 높은 수익성의 원천이 하청기업에 대한 약탈 덕택인가? 반드시 그렇다고 할 수는 없다. 먼저, 삼성전자는 핸드폰 세계 시장 매출액 1위의 업체이다. 비록 수익성은 미국의 애플보다 떨어지지만 매출액만큼은 부동의 세계 1위이다. 그리고 삼성전자 매출의 80%가 해외에서 발생하는데 해외시장은 완전한 경쟁적 시장이다. 예컨대 핸드폰 시장은 기술력과 가격, 그리고 품질을 놓고 경쟁하는 완전경쟁 시장이며 그만큼 공정한 시장질서라고 할 수 있다. 현대차와 기아차 등 자동차 제조업 역시 마찬가지이다.

이런 완전경쟁 세계시장에서 삼성전자와 현대차가 매년 판매량을 늘리고 있다. 영업수익률이 높은 것은 따라서 당연하게 보인다. 즉 이들 수출제조업 대기업이 달성한 높은 수익성의 1차적 원천은 삼성전자와 현대차의 기술력 및 품질 능력, 그리고 마케팅과 디자인 능력이다. 경제학자 슘페터는 기술혁신 등 혁신활동의 대가로 얻게 되는 특별이윤(업종 평균 수익률을 넘어서는 이윤) 또는 경제학자들이 지대(rent)라고 표현하는 것을 '슘페터 지대'라고 불렀다. 독과점을 통해 획득하는 약탈적 지대와 달리 기술혁신을 통해 획득한 것이 슘페터 지대이다.

둘째로, "하청기업에 대한 약탈적 납품 단가가 삼성전자와 현대차의 막대한 수익성의 원천"이라는 주장이 성립하기 위해서는 그 하청기업들의 수익성이 현저하게 낮아야 할 것이다. 하지만 실제의 현장 연구는 별로 그렇지 않다는 것을 보여준다. 즉 현실에 부합하지 않는다.

나의 주장이 사실임을 입증하는 연구가 있다. 대·중소기업 간 불공정 하청거래에 대해 수십 년간 연구해온 이 분야의 권위자이며 또한 민주·진보 진영의 대·중소기업 동반성장론의 대표적 경제학자인 홍장표 교수의 연구이다. 그는 원·하청거래의 불공정성에 관한 우리나라 최고의 연구자이다. 그런데 그의 연구 결과가 바로 그 자신의 이론과 부합하지 않는다. 아이러니한 일이다.[7]

〔그림 5〕에 나오는 수치는 2011년 데이터이다. 2011년에 한국의 수출경제는 상대적으로 잘나가고 있었다. 2008년 말 발생한 미국발 글로벌 금융위기로 대다수 선진국 경제가 2009~2012년 사이에 심각한 대불황에 빠져 있을 때, 한국경제는 2010~2011년에 자동차와 전자, 조선업 등 수출제조업을 중심으로 사상 최대의 이익을 거두었다.

정운찬과 장하성, 이동걸 등 경제민주화 경제학자들이 '대표적인 재벌 하청 갑질 업종'이라고 비난하는 산업이 삼성전자 등이 활약하는 전자산업이다. 그런데 〔그림 5〕에서 보듯이 전자산업의 1차 하청업체 수익성(매출액 대비 영업이익 비율)은 최종 원청 대기업들(삼성전자, LG전자, 한국IBM 등)의 그것과 동일하다. 물론 2차 및 3차 하청업체들의 수익성은 1차 하청업체들의 그것에 비해 순차적으로 적어진다. 〔그림 5〕는 기계공

---

7 홍장표(2015), "계층적 공급 네트워크에서 기업간 준지대의 이전과 수익격차", 〈사회경제평론〉 제47호, 65~102쪽.

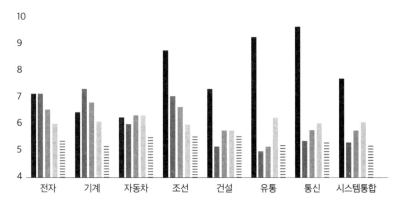

그림 5 최종 수요기업과 공급기업의 영업이익률

(단위: %)

■ 최종 수요기업　■ 1차 공급　■ 2차 공급　　3차 공급　‖‖ 4차 공급

자료: 홍장표(2015), "계층적 공급 네트워크에서 기업간 준지대의 이전과 수익격차", 〈사회경제평론〉 제47호, 88쪽.

업의 경우에도 원청 대기업에 비해 1차 및 2차 하청협력업체들의 수익성이 더 높다는 사실을 보여준다. 물론 3차 하청협력업체들의 수익률은 하락한다.

　자동차 산업의 경우 이 점이 더욱 특이하게 나타난다. 완성차업체 (현대·기아차와 GM, 르노삼성, 쌍용차, 타타대우 포함)의 수익성과 1~4차 하청업체들의 수익성에 차이가 없는 것으로 나타난다. 더구나 2~3차 하청업체들의 수익성은 완성차 대기업의 그것보다 오히려 더 높다.

　자동차 산업에서 나타나는 이 현상은 매우 의미심장하다. 왜냐하면 자동차 산업은 우리나라 학계에서 가장 많이 연구되어온 업종이며 '재벌계 대기업들의 하청업체 쥐어짜기'의 대표적인 사례로서 현장 사례 연구가 지난 30년간 진행되어 왔기 때문이다.[8] 이들 기존 연구는 거의 항상 만장일치로, "하청거래가 잘 발달한 자동차 산업에서는 원청과 하청업체 간의 불공정 거래가 전형적이며 그 결과 하청업체들의 수익성이 낮고, 더구나 2, 3, 4차의 하청으로 내려갈수록 불공정 거래의 심화와 함께 수익성이 더 낮아진다."는 식으로 묘사해왔다. 자동차 하청업체들에서 임금이 낮은 것도 그것 때문이라고 설명해왔다. 그런데 위에서 보듯이 자동차 산업의 경우 그들이 주장해온 명제가 그들 스스로 발견한 팩트(facts)에 의해 반박당하고 있다.

하청업체의 낮은 수익률은 내수 업종에 집중

내수 업종에서는 확연하게 다른 모습이 나타난다. 원청 대기업의 수익성이 확연하게 높은 데 반하여 수출제조업의 그것과 비교할 때 1차 하청협력업체의 수익성이 확연하게 낮다. 더구나 아주 기묘하게도, 조선업을 제외할 때, 2~3차 하청협력업체의 수익성은 1차 하청협력업체의 그것보다 더 높다.

---

8 제조업에서의 하청거래에 관한 좋은 연구는 대부분 자동차 업종을 대상으로 하고 있다. 홍장표(2003)에 따르면 외환위기 이후 자동차산업을 주도하는 완성차업체는 강한 교섭력을 가진 노동조합의 임금인상 요구에 독과점 지대와 향상된 지불능력으로 대응할 수 있었던 반면, 부품업체의 지불능력은 개선되지 않았기 때문에 기업 규모별 임금격차는 더욱 확대되고 있다고 보았다. 완성차업체의 불공정 하도급 거래 행위로 인한 납품 단가 인하가 대기업, 중소하청업체들 간 임금격차를 낳고 있다는 인식이다. 홍장표(2003), "한국의 노사관계 : 외환위기 이후 자동차산업 도급관계의 변화와 임금격차", 〈산업노동연구〉 제9권, 제2호.
  조성재 외(2004)도 하도급 구조를 통하여 기업들의 지불능력 격차가 확대되기 때문에 노동자 간 분화가 심화되고 있다고 보았다. 하청업체들은 정례적, 혹은 불규칙적으로 단가인하(Cost Reduction)를 요구받는데 이는 생산성 향상의 성과와 무관하게, 예를 들어 상반기 3%, 하반기 5% 등으로 강제되며, 이로 인하여 부품 하청 업체들의 지불능력이 크게 제약될 수밖에 없다는 것이다. 조성재, 이병훈, 홍장표, 임상훈, 김용현(2004), "자동차 산업의 도급 구조와 고용 관계의 계층성", 〈연구보고서〉 2004~04, 한국노동연구원.

이것은 다음과 같은 추정을 가능케 한다. 즉 건설과 유통, 통신, 시스템통합(SI) 등의 내수업종에서는 원청 대기업이 제1차 납품거래 당사자 즉 1차 하청업체를 그야말로 무자비하게 쥐어짜며 약탈한다. 달리 말해서, 이들 업종에서는 원청 대기업이 자신과 직접 거래하는 1차 하청업체의 수익을 약탈하여 자기 수익으로 가져가는 까닭에 원청 대기업의 수익성은 비정상적으로 높고, 1차 하청업체의 수익률은 비정상적으로 현저하게 낮다. 이런 현상이 모든 업종에서가 아니라 특정 업종 즉 내수업종에서 집중적으로 나타난다. 그렇다면 다음과 같은 가설을 세울 수 있다.

(1) 하청업체의 낮은 수익률은 모든 업종에서 공통적으로 나타나는 현상이 아니라 특정 산업에서 집중적으로 나타난다.
(2) 하청업체 쥐어짜기는 원청 대기업이 재벌계냐 아니냐와 무관하며 따라서 재벌 문제가 아니다. 그것은 재벌 문제라기보다는 업종의 특징과 관련된 문제이다.
(3) 하청업체 쥐어짜기 약탈의 본질은 저임금 착취이다. 따라서 기술력과 품질관리 능력이 외주 하청 계약에서 중요한 수출제조업에서는 하청업체 쥐어짜기가 질적으로 다른 양상으로 진행된다.

홍장표가 제시하는 데이터를 보면 원청 대기업이 1차 하청기업의 수익을 약탈해가는 업종은 건설업, 유통업, 통신업, 시스템통합업(SI)과 조선업이다. 조선업을 제외할 때 모두 비제조업이다. 또한 이들 업종에 속한 원청 대기업에는 〔표 3〕에서 보다시피 재벌계와 비재벌계(중견 대기업 및 외국계 기업)가 모두 포함되어 있다. 재벌들에 국한된 문제가 아닌

표 3 업종별 최종 수요(원청) 대기업 명단

	기업집단 소속기업	중견기업(독립 대기업)
전자 (C26)	삼성전자, LG전자, SK하이닉스, 동부대우전자, 인터플렉스	팬택, 에스티에스반도체통신, 휴맥스, 우전앤한단, 가온미디어, 코텍, 엠케이전자, 스템코, 케이이씨, 아이디스홀딩스, 엠코테크놀로지코리아, 노키아티엠씨, 한국아이비엠, 한국실리콘
기계 (C29)	두산중공업, 두산인프라코어, 두산디에스티, 두산메카텍, 현대엘리베이터, 노틸러스효성, 한화테크엠, LS산전, LS엠트론, 국제종합기계(동국제강), 캐논코리아비즈니스솔류션(롯데), 대화산기, 신세계엔지니어링, 디케이티	한양정밀, 동희산기, 코웨이, 청호나이스, 대동공업, 신도리코, 케이씨텍, 비에이치아이, 케이씨코트롤, 한국에스엠씨공압, 한미반도체, 화천기계, 클라크머터리얼핸들링, 한국후지제록스, 오티스엘리베이터, 티센크루프엘리베이터코리아, 볼보그룹코리아
자동차 (C30)	현대자동차, 기아자동차, 한국GM	르노삼성자동차, 쌍용자동차, 타타대우상용차, 스카니아코리아, 자일대우버스
조선 (C31)	현대중공업, 삼성중공업, 대우조선해양, 한진중공업, 현대삼호중공업, 현대미포조선, STX조선해양	에스피피조선, 성동조선해양, 대선조선, 대한조선, 신안중공업, 강남
건설 (F41-41)	현대건설, GS건설, 두산건설, 금호산업, 태영건설, KCC건설, 한라, 동부건설, 대림산업, SK건설, 코오롱글로벌, 한전KPS, 이랜드건설, 포스코건설	LIG건설, 한신공영, 경남기업, 풍림산업, 신동아건설, 남광토건, 호반건설, 중앙건설, 우미건설, 서해종합건설, 금성백조주택, 동원개발, 우남건설, 한성건설, 삼라, 라인, 금강주택, 서희건설, 화인종합건설, 대방건설, 대보건설, 호반건설
유통 (G45-47)	롯데쇼핑, 롯데닷컴, 롯데하이마트, 우리홈쇼핑, 롯데DF글로벌, 롯데역사, 바이더웨이, 코리아세븐(롯데), 호텔신라(삼성), 현대백화점, 현대홈쇼핑, 현대H&S, 한무쇼핑(현대백화점), 홈플러스, 홈플러스테스코, CJO쇼핑, CJ현대쇼핑, 이마트, 신세계, 광주신세계, 에스엠(신세계), 하이프라자(LG), 교보문고, 한화갤러리아, 한화타임월드, 한화역사, 코리아아이플랫폼(코오롱), GS홈쇼핑, GS리테일, GS왓슨스, 텐바이텐(GS), KT커머스, 이랜드월드, 현대아이파크몰(현대산업개발), 엔투비(포스코), 이랜드리테일(이랜드), 농협유통 농협충북유통(농협)	메가마트, 한국미니스톱, 세이브존, 세이브존아이앤씨, 대구백화점, 모다아울렛, 서원유통, SYS리테일, 경방유통, 중소기업유통센터, 동화면세점, 뉴코아, 포탈하이웨이, 그랜드백화점, 비지에프리테일, 수원애경역사, 평택역사, AKS&D, 알라딘커뮤니케이션, 인터파크지마켓, 인터파크아이엔티, 예스이십사, 엠케이트랜드, 코스트코코리아, ABC마트코리아, 한국후지쯔
통신 (J61)	KT, SK텔레콤, LG유플러스	
시스템 통합 (J59, J62-63)	삼성SDS, LGC&S, SKC&C, 현대정보기술(롯데), 아시아나IDT, KCC정보통신, 현대오토에버, KTDS, 롯데정보통신, 신세계I&C, 동부C&I, 포스텍(STX), 한화S&C, 누리솔루션(삼성), 싸이버로지텍(한진), GS아이티엠, KT엠하우스, 디케이유엔씨(동국제강), CJ시스템즈, 이니텍(KT), 포스코아이씨티, 한진정보통신	대우정보시스템, 에스넷시스템, 삼양데이타시스템, 정원엔시스, 인성정보, 다우기술, 스마일게이트, 알티캐스트, 지산소프트, 안랩, 우리에프아이에스

자료: 홍장표(2015), 앞의 논문, 100~101쪽

것이다. 조선업에서는 현대중공업과 삼성중공업이 재벌계이고 대우해양조선과 성동조선해양 등은 비재벌계이다. 건설업에서는 현대건설과 동부건설이 재벌계이고 남광토건과 호반건설은 비재벌계이다. 유통업에서는 이마트와 롯데마트, 롯데백화점, 현대백화점이 재벌계이고, 홈플러스와 뉴코아, 인터파크는 비재벌계이다. 통신산업의 경우 SKT와 LG-U플러스는 재벌계이고 KT는 비재벌계이다. 시스템통합(SI)에서는 삼성SDS와 LG C&S 같은 재벌계 회사들과 네이버 비지니스플랫폼, 에스넷시스템 같은 비재벌 대기업들도 있다. 이들 업종에서는 원청 대기업들이 재벌계이건 비재벌계이건 관계없이 1차 하청업체들을 무자비하게 갈취하고 약탈한다. 가령 홍장표의 조사와 통계에는 포함되어 있지 않지만 유선방송 업종의 경우 태광과 CJ 같은 유선케이블방송 원청 대기업들이 1차 하청협력업체를 무자비하게 쥐어짜는 행태를 보인다.

11

하청 중소기업이
글로벌 중견 대기업으로

이번에는 현대차와 삼성전자로 대표되는 수출제조업에서의 하청 납품거래를 깊이 살펴보자.

노무현 정부에 이어 이명박-박근혜 정부에서 추진되는 대기업-중소기업 동반성장 또는 상생협력 정책은 하나같이 삼성전자와 현대차 등 재벌계 수출제조업 대기업을 주요 타깃으로 삼고 있다. 그리고 정운찬과 장하성, 홍장표와 위평량 등의 경제학자들은 한 목소리로 이들 수출제조업 대기업의 높은 수익성(영업이익)의 원천은 무자비한 납품 단가 인하와 기술탈취 등 불공정 거래에 있다는 듯이 비판한다. 이들과 거래하는 하청협력업체들의 수익성(영업이익)이 낮은 것은 그 때문이라고 말한다. 과연 그럴까? 앞서 본 것처럼 전자와 자동차의 경우 1차 하청 협력업체들의 수익성이 의외로 꽤 높다. 이 점에 대해 보다 구체적으로 살펴보자.

먼저 전자와 자동차 제조업의 1차 협력 하청기업들의 경우 이미 상장 대기업으로 크게 성장한 회사들이 꽤 많다. 인터넷 검색을 통해 '삼성전자 1차 협력업체' 또는 '현대차 1차 협력업체'라고 찾아보라. 상당수의 상장 대기업들이 검색될 것이다.

야권 경제학자들이 제기하는 대기업-중소기업 간 격차와 불평등 심화의 문제는 주로 재벌계 대기업에 비하여 중소기업들의 수익성이 낮다는 것이다. 그런데 이런 논의에서 간과된 점이 있다. 재벌계 대기업에 납품하는 1차 협력업체들의 상당수가 이미 법률상 대기업으로 성장해 있다는 명백한 경제 현실이다.

대기업-중소기업 간 수익성 격차를 비판하면서 재벌계 대기업의 갑질 하청 횡포에 대해 이야기하는 거의 모든 기존 연구는 '법률상 중소기업'과 '법률상 대기업' 사이의 수익률 격차 및 임금격차를 연구 대상으로 한다. 하지만 그런 연구가 사용하는 데이터가 반영하고 있는 격차는 재벌계 대기업과 그 1차 하청협력업체 사이의 납품거래가 아니다. 오히려 1차 협력업체 대기업들과 2차 협력 중소기업 사이의 격차일 확률이 훨씬 더 높다.

앞에서 본 곽정수(2010)의 삼성전자, 현대차와 그 부품업체들 간의 수익성 격차 분석 역시 '법률상 중소기업'으로 분류된 부품 제조업체들을 대상으로 분석한 연구의 결과이다.

2차 이하 하청협력업체의 경우 여전히 법률상 중소기업들이 훨씬 많다. 따라서 요즘에 불공정한 하청 납품거래가 문제되는 것은 삼성전자와 현대차 등 재벌계 원천 대기업과 1차 하청협력업체 간의 거래가 아니라 1차 하청납품업체와 그 이하 2차, 3차 하청납품업체 간의 하도급 거래인 경우가 많다. 그리고 이러한 현실을 반영하여, 몇 년 전에는 하도급법 개정을 통해 하청기업 보호법의 적용 범위가 2차, 3차 업체들에게까지 넓혀졌다. 그럼에도 불구하고 대다수 야권 인사들은 이러한 사실을 불충분하게 인식하고 있다.

이미 대기업으로 성장한 많은 1차 협력사들의 경우 국내 생산공장만 해도 전국에 여러 개 있다. 더구나 법률상 독립된 중소기업으로 신고되어 있는 여러 개의 동종 부품 제조·납품 공장들도 그곳을 실제로 방문해 보면 한 명의 오너 지배하에 있는 여러 개의 하청기업들이 하나의 기업그룹(중소기업 그룹)을 이루고 있는 경우도 많다. 이런 경우는 그 회사를 직접 방문하지 않고서는 알 수가 없다. 즉 기업의 재무제표 수치와 그것에 대한 통계적 처리에 의존해온 기존의 대기업-중소기업 간 매출액-수익성 분석 연구에서 드러나지 않은 채 은폐되어 있다.

더구나 이들은 해외에도 여러 개의 생산 공장을 가지고 있다. 예컨대 현대·기아차와 삼성전자, LG전자에 납품하는 1차 하청협력업체들은 이미 15년 전부터 중국과 인도, 유럽, 미국, 베트남, 태국 등지로 이들 대기업들과 함께 현지에 동반진출하였다. 중국과 베트남 등지의 현대·기아차 공장 및 삼성전자 공장 인근에 이들 1차 하청협력업체들이 납품 공장을 지어 놓고 현지 매출을 늘리는 것이다.

예컨대 현대자동차가 기아자동차와 통합한 직후인 2000년까지만 해도 현대·기아차는 아직 해외 공장을 본격적으로 늘리지 않았고, 당시만 해도 현대·기아차와 해외에 동반진출한 부품 협력사는 28개 사에 불과했다. 그러나 2011년에는 1차 협력사 233개와 2차 협력사 197개 등 총 430개의 자동차 부품 협력사들이 현대·기아차와 해외에 동반진출하여 현지 법인 공장을 운영하고 있다. 지역별로는 중국에 277개사가 동반진출했고 인도에 60개, 미국에 40개, 유럽에 27개, 러시아 11개, 브

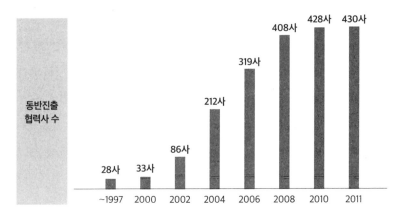

그림 6 현대·기아차의 협력사 해외 동반진출

계	28사	33사	86사	212사	319사	408사	428사	430사
1차 협력사	17	19	57	116	172	218	232	233
2차 협력사	11	14	29	96	147	190	196	197

자료: 현대자동차그룹(2012), 내부조사자료

라질 8개, 터키에 진출한 회사가 7개였다.[9]

이들 하청협력업체의 매출액은 해외 현지공장 매출을 합하여 종종 수천억 원에 달하며 전 세계 매출이 1조 원이 넘는 경우도 꽤 많다. 게다가 해외 현지 공장들에서 일하는 노동자 숫자도 수천 명에 달하는 경우가 많아 전체 노동자가 1만 명이 족히 넘는 경우도 있다. 예컨대 중국에 있는 여러 공장에 노동자 3,000명, 인도의 여러 공장에 2,000명, 체코 공장에 2,000명, 이런 식이다. 이렇듯 현대·기아차와 삼성전자, LG전자 등 자동차와 전자산업에서 활동하는 1차 협력업체들의 상당수는

---

9 현대자동차그룹 (2012), "현대·기아차 협력사 동반성장 결실", 내부조사자료.

사실상 이미 10년 전부터 글로벌 중견기업(대기업)으로 성장하였다.

해외에 동반진출한 업체들에는 공통점이 있다. 먼저, 자체적인 기술력과 품질관리 능력이 뛰어나다. 그들의 기술력과 품질력을 국내외 완성차 업체들, 즉 최종 원청업체들이 인정하고 있다는 것이다. 예컨대 ㈜SL의 경우 자동차 헤드라이트 제조의 기술력 및 품질력에서 세계 6위이다. 자동차용 공조기(냉난방기)를 제작하는 한라공조 역시 세계 5위권의 우수한 기술력과 품질능력을 가지고 있다. 이들 1차 협력업체들은 세계적 수준의 기술력과 품질력을 유지하기 위하여 세계적 기준의 R&D를 수행한다.

게다가 또 하나의 공통점이 있다. 세계적 수준에 도달한 이들 1차 협력업체들은 현대차와 삼성전자와 마찬가지로 1960~80년대의 국가주도 경제성장 시기에 국가의 전략산업 육성 및 전략기술 육성정책(산업정책 또는 산업육성정책)을 충실하게 따르면서, 그리고 자체 기술력 및 품질력을 키워온 현대차와 삼성전자 등에 납품하는 과정에서, 이들 원청업체와 함께 공동으로 기술개발과 공동 R&D를 수행하면서, 그들 업체 역시 스스로 자체적인 기술력 및 품질력을 키워왔다는 사실이다.

그럼에도 불구하고 자유주의 경제학자들의 재벌계 대기업과 하청업체 간 불공정거래 연구는 양자 사이에 수십 년간 진행되어온 공동의 기술개발과 적극적 기술이전, 해외 동반진출과 같은 동반성장의 의미를 적극적으로 인정하는 데 인색했다.

자동차 1차 협력업체인 금호에이치티의 사례

(…) 금호에이치티는 금호전기와 일본 도시바라이팅앤테크놀로지가 지난 1988년 각각 51%, 49%를 출자해 설립한 합작 법인이다. 도시바라이팅의

백열전구 관련 기술을 이전받았다. 현재 최대주주는 지분 37%를 보유한 금호전기다. (…) 금호에이치티의 주력 제품은 자동차의 앞뒤 조명과 계기판, 실내등에 사용하는 LED 모듈과 백열전구다. 매출액 중 자동차 백열전구의 비중은 26.6%이며 자동차 백열전구 국내시장 점유율이 98%에 달한다. 금호에이치티가 제품을 완성차 1차 협력사인 에스엘라이팅, 에스엘서봉, 현대IHL 등에 납품하면 이 업체들은 자동차용 조명장치 완제품을 제조하여 현대자동차 등 완성차 업체에 판매한다.

현재 금호에이치티는 중국 시장 점유율 확대에 주력하고 있다. 지난 2013년 10월 중국 톈진에 생산·판매 법인을 설립한 뒤 지난해 약 300억 원의 현지 매출을 기록했다. "중국 자동차 시장이 크게 세 부분으로 나뉩니다. 톈진과 베이징은 화북 지역에 속하고 상하이는 화동 지역에, 홍콩과 선전은 화남 지역에 속해요. 저희는 주요 매출처인 현대차를 따라서 화북 지역에 진출했고 현대·기아차와 중국 토종 완성차 업체들에 납품하고 있습니다."

현재 금호에이치티는 중국에서 장성기차, 체리자동차, 상하이GM 등에 백열전구를 납품하고 있다. 현지 중국 업체에 대한 LED모듈 판매도 추진 중이다. 장성기차와 둥펑모터스, 상하이자동차 등에 납품하기 위해 협의를 진행하고 있다. 전세계 자동차용 백열전구 수요의 20~30%가 LED로 대체되고 있지만, 조 대표는 향후 적어도 10년 동안은 백열전구 시장이 유지될 것이라고 전망했다. 백열전구는 단가가 100원대로 LED모듈(1만 원대)에 비해 훨씬 저렴하며 LED 램프와 달리 전구 한 개가 고장나면 낱개로 교체하는 것이 가능한 만큼, 중국·인도의 저가 자동차에 계속 적용될 가능성이 크다고 그는 말했다. 금호에이치티는 중국 자동차 시장 성장에 발맞춰 현지 법인 추가 설립을 검토 중이다. 내년 상반기 중 상하이를 중심으로 한 화동 지역에 법인을 설립한 뒤, 2~3년 간 경과를 지켜보고 나서 멕시코나 북미 지역에도 진출할 계획이다. 이 외에 자동차 전장 부문 신사업 진출을 위한 기업 인수합병(M&A)도 고려하고 있다. (《조선일보》 2015년 11월 11일자)

하청협력업체의 동반성장이 원천 봉쇄된 이유

그런데 글로벌 중견기업(대기업)으로 이미 성장했거나 지금 한창 성장하고 있는 1차 협력업체들에게는 공통점이 있다. 삼성과 현대·기아차, LG처럼 아직은 해외 다국적 기업에 매각되지 않았으며 또한 여전히 대기업그룹 체제를 유지하면서 중국과 인도, 미국, 유럽 등지로 진출하고 있는 재벌그룹계 원청 대기업에 납품하면서 성장한 1차 협력업체들이라는 점이다. 이에 반해 미국GM, 프랑스·일본 르노·닛산에 매각된 한국GM(과거 대우차)과 르노삼성(과거 삼성차)에 납품하는 1차 하청협력업체들의 경우 사정이 크게 다르다.

르노닛산과 GM은 이미 유럽 및 미국 등지에 자체적인 자회사와 자체 브랜드, 자체 현지 공장을 가지고 있다. 따라서 굳이 한국 자회사인 한국GM과 르노삼성이 미국, 유럽, 중국 등지에 진출하여 현지에 생산법인을 세우도록 요구할 일이 없다. 예컨대 GM은 유럽에 Opel이라는 자체 브랜드와 자회사, 현지공장을 가지고 있고 또한 중국에서는 미국 GM 브랜드로 직접 현지법인 생산공장을 설립하여 판매한다. 따라서 한국GM(과거 대우차)이 유럽과 중국에 직접 진출할 필요가 없다. 이에 따라 한국GM과 르노삼성 등에 납품하는 1, 2차 협력업체들 역시 원청 대기업으로부터 해외에 동반진출해달라고 요구받는 일이 없다. 전 세

계 매출과 수익의 성장이 저지된 것이다.[10]

더구나 또 다른 요인이 있다. 예컨대 한국GM과 르노삼성은 엔진과 변속기 등 자동차의 핵심부품을 자체 기술로 개발하지 않는다. 그런 부품들은 미국GM 또는 유럽GM(독일 Opel)과 르노·닛산이 해외 본사에서 이미 개발한 기술과 도면을 사용한다. 한국에서는 제조만 하는 생산 하청 기지 역할을 하는데, 이유는 그것이 훨씬 싸고 효율적이기 때문이다. 따라서 한국GM과 르노삼성은 자체적인 기술력 향상에 소극적이며, 따라서 자기 회사에 납품하는 국내의 1, 2차 하청협력업체들에게도 독자적인 기술력 및 품질능력 발전을 요구하는 데 소극적이다. 이들 업체와의 공동 기술개발 및 기술이전에도 소극적이다.

반면에 현대·기아차와 삼성전자 등 수출제조업 대기업들의 경우 지난 수십 년간 독자적인 기술개발과 이를 통한 해외 수출시장 개척을 통해 성장해왔다. 따라서 자신에게 납품하는 1, 2차 하청협력업체들에게도 적극적인 독자 기술개발을 요구하면서 필요할 경우 자신들

---

10 토요타와 GM, 폭스바겐 등 해외 유수의 완성차 업체들을 보면 현대·기아차처럼 부품 협력사들이 대거 함께 해외에 동반진출한 경우는 드물다. 사실상 현대·기아차의 사례 말고는 국제 사례가 없다고 해도 과언이 아니다. 초국적 자동차 회사들이 가장 많은 현지 공장(합작공장)을 세운 나라가 중국인데, 이곳에 20년 전에 진출하였고 현재 중국시장 점유율 1위인 독일의 폭스바겐이나 15년 전에 진출한 미국 GM은 중국에 현지 합작공장을 세우기는 하였지만 북경-현대차의 사례처럼 1차 협력사들이 완성차 업체를 따라 중국 현지의 모기업 공장 근처에 대거 자체 공장을 설립한 경우가 없었다.

중국GM의 경우 아직도 많은 부품을 중국 현지에서 생산·조달하지 않고 호주GM(GM의 호주 자회사인 Holden) 등으로부터 직접 수입한다. 현재 중국시장 점유율 3위인 일본 닛산의 경우에도 일본에 소재한 주요 협력사들이 중국에 공장을 설립하는 방식으로 동반진출하는 데에 소극적이며 일본에서 부품을 수입하는 방식을 취하고 있다. 반면에 글로벌 완성차업체들에 비해 늦게 중국에 진출한 현대·기아차는 2002년부터 중국에 현지 합작법인을 세우고 자체 생산 공장을 설립하면서 동시에 바로 1차 협력업체들에게 동반진출을 요구하였다. 그리하여 2011년 현재 중국에만 120개의 1차 협력사들이 진출해 있으며, 인도에 60개, 유럽에 27개, 미국에 40개의 1차 협력사들이 진출해 있다. 이렇듯 해외에 동반진출한 1차 협력사들이 성공적으로 정착한 모습을 확인한 뒤에는, 이들 1차 협력사에 납품하는 2차 협력사들도 1차 협력사들을 따라 동반진출하는 양상이 나타나고 있다.

이 보유한 기술을 이들 하청협력업체에 이전하고 공동의 품질관리기법 도입과 공동 기술개발을 수행해왔다. 그래야만 세계시장에서 통용되는 수준의 기술력과 품질관리 능력을 1, 2차 협력업체들이 갖출 수 있고, 현대·기아차 및 삼성전자 제품의 품질 수준도 높아질 것이기 때문이다.

그러한 노력의 성과로서 예컨대 현대차(지금은 현대·기아차)에 지난 수십 년간 납품하며 성장해온 1, 2차 하청업체들의 경우 최근에는 미국의 GM과 포드, 유럽의 폭스바겐과 BMW, 일본의 토요타 등으로부터 부품조달 주문 계약을 따낼 정도로 기술력과 품질관리 능력이 성장하였다. 요약하자면, 기술력 발전의 결과 하청업체들의 납품선이 다변화되면서 현대·기아차에 대한 독점적 전속 납품 관행도 점진적으로 해소되고 있는 것이다.

한국GM에 납품하는 하청협력업체들의 모습

인천 자동차 산업의 주요 문제점으로 한국GM이 독자적으로 자동차 개발·생산·판매 등을 결정하는 데 한계가 있어 급변하는 시장 상황에 신속히 대응하지 못하고 있다는 지적이 나왔다. 또 인천 자동차부품 업체는 다른 지역보다 상대적으로 영세하고 경쟁력이 낮아 종합적인 지원책이 필요하다는 제안도 제시됐다. 한국은행 인천본부(본부장·은호성)는 27일 이 같은 내용의 '인천지역 자동차산업 동향 및 발전과제' 보고서를 발표했다.

인천경제의 전통 주력분야인 인천 자동차산업은 완성차 업체인 한국GM과 238개 자동차부품 업체(종사자수 10명 이상 기준)로 구성돼 있다. 2014년 기준으로 생산액 10조 9,000억 원, 부가가치 창출액 3조 2,000억 원으로 인천 전체 제조업 생산의 16.4%, 부가가치의 16.1%를 차지한다. 또 지난해 기준으로 인천 자동차산업의 수출은 66억 달러로 인천 제조업 수출액의 21.7%를 차지한다. 인천의 유일한 완성차 업체인 한국GM의 자동차 수출 추이를 보면 2014년 48만대로 전년(63만대) 대비 24.3% 급감한 데 이어 지난해에도 2.9% 감소하다가 올 1~2월에는 5.2% 증가세로 돌아섰다.

한국은행은 그러나 한국GM이 최대주주인 미국GM의 업황과 연계돼 움직이는 경향이 있으며, 독자적으로 자동차 개발·생산·판매 등을 결정하는 데 한계가 있다고 지적했다. 이로 인해 국내 수요변화에 민첩하게 반응하는 데 어려움이 있다는 것이다.

한국은행은 이에 최근 ICT와의 융합, 환경규제 강화 등 급변하는 세계 자동차산업 변화에 민감하게 대응할 수 있는 생산 포트폴리오 조정을 적극 추진할 필요가 있다고 한국GM에 제안했다. 영세한 인천 자동차 부품업체에 대해선 다른 지역보다 종사자 수가 적고 창출하는 부가가치가 낮아 공장 자동화와 기술개발을 위한 여력이 부족할 가능성이 높다고 진단했다.

또 모기업[한국GM 및 미국GM]의 원가절감 정책에 따라 납품 단가 인상에 어려움이 있으며 향후 친환경차와 스마트카 등에 필요한 부품 신규 발생 수요에 신속히 대응하지 못할 가능성을 내재하고 있다고 분석했다. 특히 미래 자동차부품 개발은 초기 연구개발 비용이 비교적 큰 동시에 리스크 역시 높다는 점에서 정부와 연구기관 등의 지원이 중요하다고 강조했다. 인천 자동차 부품업계가 겪고 있는 전문 개발인력 및 연구·평가장비 부족 등의 문제점을 해결하기 위해 인천테크노파크, 한국생산성기술연구원, 대학 등이 자동차부품 클러스터 형성에 적극 나설 필요가 있다고 덧붙였다. (《경인일보》 2015년 4월 28일자)

납품처를 다변화하는 하청협력업체들

미국이나 유럽의 자동차와 전자, 기계 산업에서는 최종 완성재(가령 자동차) 업체와 그곳에 부품을 납품하는 1, 2차 협력업체들이 역사적으로 거의 같은 시기에 형성되었기에 양자 간 거래가 독립적이고 평등하다. 그러나 우리나라에서는 1960~80년대의 30년 기간 동안에 국가의 저리융자 및 기술지원 등 정책지원 속에 최종 완성재 대기업이 먼저 육성되었다. 그리고 그들 대기업에 납품하는 부품업체들의 기술력 및 품질관리 능력 향상에 대한 1차적 책임이 정부에 의해 완성재 대기업들에게 부과되었다. 즉 현대차와 삼성전자 등 최종 완성재 업체가 제공하는 기술지원 및 경영지원의 혜택 속에 1차 협력업체들이 기술력 및 품질관리 능력을 키워온 것이다. 그리고 현대차와 삼성전자 등 최종 완성재 대기업들은 자신들이 기술지원 및 경영지원을 제공한 1차 협력업체들에게 그 노하우를 보호하기 위하여 자신들에게만 납품하는 전속거래(독점거래)를 요구했다. 1차 하청협력업체들에게도 그것은 나쁘지 않은 선택이었는데, 독점적 전속거래를 통해 기술지원 및 경영지원 혜택을 받는데다 굳이 납품선 다변화에 따르는 손실 가능성을 짊어지지 않아도 손쉽게 매출이 보장되었기 때문이다.

표 4 자동차 1차 협력업체의 납품 기업수별 분포

연도	1사	2사	3사	4사	5사 이상	합계
1998	656(70.7)	135(14.5)	86(9.3)	51(5.5)	-	928(100)
2002	427(50.4)	210(24.8)	102(12)	62(7.3)	47(5.5)	848(100)
2010	426(48.5)	235(25.9)	91(10.2)	61(7.0)	73(8.3)	886(100)

주: 괄호 안은 비중 | 자료: 자동차산업편람

장하성과 홍장표, 정운찬과 위평량 등의 경제학자들은 흔히 재벌계 대기업들의 무리한 하청 단가 인하의 원인으로 수요자 독점 즉 전속거래를 거론한다.[11] 즉 특정 하청협력업체가 현대차 또는 한국GM 등의 완성차 업체들 중 단 하나의 특정 완성차 업체에만 전속적=독점적으로 납품하는 까닭에 그들 원청 대기업의 부당한 요구에 저항할 수 없다는 것이다. 야권 정치인 및 진보정치 지지자들 역시 이것을 진실로 믿고 있다. 하지만 이러한 진술은 현실에 부합하지 않는다.

먼저, 1997년 말 외환위기 이후 김대중 정부가 재벌개혁과 함께 대대적인 시장개방에 나서면서 납품업체들의 전속거래(독점거래)가 크게 감소했다.((표 4) 참조) 자동차 산업의 경우 1997년까지만 해도 현대차, 대우차 등 자동차 7개 완성차 업체에 납품하는 1,079개의 1차 하청협력업체들 중에서 단 하나의 완성차 업체에만 납품하는 전속거래 기업이 70%에 달했다. 그런데 김대중 정부 말기인 2002년에는 그러한 전속거래 비중이 50.4%로, 2010년에는 48.5%로 떨어졌다.[12]

예컨대 앞에서 본 ㈜SL의 경우 오늘날 현대차와 기아차만이 아니라 독일의 폭스바겐과 BMW, 일본의 토요타, 미국의 포드 등에도 자동차용 헤드라이트 세트를 납품하고 있다. 그리고 이렇듯 납품처를 국내외로 다변화하는 데 성공한 하청협력업체들의 경우 당연하게도 협상력이 높다. 물론 자동차 1차 협력업체들의 납품선 다변화에는 보쉬와 지멘스, 델파이 등 해외 부품 전문업체들이 한국의 1차 협력업체들을 1997년 외환위기 이후 헐값에 인수하여 진출하고 기존의 전속거래를

---

11 예컨대 다음의 연구를 참조. 위평량 (2011), "대기업과 중소기업(하도급기업 및 일반중소기업) 간의 경영격차 분석과 시사점", 〈경제개혁리포트〉 2011-26호, 경제개혁연구소.

12 정세은·정승일 (2012), "자동차 산업의 원하청 관계 실태 조사와 개선과제-1차 협력업체를 중심으로", 국회입법조사처 정책용역 연구보고서.

거부하면서 다양한 납품선을 개척한 것도 작용했다.

납품처 다변화의 사례 : 대성전기

(…) 대성전기는 1973년 20여년간 삼성전자와 LG전자에 가전제품용 스위치를 공급하며 성장했지만 1998년 국제통화기금(IMF) 사태 여파로 경영여건이 나빠졌다. 당시 글로벌 자동차 부품업계 1위였던 델파이로부터 투자를 유치해 부가가치가 높은 자동차 부품 전문업체로 재탄생했지만 단일화된 제품군과 한정된 거래처로 성장 한계에 다시 부딪쳤다. 2008년 LS그룹에 인수되면서 자동차 부품 제품군을 확대하고 중국 로컬업체와 글로벌 업체로 거래처를 늘리고 대기업 시스템을 도입하면서 새로운 도약의 발판을 마련했다. 이후 국내 경쟁업체들이 현대·기아차 납품으로 편하게 성장할 때 중국 로컬 기업과 글로벌 업체로 거래처를 다변화한 것도 고성장의 발판이 됐다. 2008년 당시 90%에 육박했던 현대·기아차 비중은 현재 50% 이하로 내려갔고 중국 자동차 브랜드 35개사 중 상당수 업체를 거래처로 두고 있다. GM, 크라이슬러, 아우디, 닛산, 폭스바겐 등 글로벌 자동차업계에도 납품을 하고 있다. (…)

대성전기는 현대·기아차 납품 비중을 줄이면서도 현대·기아차 물량에 이상이 없도록 하기 위해 칭다오 공장과 우시 공장을 거래처별로 전문화하는 시스템을 도입했다. 칭다오 공장은 현대·기아차와 일본 업체 납품을 특화했고 우시 공장은 중국 로컬 업체와 글로벌 업체 납품을 담당하고 있다. 우시 공장은 거래처의 수요에 즉각적으로 대응하기 위해 부품 설계팀을 따로 꾸려 중국 현지 고객 저변을 넓히고 있다. 지영도 대성전기 우시 법인장은 "현지 고객들의 수요에 맞춰 부품을 즉각적으로 생산하기 위해 현지에 부품 설계팀을 따로 꾸려 운영하고 있다"며 "경쟁사보다 단가가 비싸지만 품질이 안정돼 있는데다 즉각적인 대응이 가능해 중국 고객들이 많이 찾고 있다"고 말했다. (…)

대성전기는 국내외 전체 매출액이 8,000억 원 수준이지만 중국 사업 확대로 앞으로 2020년까지 1조5,000억 원의 매출을 달성하겠다는 계획이다. 《서울경제신문》 2016년 5월 30일자)

원청 대기업의 하청 갑질이 악화되는 이유

그런데 홍장표 등은 이러한 납품선 다변화에도 불구하고 중소 하청 업체들의 상태는 1998년 이후 더욱 악화되었다고 주장한다. 사실이다. 왜 그럴까? 그들은 두 가지 이유를 제시한다. 첫째, 부품조달 하도급 계약에서 경쟁 입찰이 본격 도입되어 시장경쟁이 격화되었다. 둘째, 복사발주(複社發注) 즉 하나의 부품을 하나의 납품업체가 독점적으로 납품하는 것이 아니라 2~3개의 납품업체가 동시에 납품하는 관행이 새로 생겼다. 이 두 가지 이유로 부품의 하청 생산납품업체들의 협상력이 더욱 낮아졌다는 것이다.

그런데 수의계약이 아닌 경쟁 입찰의 관행을 이제 와서 되돌릴 수는 없는 노릇이다. 뒷돈이 오갈 수 있는 불투명한 수의계약보다 경쟁 입찰이 훨씬 투명하고 완전경쟁 시장 모델에 가깝기 때문이다. 홍장표와 장하성 등 민주·진보 진영의 경제학자들 스스로 지난 20년 동안 "시장 원칙 즉 경쟁시장 원칙이 모든 경제 분야에서 관철되어야 한다."고 항상 말해오지 않았던가?

다만 복사발주에 대해서는 깊이 살펴볼 필요가 있다. 복사발주를 하게 되면 여러 개의 공급·납품 업체들 간에 품질과 기술력, 가격 등을 놓고 경쟁이 벌어진다. 경쟁적 시장 원리가 작동하는 것이다. 이것을 달리 보면, 하청협력 업체들이 납품선을 다변화하는 것에 대응하여 최종 완성재(자동차, 전자) 업체들 역시 조달선을 다변화하는 것으로 해석할 수 있다. '수요독점'이 해체되는 것과 동시에 '공급독점'이 해체되고 있는 것이고, 수요와 공급 양면에서 경쟁적 시장 메커니즘이 작동하는 방향으로 바뀌고 있는 것이다. 이러한 복사발주는 과거부터 있었는데 김대중·노무현 정부 시기의 시장개혁에 따라 더욱 확산되었다. 현대차와 기아차 복사발주율은 1994년에 각각 61.9%, 56.2%였는데 2001년에는 76.8%, 67.2%로 높아졌다.[13]

복사발주에서는 아무래도 단사발주에 비해 부품 납품업체의 협상력이 약화된다. 1개의 회사가 특정 부품을 독점적으로 공급하는 것이 아니라 2~3개의 하청 납품업체들 간에 치열한 경쟁이 진행되기 때문이다. 하지만 현대차와 삼성전자 등 최종 완성재 업체 입장에서는 복사발주를 통해 납품가격 인하 효과를 달성할 수 있으며, 더구나 하나의 납품회사가 해당 부품을 납품하지 못하는 비상사태가 발생할 경우 다른 납품회사의 공급 물량을 늘리게 하여 대응할 수 있다는 장점이 있다.

따라서 복사발주 그 자체를 금지 또는 제한시키는 내용의 규제는 사실상 불가능하다. 게다가 앞서도 말했듯이, 야권의 경제학자들 스스로 김대중·노무현 정부 시기의 시장개혁 시절 이래로 지금까지 일관되게 "경쟁적 시장 원리를 더욱 확대해야 한다."고 주장해오지 않았던가 말이다. 이제 와서 복사발주를 규제하자는 것은 자신들이 그토록 비판해왔던 독점시장으로, 즉 불공정시장으로 복귀하자는 것과 다를 바

---

13 정세은·정승일 (2012), 앞의 연구보고서.

없다.[14]

하청 단가에 대한 국가 규제가 작동하지 않는 이유

요즘 외주하청 계약(하도급 계약)은 대부분 공개경쟁 입찰 과정을 통해 이루어진다. 수의계약이 아니라 여러 납품업체들이 경쟁하는 공개입찰에서 납품업체가 선정되어 계약이 체결되는 것이다. 시장에서 경쟁이 더욱 치열할수록 주류 경제학자들은 더욱 공정한 시장질서라고 부르는데, 이런 의미에서 요즘의 납품시장은 공정한 시장질서에 가깝다고 할 수 있다.

납품업체들은 공개적인 입찰 경쟁에서 납품가격만 아니라 자사 제품의 품질과 성능, 기술력과 신뢰성, 납품 기일 준수 여부 등 다양한 항목별로 높은 점수를 따기 위해 승부를 겨룬다. 원청업체는 이러한 다양한 항목별 점수를 종합적으로 고려하여 하청업체를 선정한다.

공정거래법상 하도급 규제법 강화를 통한 하청 단가 정부 규제가 겨냥하는 목적은 결국 1차적으로 가장 높은 납품가격을 제시한 하청업체가 하도급 계약을 따내도록 원청업체의 구매부서 행위를 규제하겠다는 말이 된다.

그런데 공정한 시장질서란 무엇인가? 보다 낮은 납품 단가를 제시

---

14 그런데도 야권 경제학자들은 국내 완성차 업체들이 생산물시장과 부품시장에서의 독과점적 지위(?)를 이용하여 완성차 판매가격과 부품 조달 가격의 결정을 주도하고 과도한 단가 인하를 실시하고 있다고 비판한다. 예컨대 이상호(2010)는 "현대차그룹의 경우 현대차와 기아차를 비롯한 완성차는 물론, 핵심모듈업체인 현대모비스, 현대위아, 그리고 1차 벤더에 속하는 10여개의 주요 부품계열사들이 1, 2차 하청업체에 대한 부당한 단가인하, 임률 강제 및 인하 등을 자행하고 있다."고 주장했다. 그 결과 완성차업체와 부품업체 간의 심각한 수익률 격차가 발생하고 있다는 것이다. 이상호 (2011), "초과이익공유제, 보완대책과 발전방안이 필요하다", 〈초과이익 공유제, 불공정하도급 문제의 해결방안인가?〉, 국회토론회 발표자료(4월 5일)

한 납품업체가 무조건 하청 계약을 따내는 것이 공정한(납품) 시장질서는 아닐 것이다. 물론 가장 높은 납품가를 제시한 하청업체를 원청 발주업체가 좋아하는 경우도 있다. 그 납품업체가 다른 경쟁사들에 비해 월등히 높은 기술력과 품질을 보여줄 때이다. 만약 그렇지 않다면 다른 하청업체들이 '불공정 거래'를 문제 삼고 "내가 더 낮은 납품가를 제시했고 더구나 경쟁업체와 품질력과 기술력이 비슷한데 왜 그 경쟁업체가 선정되었나?"고 항의할 것이다. 나아가 "이것은 원청업체 구매부서 임직원과 하청계약을 따낸 납품업체 사장 사이에 뭔가 부정한 거래가 있지 않고서는 설명이 안 된다."고 하면서 원청업체에 엄중한 감사를 요청할 수도 있다.

그래서 '공정시장 경제민주화론자'들은 이런 현실을 고려하여 하나의 해법을 내놓았다. 납품업체들이 서로 경쟁하지 말고 담합하면 되지 않겠냐는 것이다. 즉 특정 부품을 공통으로 납품하는 여러 납품업체들이 서로 담합(카르텔)하는 행위를 공정거래법상 예외적으로 허용하자고 그들은 말한다. 약자인 납품업체들이 하나로 뭉쳐서 담합하는 것을 국가가 허용하고 중소기업협동조합 같은 공공단체가 그 담합체의 하청 계약에 개입하여 중재하면 된다는 것이다. 한마디로 요약하자면, 수요자 독점(원청업체 전속거래)에 대응하여 공급자 독점체를 만들자는 해법이다. 경쟁적 시장질서는 여기서 사라진다.

그런데 이 해법에는 치명적 허점이 있다. 먼저 부품 납품시장에는 국내업체들만 있는 게 아니며 외국계 기업들이 많다. 예컨대 자동차 엔진 전자부품 납품시장에는 국내 기업만 아니라 보쉬와 지멘스, 델파이 같은 다국적 업체들이 있다. 이들 해외 업체들은 납품업체 간 담합(독점)에 가담하지 않을 가능성이 높다. 왜냐하면 자사 제품의 월등한 품질력과 기술력을 내세우면서 오히려 공개적 입찰 경쟁을 해야 국내 경쟁 업체들을 제치고 승리할 수 있다고 확신하기 때문이다. 게다가 만약 보쉬와 델파이 등을 원천적으로 배제한 채 국내 하청업체들 사이의 담합(독점)만을 예외적으로 허용하는 법제도가 국회를 통과한다면 WTO협정 또는 미국 및 EU와의 FTA협정 위반으로 곧바로 제소당할 가능성이 있다.

둘째, 업체 간 담합에서 일반적으로 발생하는 일인데, 담합에 참여한 업체들 중 일부가 배신하여, 원청 대기업과 따로 거래하여 납품 계약을 성사시키는 일이 다반사로 일어난다. 높은 담합 가격(독점가격)보다 낮은 가격을 제시하면 되는 일이니, 이처럼 손쉬운 '배신'도 없다.

셋째, 수출제조업에서는 더 이상 낮은 납품 가격만이 중요하지 않다. 가격만큼이나 중요한 것이 기술적 신뢰성과 품질이다. 홍장표 등 야권의 대기업-중소기업 거래 전문가들은 경쟁 입찰과 복사발주로 인한 하청업체 간 경쟁으로 말미암아 과도한 납품 단가 인하가 일어나고 그것으로 인하여 납품업체들에서 저임금이 야기된다고 비판한다. 부분적으로는 맞지만 부분적으로는 사실이 아니다. 왜냐하면 오늘날 세계 5위의 자동차 회사인 현대·기아차와 세계 1~2위의 전자회사인 삼성전자는 국내외 시장에서 더 이상 중저가품 시장에만 머무르는 것이 아니라 고가품 시장으로도 진출하고 있으며 고가품 시장에서는 품질과 기술력 그리고 그것에 기반을 둔 브랜드 평판이 가장 중요하기 때문이다. 만약 현대·기아차의 K5와 제네시스, 삼성전자의 갤럭시노트와 평판 TV에 사용되는 부품을 납품하는 1, 2차 협력업체들이 그 제품들에 요구되는 높은 수준의 품질기준과 기술기준을 맞추지 못하여 자칫 불량이 발생한다면 대규모 리콜 사태가 발생한다. 이 경우 현대·기아차 및 삼성전자의 소비자 신뢰도 하락과 함께 커다란 영업손실이 발생한다. 지난 8월(2016년)에 발생한 삼성전자 갤럭시노트7의 배터리 화재와 이에 따른 대규모 리콜 사태가 그 생생한 사례이다.

따라서 삼성전자와 현대·기아차 등 글로벌 수출제조업체들은 경쟁입찰과 복사발주에 참여하는 납품업체들에게 높은 수준의 품질 및 기술 기준을 요구하며 그것을 갖추지 못한 납품업체들을 가차 없이 도태시킨다. 저임금 노동력에 의존하면서 낮은 납품가격을 핵심적 경쟁요소로 제시하는 업체들은 탈락하는 것이다. 더구나 삼성전자와 현대·기아차가 출시하는 제품의 기술' 및 품질 수준이 지속적으로 업그레이드되는 까닭에 1, 2차 협력업체들 역시 그것에 발맞추어 자사 제품의 기술 및 품질 수준을 지속적으로 업그레이드해야 한다. 다시 말해서, 현대·기아차와 삼성전자와 보폭을 맞추면서 글로벌 부품업체 수준의 R&D투자와 기술투자, 품질개선 투자에 나설 능력을 갖추지 못한 업체들은 도태되는 경쟁시장 메커니즘이 작동하고 있는 것이다.

1차 하청업체의 기술력 및 협상력 성장의 이유

전자와 자동차, 기계 등 수출 제조업의 1차 하청업체들의 기술력 발전은 그 원청 발주 대기업의 기술개발 전략에 따라 달라진다. 예를 들어 1970년대부터 독자 모델 차종 개발과 독자 기술력 개발을 중시해온 전략이 현대차에 있었다면, GM-대우는 그 반대의 길을 걸어 왔다. 이렇듯 최종재 대기업의 영업 전략과 기술개발 전략이 크게 차이가 나면서 대기업에 납품하는 협력업체들의 기술전략 및 기술력 발전 역시 크게 달라졌다.

예를 들어 현대·기아차의 1차 협력사들을 보자. 이들 업체는 1950 ~80년대 사이에 창업하여 이후 현대차 또는 기아차에 대한 전속적인 부품납품거래를 통해 성장하였다. 성장 과정에서 여러 차례 기술력이 비약적으로 성장하는 계기가 있었다. 첫째 계기는 1980년대에 이들 회사가 자체 기술연구소(R&D연구소)를 설립한 것이다. 둘째 계기는 2000년 초반 이후 현대차와 기아차가 하나로 합쳐지면서 기술력과 품질관리 능력을 중심으로 1차 협력사들이 재편된 일이다. 셋째 계기는 97년 외환금융위기 이후 상당수의 1차 협력사들이 보쉬 등 초국적 자동차 부품업체들에 매각되어 인수된 일이다.

현대차 1차 협력업체들의 기술력 및 품질력 발전에서 첫째 전환점은 1980년대였다. 이들은 1980년대 중·후반의 시기에 기술연구소를 설립한다. 그 이유는 당시 기아차 또는 GM-대우와 달리 현대차는 독자 설계, 독자 개발한 승용차 모델을 출시하기 시작했고, 그에 따라 현대차가 1차 협력사들에게 독자적인 부품 설계·개발 능력을 갖추라고 요구하였기 때문이다. 이에 반해 1992년까지 미국GM의 자회사였던 대우 자동차는 GM 본사(또는 독일의 GM 자회사인 오펠)가 개발한 설계도면 그대로 한국 공장에서 제조해서 판매하기만 하는 일을 20년간 반복했고 이에 따라 대우(한국GM)도 자신에게 납품하는 1차 부품 협력업체들에게 독자적인 부품 설계와 부품 관련 기술개발 능력의 축적을 요구하지 않았다.

두 번째 비약은 1999년 현대차 그룹이 기아차를 인수하면서 발생하였다. 과거에는 특정 자동차 부품을 현대차에 납품하는 회사와 기아차에 납품하는 회사가 2~3개씩 따로 존재했는데 현대차와 기아차가 하나로 합쳐지는 과정에서 그 4~6개의 협력업체들 중 2~3개만 1차 협력업체로 남고 나머지는 도태되는 방식이었다. 그 과정에서 기술력과 품질관리 능력이 뒤처지는 상당수 협력업체들이 도태되었다.

세 번째 계기는 1998년 외환금융위기 과정에서 상당수의 1차 하청 업체들이 보쉬와 지멘스, 덴소, 델파이, 발레오 같은 해외 선진 부품업 체들에 인수된 일이다. 최고의 기술력을 갖춘 이들 해외 부품업체들이 국내 1차 하청업체들을 직접 인수하여 한국의 자동차 부품 납품업에 뛰어든 것 역시 기술력과 품질관리 능력을 세계적 수준으로 향상시키 는 능력을 갖춘 1차 하청업체들만이 성공하고, 그렇지 못한 회사들은 도태되는 선별적 경쟁 환경을 낳았다.

이러한 세 차례의 계기를 통해 기술력 및 품질관리 능력을 성장시 켜온 1차 협력업체들은 2005년을 전후하여 그간의 전속거래(수요독점)를 해소하고, 이미 확보된 기술력 및 품질을 바탕으로 해외의 포드와 토요 타, 폭스바겐 등 글로벌 자동차 업체들로 납품선을 확대하고 있다.

SL과 한라공조의 사례

㈜SL은 1950년대에 자전거 램프 공장에서 출발하여 1960년대 말부터 는 현대차에 자동차용 전조등과 후미등을 납품하면서 성장하였다. 이미 1960년대부터 독자적인 제품 설계 및 기술력을 확보하고자 노력했고 그 성과로서 이미 1986년부터 미국GM과의 한국 합작회사 설립을 통해 한 국 대우차(GM)에도 제품을 납품하기 시작했다. 오늘날 SL은 자동차 램 프에서 독보적인 기술력을 확보하여 동종 업계 세계 5위권에 이르고 있 다. 현대·기아차의 인도, 중국, 미국 현지공장 설립에 동반진출하여 전세 계 매출이 지난 20년간 급증했다. 글로벌 GM과 포드 등 해외 선진 자동 차 업체들에도 납품하고 있다. 본래 SL은 2008년까지만 해도 현대·기아

차, GM만이 아니라 쌍용차와 르노·삼성차, 미국 포드 등 다양한 회사들에 납품했다. 그러나 소수의 핵심 고객에 집중하는 것이 영업상 유리하다는 자체 판단에 따라 현재는 현대·기아차와 글로벌 GM(독일 Opel, 호주 Holden 포함)에 대한 납품에만 주력하고 있다. 2011년 기준 종업원 수는 국내 1,400명, 해외 7,000명에 이르며 전세계 매출은 2조 5,000억에 달했다. 자전거 램프를 만들던 소기업이 글로벌 중견 대기업으로 성장한 것이다.

한라공조 역시 1970년대부터 현대차에 에어컨을 납품하는 1차 협력 업체로서 성장하면서 독자적인 기술력과 품질력을 발전시켜온 전형적인 경우이다. 오늘날에는 자신의 대주주인 미국의 비스티온보다도 더 우수한 기술력과 품질, 가격 경쟁력을 가지고 있다. 물론 자동차 에어컨업계 세계 1위인 일본 덴소와의 격차는 큰데, 세계 2-4위인 델파이와 비스티온, 발레오과 경쟁하면서 최근 10년간 계속 성장하였다. 미국 델파이(GM 자회사)가 미국 GM과 함께 위축되고 미국 비스티온(과거 포드 자회사) 역시 미국 포드의 실적 부진과 함께 매출 부진을 겪는 와중에 한라공조는 세계 2위의 자동차 에어컨 납품업체로 도약하였다.

한라공조는 현대·기아차의 해외 진출에 동반진출하여 매출과 수익이 크게 약진하여 2012년 매출이 4조 원에 달했다. 2014년 매출은 5조 4,000억이며 매출의 절반이 유럽의 자동차 회사들에 대한 납품에서 발생했다. 2010년부터 한라공조는 현대·기아차에 대한 매출 비중을 총매출의 50% 아래로 낮추고 폭스바겐 등 유럽 업체들에 납품하려 노력하였다. 목표 달성을 위하여 세계 유수의 자동차 업체들이 요구하는 기술력 및 품질수준을 갖추기 위해 애쓰고 있다. (정세은·정승일(2012), 앞의 연구보고서)

하청협력업체들의 기술력 발전을 돕는 국가 정책

이렇듯 하청협력업체들에서 독자적인 기술력의 발전은 그들이 특정한 원청 발주 대기업에만 의존(수요독점)하지 않고 거래선을 다변화하는 것을 가능케 한다. 납품거래선의 다변화(수요독점 타파)를 통해 기존의 전속납품(수요독점) 계약을 타기하려면, 독자 기술력을 가져야 한다. 과거 전속거래 형태의 부품납품이 관행적으로 나타난 가장 큰 이유가 기술보호 때문이었다. 예컨대 어떤 1차 협력업체가 자신이 생산·납품하는 부품의 기술개발에서 자신의 독자 기술력보다는 원청업체, 가령 현대차로부터의 기술이전(해당 부품의 설계도면 이전을 포함)에 크게 의존했다면, 또는 현대차와의 공동 기술개발이 큰 역할을 했다면, 그 제품에 구현된 기술에 대해 현대차는 일정한 지적 소유권을 주장할 수 있다. 현대차로서는 일부 자신의 기술이 구현된 부품이 다른 경쟁사 자동차업체에 납품되는 것을 반대할 권리를 정당하게 갖게 되는 것이다. 이 경우 해당 협력업체는 현대차 측의 전속납품 계약 요구를 무시할 수 없다.

만약 완성차업체에 대한 기술의존도가 높지 않으며 일찍부터 독자적인 제품개발 능력을 확보한 경우라면 자신의 독자기술이 구현된 부품을 여러 업체들에 동시에 납품할 권리를 확보하게 된다. 독자 기술력에 비례하여 1, 2차 하청업체들의 납품선 다변화가 이루어지는 것이다.

이렇듯 야권 경제학자들이 그토록 비판하는 전속계약의 등장과 소멸, 납품선 다변화 등은 하청업체들의 독자 기술력 및 품질관리 능력에 따라 좌우된다. 하지만 그럼에도 불구하고 야권 경제학자들의 연구와 정책 제안에는 기술력 및 품질관리 능력에 관한 논의가 거의 없다.

만약 하청업체들에서 독자적 기술력의 취약성이야말로 전속거래 현상의 가장 큰 이유라면, 대기업-중소기업 간 불공정 하청거래를 타개하기 위한 효과적인 국가정책은 하청협력업체들의 기술력을 높이도록 정부가 돕는 것이다. 경쟁적인 하도급 입찰 시장에서 정부가 효과도 없는 하도급 규제에 전념하는 것보다 이런 기술력 지원에 나서는 것이 더 효과적이다. 또한 효과적인 것은 하청 중소기업들에서 최저임금 인상과 산업별, 지역별 노동조합 결성을 통해, 그리고 그것을 보장하는 국가정책을 통해, 저임금 착취에 의존하여 가격 경쟁력(낮은 단가의 납품 계약)을 확보해온 하청 기업을 원천적으로 봉쇄해버리는 것이다.

해외 동반진출로 순이익은 증가하는데 영업이익률은 왜 하락할까?

한편 삼성전자와 현대·기아차를 따라 해외에 동반진출한 1, 2차 협력업체들의 경우 해외 현지 생산·판매 활동의 결과가 국내 본사 법인의 회계장부 상에 매출액과 영업이익으로 계상되지 않는다. 따라서 이들 협력업체들의 수익성을 측정하는 기준으로 국내 본사의 영업이익을 취할 경우 이들 업체의 수익성이 과소평가될 위험이 있다. 해외 현지 법인에서 발생한 수익이 국내 본사의 재무제표에 '영업외이익'으로 계상되기 때문이다. 따라서 해외 동반진출이 많은 업체들의 수익성을 측정하려면 영업이익만이 아니라 영업외이익까지 모두 포함하는 수익성, 즉 법인세납부 전 수익 혹은 당기순이익을 봐야 한다.

홍장표와 위평량 등 자유주의적 경제민주화론자들의 연구는 하청협력업체들의 수익성을 오로지 영업이익 기준으로 분석한다. 하청업체 수익성 악화의 지표로 매출액 대비 영업이익 비율이 비정상적으로 낮다는 점을 지적하고 그 이유가 결국은 '못된 재벌 탓'이라는 것이다.[15] 분명 일리가 있는 지적이다. 예컨대 현대·기아차의 1차 협력사들의 영업이익률(매출액 대비)은 비정상적으로 낮으며 2천년대 후반부터 안 좋아진다. 2005년 이전까지는 6~7%였는데 이후에 4% 내외로 떨어졌다. 하지만 국내 법인 본사의 영업이익을 기준으로 하는 분석의 한계는 명백하다. 그들이 전혀 주목하지 않는 점이 있다. 바로 영업외수익이다.

예컨대 우리가 샘플 조사한 7개의 현대·기아차 1차 협력사들의 국내 본사 재무제표에서 차지하는 총수익 대비 영업외수익의 비중은 2005년부터 영업수익의 비중보다 더 커졌다.[16]((그림 7) 참조) 2009년부터는 영업외수익이 영업수익의 무려 3배로 증가하는 현상도 나타났다.

---

15 산업연구원(2009)의 연구 따르면 1998~2008년간 현대차그룹 계열사의 영업이익률은 약 2% 상승하고 순이익률은 약 6% 상승한 반면에 비계열 부품업체들의 경우 영업이익률은 약 2.5% 감소하고 순이익률은 약 1% 감소하였다. 산업연구원 (2009), "우리나라 자동차부품산업의 경영성과 분석과 새로운 성장전략", 〈산업경제정보〉 449호.

전찬호(2010)의 연구에 따르면 현대차그룹 계열 부품사(현대모비스 등)의 매출액은 2008년을 제외하고 꾸준히 큰 폭으로 증가한데 반해 비계열 부품납품업체들의 매출액 증가율이 낮고 2008, 2009년의 경우 큰 폭으로 감소하기까지 했다고 한다. 전찬호 (2010), "현대자동차그룹의 계열 및 비계열 부품업체의 경영성과 비교", 국민대학교대학원 석사논문.

공계진(2011) 역시 현대차그룹 계열 부품회사(현대모비스)의 영업이익은 꾸준히 큰 폭으로 증가한데 반하여 비계열 부품납품회사들의 경우 증가율이 낮을 뿐만 아니라 2003, 2006, 2008년의 경우 감소하였고 특히 2008년에는 -36%를 기록하기도 했다고 한다. 공계진 (2010), "현대자동차 및 삼성전자와 중소부품사 관계 분석", 금속노조 노동연구원 정책자료.

이들 연구는 한결같이, 이러한 현상의 주요 원인은 현대차그룹의 비계열 부품납품업체 수탈 때문인 것으로 보인다고 결론 내린다.

16 정세은·정승일(2012)에서 샘플 조사한 회사들은 에스엘(SL)과 한라공조, 명화공업, 대성전기, 성우하이텍, 화신, 유라이다. 이들 7개 회사의 매출은 2001~2011년 기간 중에 연 20~40%씩 증가했는데 특히 2008년 이후 30% 이상 급증했다. 그 이유는 무엇보다 현대·기아차의 글로벌 매출이 늘면서 현대·기아차에 대한 이들 회사의 납품액이 동반하여 크게 성장했기 때문이다. 예컨대 한 회사의 2007년 매출은 1조였는데 2011년 매출은 2조 7,000억 원으로 늘었다. 엔진냉각 부품(한라공조)과 엔진 전기부품(대성전기), 엔진 등의 전기배선(유라), 그리고 파워트레인-샤시 관련 프레스 부품(성우하이텍, 화신)에서 2001~2011년 기간 중에 매출액이 4~6배 늘었다. 이들 회사들은 공통적으로 "지난 12년간, 특히 2007~2011년의 4년간은 현대·기아차가 요구하는 물량을 국내외 생산공장에서 제조하여 납품하기도 힘들 정도였다. 그래서 설비투자, 특히 해외공장들 설비투자를 크게 늘렸다."고 진술하고 있다. 한국GM과 르노삼성, 쌍용차와 그 협력업체들의 경우 이런 현상이 관찰되지 않았다.

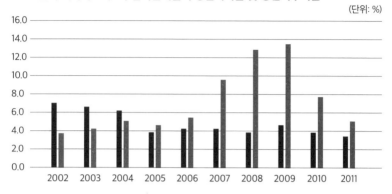

그림 7 **현대·기아차 7개 1차 협력업체들의 영업이익률 및 영업외수익률**

(단위: %)

■ 영업이익/매출액 ■ 영업외수익/매출액

주: 매출액 대비 비율 | 자료: KIS-Value, 정세은·정승일 (2012)에서 재인용.

2009년부터 나타나는 영업외수익 증가는 2009년 이후 현대·기아차의 해외 현지 공장 매출 확대와 그에 따른 1차 협력사들의 해외 현지법인 (생산 공장) 매출 확대 이외에 다른 요인으로 설명하기가 힘들다.

한 기업의 수익은 영업이익과 영업외수익의 합이며 그 합계는 회계장부에 '법인세 납부 전 수익'으로 표기된다. 현대·기아차의 1차 협력업체인 7개 회사들의 '매출액 대비 법인세 납부 전 수익'의 비율은 2008년 이전까지 7~9%였다. 사실 이것만 해도 야권 경제학자들이 지적해온 낮은 수준의 영업수익율 4% 내외보다 훨씬 높다. 게다가 그것은 2009년에 15% 수준으로 폭등한다. 2010년 이후에도 7~9% 가량이다.((그림 8) 참조)

해외 현지 법인에서 발생한 수익을 국내 본사 회계장부의 '영업외수익'으로 기록할 때는 여러 하위 항목으로 나뉜다. 첫째는 해외 법인에 대한 국내 법인 본사의 지분 출자에 비례하여 해외 법인에서 발생한 순

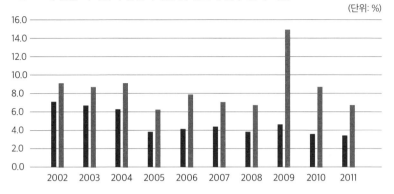

그림 8 **7개 샘플 회사들의 영업이익률 및 법인세 납부 전 수익률**

(단위: %)

■ 영업이익/매출액 ■ 법인세 차감 전 수익/매출액

주: 매출액 대비 비율 | 자료: KIS-Value, 정세은·정승일 2012에서 재인용.

이익을 계상하는 '지분법 평가이익'이 있다. 둘째는 해외 법인에서 사용된 본사 소유의 설계도면과 각종 지식재산권(생산기술, 브랜드의 사용권)과 관련되어 발생한 로열티(royalty) 즉 '수수료 수입'이다.

해외 법인 생산공장에서 매출액과 수익이 증가하면 자동적으로 국내 본사의 회계장부상의 '지분법 평가 이익'과 '로열티(수수료) 수익' 역시 크게 증가한다. 조사한 7개 샘플 기업들의 국내 본사 영업외수익에서 차지하는 지분법 평가이익과 로열티 수수료 수익의 비중은 2005년을 전후하여 크게 증가하는데 영업외수익의 40~80%가 지분법 평가이익과 로열티 수익이다.[17]

17　지분법 평가 이익은 해외법인 자회사만이 아니라 국내 자회사 법인에서도 발생한다. 어느 만큼이 국내 자회사 지분에서 발생했는지 아니면 해외 자회사 지분에서 발생했는지를 알려면 이들 회사의 연말결산보고서와 각 자회사 재무제표를 모두 뒤져야 할 것이다.

애플과 GM, 폭스바겐도 매년 납품 단가를 깎는다

더구나 삼성전자와 현대·기아차 등 재벌그룹 대기업들만 매년 납품 단가를 인하하는 게 아니다. 자동차 산업의 경우 한국GM과 르노삼성, 쌍용차 등 모든 국내 자동차 업체들이 매년 납품 단가를 인하한다. 더구나 미국GM과 독일 폭스바겐 등 해외 자동차 회사들도 모두 매년 정기적으로 납품 단가를 인하한다. 따라서 납품 단가 인하는 삼성전자와 현대·기아차에 고유한 문제가 아니며 따라서 재벌그룹 특유의 문제, 즉 재벌 문제가 아니다.

2008년 이후 세계 대불황의 여파로 매출과 수익성이 낮아졌던 미국GM(그리고 한국GM)과 프랑스 르노(한국의 르노삼성 포함)의 경우 현대·기아차보다 더 가혹하게 납품 단가 인하를 요구했으며, 그런 까닭에 상당수의 국내 1차 협력업체들은 이들 글로벌 자동차업체에 대한 납품을 자진해서 꺼리는 경우도 많다.

그렇다면 글로벌 대기업들은 왜 매년 납품 단가 인하를 요구하는 것일까? 대답은 어렵지 않다. 예컨대 삼성전자와 애플이 생산하는 갤럭시S7과 아이폰7의 경우 신제품 출시 때 출고가와 판매가격이 가장 높고 이후에는 매년 출고가와 판매가가 내려간다. 이것은 한편으로는 그만큼 시장경쟁이 치열하다는 뜻이지만, 다른 한편으로는 그렇게 출고가와 판매가격을 인하해도 별로 손실이 없다는 뜻이기도 하다. 왜 그럴까? 출고가와 판매가격을 매년 인하해도 될 만큼 원가, 특히 제조원가가 매년 낮아지기 때문이다.

애플의 납품 단가 인하 요구와 이를 거부하는 납품업체 간의 대립

오는 9월 아이폰7 출시를 앞두고 애플과 대만의 일부 부품협력사들과의 납품가를 둘러싼 갈등이 증폭되는 정황이 포착됐다. 발주물량을 줄이면서 단가는 더 낮췄다는 주장인데 애플의 위상이 예전 같지 않다는 평가도 나온다.

24일 업계에 따르면 최근 대만 IT전문 매체 디지타임스는 "애플이 최근 수주 동안 아이폰7에 부품을 공급하는 대만 업체들에게 공급 단가를 낮출 것을 요구했다"라며 "전작 아이폰6보다 요청 물량을 30% 줄였음에도 단가를 같은 기간보다 20%가량 낮춰 대만 업체들의 반발을 사고 있다"고 전했다. 애플에 대한 반발은 폭스콘 그룹 산하의 관련 기업들과 어드밴스드 세미컨덕터 엔지니어링(ASE)이 주도하고 있는 것으로 알려졌다. 이들 기업은 애플에 합리적인 이윤 보장 없이는 생산 요청을 받아들일 수 없다고 통보한 것으로 전해졌다.

반면 애플은 스마트폰의 두뇌 역할을 하는 모바일 애플리케이션(AP)을 위탁 생산하는 TSMC와 카메라 렌즈를 양산하는 라간정밀에게는 단가 인하를 요구하지 않았다. 이들을 대체할 회사가 없기 때문이다. TSMC는 이번 아이폰7부터 삼성전자를 제치고 AP물량을 독점하고 있다. TSMC는 또 내년도 차기작 모델에 들어가는 AP도 100% 독점 양산하기로 했다.

애플이 중국 부품사와의 관계를 이용해 대만 업체들을 압박한 것도 불만을 고조시킨 주요 원인으로 보인다. 애플은 최근 대만 기업들에 가격 협상력 우위를 점하기 위해 중국 스마트폰 부품 업체들과의 관계를 강화하고 있다. 중국 부품 업체들을 지렛대로 활용해 대만 회사들에게 지속적인 단가 인하 요구를 용이하게 하기 위해서다. 이에 대해 디지타임스는 대만산 부품과 중국산 부품의 품질 차이를 거론하며 "상식과 맞지 않는 행위"라고 전했다.

애플은 그동안 압도적인 아이폰용 물량을 무기로 협상을 주도해왔다. 게다가 애플은 단일 모델이어서 부품 업체 입장에서도 한번 진입하면 순조롭게 매출을 확대할 수 있었다. 하지만 최근 들어 아이폰의 판매량이 예전만 못하자 애플의 가격 협상력도 줄어든 것으로 풀이된다.

시장조사업체인 캐나코드 제뉴이티에 따르면 애플은 지난해 스마트폰 시장에서 17.2%의 점유율을 차지하고도 전체 스마트폰 업체 영업 이익의 91%를 가져갔다. 이에 대해 디지타임스는 "애플의 구매 정책을 재고해봐야 할 때"라고 주장했다." (《News1》 2016년 8월 24일자)

그렇다면 왜 제조원가가 매년 낮아질까? 첫째, 대량생산이 진행되고 누적 생산량이 많아질수록 제품 1단위 당 반영되는 고정비용 즉 신제품 개발에 투입된 연구개발(R&D) 비용과 설비투자 비용이 감소한다. 둘째, 대량생산 경험이 누적되는 과정에서 소소한 생산공정 개선이 무수히 발생하여 원료 절감, 노동력 절감, 공정 단순화 등이 가능해지고 그 결과 제품 본래의 성능과 품질을 유지하면서도 제품 1단위 당 제조원가를 낮출 수 있다.

이러한 일은 삼성전자와 애플, 현대·기아차와 폭스바겐 등 글로벌 대기업들만이 아니라 그들에게 납품하는 1차 협력업체들에서도 동일하게 발생한다. 즉 하청협력업체들 역시 매년 제조 원가 및 납품 원가를 낮추어도 별로 손해가 발생하지 않는다.

그런데 이와 같은 제조 원가 절감은 아무 협력업체나 할 수 없고 오직 기술능력과 품질능력을 갖춘 업체들만 할 수 있다. 왜냐하면 원가 절감과 그것을 기반으로 하는 납품가 인하를 시행하더라도 납품되는 제품의 품질과 기술성능 기준을 희생해선 안 되기 때문이다. 2016년 9

월 초, 삼성전자는 야심적으로 새로 출시한 갤럭시노트7의 내장 배터리에서 화재가 발생하여 폭발하는 사건이 잇따르자 이미 판매된 250만대 제품의 전량 리콜과 새 제품으로의 교환을 결정했다. 이 과정에서 삼성전자에 대략 3조 5,000억의 손실이 발생했다고 언론은 보도했다. 삼성전자 휴대폰 부문 1년 수익의 1/4 가량이 날아간 것이다. 배터리를 납품한 회사는 삼성그룹의 계열사인 삼성SDI이고 이 손실의 상당 부분은 삼성SDI가 담당해야 할 것이다. 만약 삼성전자가 아니라 팬택 또는 LG전자 핸드폰에서 동일한 문제가 발생했다면 이들 회사와 그리고 납품업체가 도산할 만큼 위험한 손실액이다. 수조 원에 달하는 막대한 교환 비용보다 중요한 것은 소비자 신뢰도이다.

대당 가격 100만 원의 핸드폰에 비해 대당 가격이 수천만 원에 달하는 자동차에서는 리콜이 발생할 경우 훨씬 더 큰 영업 손실이 발생한다. 자동차 업종에서 가장 큰 비즈니스 리스크 요인이 리콜 사태라고 해도 과언이 아니다. 만약 1차, 2차 협력업체들이 잘못된 품질 및 성능의 부품을 납품하였을 경우 대규모 리콜 사태가 발생한다. 2009년과 2010년 토요타 자동차는 가속 페달과 브레이크의 기술적 결함을 은폐한 사건으로 미국만 아니라 유럽과 아시아에서도 수백만 대의 승용차를 리콜했고 엄청난 영업 손실을 입었다. 가속 페달과 브레이크를 공급하는 납품업체의 잘못이라는 토요타의 주장과 그렇지 않다는 납품업체의 주장이 맞섰고 그 사이에 토요타 자동차의 판매는 급전직하했다.

이 사건 이후 현대·기아차도 품질 관리의 중요성을 다시 확인하면서 '품질을 희생하는 가격 인하(따라서 납품가격 인하)는 절대 불가'라는 경영 방침을 확고히 유지하고 있다. 한국GM과 르노삼성과 쌍용차, 그리고 세계 유수의 자동차 회사들 역시 마찬가지이다.

제품 본연의 품질과 기술적 성능을 그대로 유지하면서 제조 원가(납품 단가)를 낮출 수 있어야 하는데 이를 위해서는 제조과정 및 물류 등에 투입되는 각종 원자재와 노동력, 소모품 등을 절약하는 기술개선 및 경영효율화 능력이 핵심적인 관건이 된다. 그리고 이것은 낮은 임금의 비숙련, 비정규 노동자를 대량으로 채용한다고 해서 해결되는 사안이 아니다.

대기업이 계약서를 준수하지 않는 이유

그런데 삼성전자와 현대·기아차도 납품 단가를 매년 요구하고 해외의 글로벌 대기업들도 마찬가지라면, 아무런 차이가 없다는 것인가? 그렇지는 않다. 예컨대 자동차 산업의 경우, GM과 포드, 폭스바겐, 토요타 등 글로벌 자동차 업체들은 설령 납품 단가 인하를 요구하더라도 그 인하 요구를 사전에 계약서에 명시한다. 대표적으로 한국GM 또는 르노삼성의 경우 국내 1차 협력업체들과 부품 조달 계약을 체결할 때 미리 계약서에 해당 부품의 대량생산 개시 이후 매년 몇 %씩 납품 단가를 인하할 것인지를 명기한다. 예컨대 대량생산 개시 이후 매년 3%씩 납품 단가를 인하하자고 명기한다. 그리고 양자는 그 계약서의 약속을 서로 지킨다.

물론 현대·기아차의 경우에도 그렇게 사전에 계약서에 명기하지만 계약서 내용과 달리 행동하는 경우가 많다. 즉 계약서에 사전에 명기된 것과는 다른 폭의 납품 단가 인하, 또는 더 이른 시기에 납품 단가 인하를 요구하는 것이다.

계약서대로 행동하지 않는 한국 대기업들의 행태에 대해서는 네트워크(network) 이론에 의해 설명할 수 있다. 예컨대 삼성전자와 현대·기아차에 납품하는 국내 1차 협력업체들의 경우 이미 20~40년 전부터 지속적으로 납품해왔다. 따라서 삼성전자와 현대·기아차와 1차 협력업체들 사이의 관계는 순수한 시장적 거래 관계, 즉 '거리두기 관계'(arms' length relationship)가 아니다. 그렇다고 해서 그들이 하나의 기업그룹에 속한 계열사들 사이의 관계, 즉 위계질서(hierarchy)로 묶인 계열사들의 내부거래도 아니다.[18] 이렇듯 시장적 거래 관계도, 위계질서적 거래 관계도 아닌 장기지속적 거래 관계를 일본의 경제학자 아오키는 '네트워크 질서'라고 불렀다.[19]

네트워크적 거래 관계에 있어 가장 중요한 것은 신뢰이며 신뢰란 계약서에 명기되지 않은 암묵적, 비문서적 형식의 거래가 다방면에서 일어난다는 것을 의미한다.

현대·기아차와 삼성전자, LG전자 등에 납품하는 납품공급 계약의 경우 겉보기에는 경쟁적 공개입찰에 의해 체결되기 때문에 겉보기에는 순수한 시장적 거래 관계인 '거리두기 관계'에 가깝다. 특히 현대차는 10년 전부터 1차 협력업체들과의 전속거래를 공개적으로 거부하고 있다. 즉 30~40년 전부터 함께 성장해온 1, 2차 협력업체들에게 다른 자동차 업체로의 납품을 공개적으로 권장하고 있다.

그렇지만 경쟁적 공개입찰에도 불구하고 실제로는 기존의 국내 1

---

18 일본의 토요타와 닛산 등 자동차 회사에 납품하는 1차 협력사들의 경우 한국에서와 같은 불공정 거래 시비가 별로 없는 것으로 알려져 있다. 예컨대 토요타에 납품하는 상당수의 1차 협력사들의 경우 그들의 소유지분의 일정 부분을 토요타가 가지고 있다. 즉 토요타와 1차 협력사들 사이에 계열사 관계가 존재하는 것이다. 우리나라에서는 이런 경우 공정거래법상 대기업집단 규제가 그 1차 협력사들에게도 적용되는 까닭에 일종의 처벌적 규제가 적용된다.

19 Aoki, M (1988), *Information, Incentives, and Bargaining in the Japanese Economies*, Oxford: Oxford University Press.

차 협력업체들이 공개입찰에서 탈락하는 경우가 별로 없다고 한다. 현대·기아차의 부품 공개입찰 경쟁에 미국과 일본, 유럽에서 온 세계적으로 유수한 부품 납품업체들이 참여하는데도 불구하고 기술력과 품질 관리 능력, 납품가격이라는 3가지 주요 기준을 놓고 진행되는 선별 과정에서 국내 협력업체들이 탈락하는 일이 거의 없는 이유는 무엇일까?

첫째, 기술력과 품질능력, 납품가격이라는 세 가지 기준을 놓고 보더라도 이제는 국내 1차 협력업체들이 해외 선진국의 부품납품업체들과의 경쟁에서 뒤질 것이 없다.

둘째, 현대·기아차는 계약서에 사전에 명시되지 않은 사항을 자주 1차 하청업체들에게 요구하는데 그간 30~40년간 신뢰를 쌓은 국내 협력업체들은 그 요구에 즉각 반응한다. 반면에 해외의 선진 부품납품업체들은 그렇지 않다.

예컨대 미국GM의 경우 신차 개발에 보통 30개월이 걸리지만 현대·기아차의 경우 20개월 미만이다. 대개 신차종 개발과 동시에 자동차에 장착될 부품의 개발 및 납품계약이 진행되는데, 해외 선진국의 부품납품업체들의 경우 20개월 이내에 신차종에 필요한 새로운 부품의 설계와 개발, 납품을 준비할 능력이 없다고 한다. 왜냐하면 현대·기아차가 원하는 기간 내에 새로운 차종에 맞는 신종 부품을 설계하고 개발하려면, 1차 협력업체의 기술자들과 기능공들이, 현대·기아차의 기술자 및 기능공들이 그러하듯이, 야간 근무와 주말 특근도 마다하지 않으면서 불철주야 매달려야 하는데, 미국과 유럽, 일본 등 선진국의 부품납품 업체들은 그렇게 하지 않는다는 것이다. 선진국 업체들의 경우 법률에 명기된 1인당 근로시간 상한선과 고용계약서에 명기된 근로규칙을 준수하기 때문이다.

이에 반해 한국 업체들은, 자동차 업체나 1, 2차 협력업체나 할 것 없이, '시키면 시키는 대로' 불철주야 일하는 관행이 사무직과 관리직, 기술직과 현장직에 정착되어 있다. 이것이 국내 1차 협력업체들 스스로가 말하듯이, '한국인 특유의 경쟁력'이다.

게다가 미국 및 유럽의 완성차 업체들과 달리, 한국과 일본의 자동차 업체들은 신차종 개발 착수와 동시에 협력업체들도 그 신차종 개발에 함께 참여하는 공동R&D, 이른바 게스트 엔지니어링(guest engineering)을 실시한다. 공동 R&D 과정에서는 기술적으로 민감한 정보를 서로 공유하게 되며 그 과정에서 창출되는 기술지식에 대해 나중에 법률분쟁이 발생할 가능성이 있다. 그런데 공동R&D와 같은 공동 기술개발과 기술협력의 경우 사전에 모든 것을 계약서에 명기할 수 없다는 위험이 발생한다. 따라서 한국과 일본에서처럼 자동차 업체와 1차 협력사 간에 공동R&D가 진행되는 경우, 미국 및 유럽에서처럼 '거리두기 거래' 즉 완전한 시장적 거래는 불가능하고, 일종의 네트워크 거래가 형성된다.

더구나, 제품개발 이후 대량생산이 시작된 이후에도 현대·기아차는 1차 협력업체들과 긴밀하게 협조하면서 제조원가 절감과 품질개선을 위한 각종 기술지원을 제공하는데, 이 역시 일일이 계약서에 사전에 명기할 수 없는 부분이다. 이것 역시 현대·기아차와 1차 협력업체들의 관계가 겉으로는 거리두기 형태의 시장적 거래나 실제로는 네트워크형 거래임을 보여준다.

저임금 착취에 주력하는 하청협력업체들

지금까지 우리는 삼성전자와 현대·기아차로 대표되는 수출제조업의 1차 하청협력업체의 경우 이미 글로벌 대기업으로 성장했으며 여기에는 원청기업과 하청기업 간에 해외 동반진출과 제품 및 생산공정의 공동 기술개발 같은 다양한 동반성장 투자가 있었다는 점을 보았다. 그리고 이들 1차 하청협력업체의 경우 기존에 알려진 바와 달리 수익성(영업외수익을 포함한)에서도 상당히 양호하다는 점을 보았다.

하지만 2차 이하 하청협력업체들의 경우 이야기가 다르다. 2차~4차에 이르는 하청협력업체의 다수는 자체적인 제품개발 능력을 갖지 못하고 있으며, 대부분 자체적인 연구개발 센터조차 갖고 있지 못하다. 이들은 1차 하청협력업체가 가지고 온 설계도면대로 부품을 가공·제조하여 납품하는 비즈니스 모델을 가지고 영업한다. 따라서 이들의 거의 유일한 경쟁력은 저임금의 노동력을 잘 확보하고 관리하는 데 있다. 저임금의 비숙련 노동력으로 저부가가치 제품을 가공·생산하여 납품하는 이들 하청업체들은 비즈니스에서 치열한 시장경쟁에 직면한다. 왜냐하면 기술력과 품질능력이라는 시장 진입 장벽이 없거나 약한 까닭에 경쟁업체들이 손쉽게 저임금의 노동자들을 채용하여 해당 분야로 새로 뛰어들기 때문이다. 이런 까닭에 이들 하청협력업체들은 대기업으로 성장하는 것이 매우 힘들고 중소기업에 머물 수밖에 없다.

야권의 경제민주화론 경제학자들이 지적하는 대기업-중소기업 간 불공정거래가 실제로 발생하는 것은 이들 하위 하청업체들의 경우가 대부분이다. 저부가가치 제품을 생산하는 이들 업체의 영업이익은 낮으며, 기술력과 품질력이라는 진입장벽이 없는 까닭에 수요 발주업체의 무자비한 납품 단가 인하에 굴복할 수밖에 없다. 납품 단가를 무자비하게 깎일지라도 그것을 거부할 경우, 다른 경쟁업체에 물량을 빼앗기게 될 것이기 때문이다.

동반성장론자들이 제기하는 대·중소기업 간 격차와 불평등 심화 문제는 이들에게서 집중적으로 발생한다. 그런데 과연 이들 2차 이하 하청협력업체서 발생하는 저임금과 낮은 수익성, 낮은 기술력의 문제를 동반성장론자들이 말하듯이 '공정한 하도급 질서 확립'을 통해 해결할 수 있을까?

물론 일부는 가능할 수도 하지만 그 해법의 한계와 범위는 명백하다. 앞에서 보았듯이, 삼성전자와 현대·기아차의 하청 단가를 국가가 규제하여 인위적으로 높이는 트리클다운을 제아무리 동반성장 국가 정책으로 추진해봐야, 연간 확보되는 액수는 겨우 연 7.6조 원이다. 2차 이하 하청협력업체 노동자들의 월급을 150~200만 원 수준에서 300~400만 원 수준으로 높이는 데 태부족인 것이다. 그렇다면 어떤 대안이 가능할까? 이에 대해서는 다음 장에서 이야기하자.

12 기업 간 상거래 계약으로 위장된 저임금 노예계약

앞의 11장에서 보았듯이 수출제조업에서와 달리 내수산업 특히 내수 서비스업 업체들의 경우 원청 대기업의 수익률은 현저하게 높은데 1차 하청협력업체의 수익률은 기이할 정도로 낮다. 또한 이들 내수업종의 1차 하청협력업체들의 다수는 별다른 기술력 및 품질력이 필요 없는 제품과 서비스를 납품하고 공급한다.

저임금이 하청·외주 계약 시장에서 주요한 경쟁력 요인이 되는 것은 건설과 유통, 통신, 시스템통합과 같은 내수산업이다. 이들 업체에서 최대의 경쟁력 요인은 기술능력 및 품질능력이 아니라 노동자의 인건비를 낮추는 능력이다. 물론 전자와 자동차, 기계, 조선 등 수출제조업 업종에서도 2차 또는 3차 이하 하청납품의 경우 기술력과 품질력은 비슷비슷하게 낮으므로 누가 더 저임금의 노동력을 약탈적으로 갈취하여 저가로 납품할 수 있느냐가 핵심 경쟁력이 되는 일이 다반사이다.

따라서 이렇게 말할 수 있다. 이들 업종과 하청에서 나타나는 납품 또는 외주 계약은 형식상으로는 '법률상 독립적인 업체들' 사이의 '상거래 계약'이지만 실질적으로는 저임금 노동력을 착취하기 위한 '위장된 근로계약' 즉 노예계약이다.

노예계약의 대표적인 사례가 건설업이다. 우리가 주변에서 흔히 목격하는 저임금의 건설 현장 노동자들은 다단계 하도급이 기술력 및 품질력 향상과 거의 무관하며 악질적 간접고용 즉 '상거래 계약의 가면을 쓴 저임금 착취 근로계약'이라는 사실을 잘 보여준다.

통상 한국의 건설 사업에서는 발주처가 발주를 하면 현대건설, 삼성물산 등 종합건설회사들이 공개경쟁 입찰에 참여하여 그 중에서 가장 적은 금액을 적어낸 회사가 시행사를 맡는다. 이것을 최저가 입찰 제도라고 부른다. 그런데 이들 종합건설회사들은 자기 회사의 노동자들을 데리고 직접 그 건설업무를 수행하기 보다는 토목, 방수, 설비, 전기, 인테리어 등 각 분야별 전문 건설업체인 1차 하청업체들에게 하청을 준다. 여기까지는 합법이다.

그러나 전문건설업체인 1차 하청업체가 직접 자기가 고용한 정규직 노동자들을 데리고 공사에 나서는 경우는 드물다. 1차 하청업체들은 프리랜서처럼 활동하는 팀장급 인력들을 보유하는데, 팀장급은 자신과 함께 일하는 10~30여 명을 데리고 다닌다. 이들 팀장급 인력이 바로 2차 하청업체 사장이라고 할 수 있다. 이들은 자기 팀에 목수와 철근공, 비계공 등 30명 정도를 거느리고 있다. 이들 팀장은 하도급 계약의 중간에서 수익금을 챙긴다. 이들 팀장은 자신이 직접 데리고 다니는 인력으로도 부족하면 다른 사람들도 채용한다. '오야지'라고 하는 더 작은 팀장을 부르거나, 여의치 않으면 인력회사에 날품팔이 인력을 요청

한다.

건설업계에서는 저임금 착취가 발생하는 이유를 다음과 같이 설명한다. 먼저 최저가 낙찰 방식이기 때문에 시행사인 종합건설회사에서 인건비를 넉넉히 책정받기 어렵다. 둘째로, 다단계 하청을 거치면서 각 단계의 하청회사 업주가 자기 나름의 수익을 제하고 (물론 이 역시 갈수록 적은 수익성으로) 재하청을 주기 때문에 각 단계 하청회사 노동자의 임금이 매번 10~20%씩 깎인다. 1차 하청업체(전문건설업체)가 자기 회사 노동력을 정규직으로 고용하면 노동자 임금과 안전설비에 더 많은 돈을 쓸 것이다. 하지만 그들은 절대로 그렇게 하지 않는다. 다시 2차, 3차 재하청을 주게 되고, 그렇게 아래로 내려가면서 그 중간 단계 업체사장들이 매번 5~10% 수익을 남긴다. 그 결과 건설업계 전반에서 임금과 안전 수준이 낮아진다. 이것이 바로 우리나라 건설현장에서 OECD 최악의 산업재해가 발생하는 까닭이다.

삼성SDS는 어떻게 삼성동물원을 운영하면서 약육강식하나

산업 현장의 밑바닥에서 일하는 노동력이 다단계 하청을 통해 갈취당하는 또 다른 대표적인 업종이 IT서비스업으로서 소프트웨어 개발이 전형적이다. 삼성SDS, LG CNS, SK C&C 같은 대형 IT서비스업체들은 정부기관 등 발주처로부터 대형 소프트웨어 개발 프로젝트를 수주한다. 그리고는 그 개발 사업의 각 요소들을 여러 개로 쪼개어 다수의 외주업체에 아웃소싱한다. 그 과정에서 2차, 3차 하도급 계약이 이뤄지는데, 이 때문에 본래의 개발 프로젝트 비용의 상당액이 중간 수수료 즉 중간착취로 빠져나간다. 따라서 실제의 소프트웨어 개발 현업에서 근무하는 개발자의 손에 들어가는 임금과 보상은 크게 줄어든다.

IT서비스 분야에 종사하는 개발자들은 이 같은 하도급 관행이 소프트웨어 개발업계에 만연한 저임금과 고용불안, 과중한 업무의 궁극적 원인이라고 이구동성으로 비판해왔다. 벤처기업가 안철수가 갑자기 2012년에 대선 후보급 정치인으로 뜨게 된 것도 2010년 당시 청춘콘서트에서 '삼성동물원'을 비판하면서 삼성SDS 같은 소프트웨어 발주 업체의 불공정한 하청 관행을 비판하면서부터였다.

한국의 소프트웨어 개발은 건설업과 자주 비교된다. '갑을병정'으로 이어지는 하도급 구조에서 그 말단에 있는 '정'은 '주말도 없고 인간 취급을 못 받는 개발자'이다. 슈퍼갑은 삼성SDS와 LG-CNS, SK C&C 같은 대기업들이다. 그들이 하도급을 주면 그 도급(하청) 업체가 다시 재하청을 준다. 갑이 직접 개발하는 건 없고 하청업체가 수행하는 개발 프로젝트를 관리하는 역할만 한다. 슈퍼갑 대기업의 과장들이 자기보다 열 살 많은 하도급 업체 사장한테 막말과 욕설을 할 정도이다. 그만큼 갑을(甲乙) 관계가 심하다.

하도급 계약은 치열한 경쟁 입찰 과정에서 이루어진다. 완전경쟁 시장이다. 수요자(갑)의 숫자는 적은데 을과 병, 정은 우글우글 거릴 정도로 숫자가 많으니 공급자(납품업체)들은 치열하게 경쟁한다. 납품업체들은 서로 눈치껏 가격을 내리고 개발 기간을 짧게 하겠다고 제시한다. 인건비 원가도 못 건지는 저가의 개발 프로젝트인데도 하청업체들은 손해를 감수하고 경쟁 입찰에 참여한다. 최저 가격에 최단 개발 기간을 제시한 외주업체가 그 상거래(하도급) 계약을 따낸다.

완전경쟁 시장에 가까운 외주납품 입찰에서 저가에 낙찰한 하청업체는 원가를 줄이기 위해 인건비를 줄이고 개발 기간을 단축한다. 5명이 5개월에 마쳐야 마땅할 개발 프로젝트에 3명만 투입하거나 5명이 3개월 만에 마치라고 독려한다. 두 경우 모두 근무자들이 야근과 철야를 하지 않고서는 개발을 끝낼 수 없다. 하도급 단계가 늘어날수록 실제 말단의 소프트웨어 개발 인력에게 들어오는 보수는 적어지고 개발자는 저임금과 중노동, 장시간 노동에 시달린다.

그럼에도 불구하고 저임금의 장시간 노동 구조가 유지되는 까닭은 IT를 전공한 20대 백수들이 노동시장에 넘쳐나기 때문이다. 이들은 월급 120만 원만 준다 해도 그 일자리를 찾아 몰린다. 하도급업체 사장들은 학원에서 몇 개월 속성으로 IT를 배운 청년들을 저임금에 부리고, 그들이 이직하면 다시 새로운 개발 프로젝트를 수주하여 새 개발인력을 뽑아 같은 행위를 반복한다. 이렇듯 소프트웨어 개발 인력은 일종의 기간제 단기계약직이고 따라서 건설 현장의 막일꾼들의 처지와 다를 것이 없다. 상거래 계약을 위장한 저임금 착취 근로계약인 것이다.

삼성전자서비스가 수리기사를 갈취하는 방법

SK텔레콤과 KT, LG유플러스 등 통신사에서 인터넷과 IP-TV의 설치 및 수리를 담당하는 기사들, 그리고 휴대전화 판매 매장에서 일하는 근무자들은 모두 SK텔레콤 또는 KT 소속이 아니다. 그들은 모두 1차 협력업체 소속의 종업원들이다. 그런데 SK텔레콤과 KT, 그리고 LG유플러스 같은 통신 대기업들은 이들 하청협력업체에서의 노동력 채용과 인사평가, 작업과정, 교육훈련 등을 하나하나 실질적으로 관리하고 지배하고 있다. 그래서 이들 하청업체의 노동조합들은 '진짜 사장

나와라' 운동을 전개하면서, 하도급 또는 외주라는 법적 외양(상거래 계약)을 취하고 있지만 실제로는 적은 인건비로 노동력을 착취하는 '위장도급'이라고 비판한다. 상거래 계약의 외피를 쓴 노동계약인 것이다.

이와 비슷한 업종이 유선케이블방송의 설치와 수리를 담당하는 이들이다. 집집마다 있는 유선케이블TV 방송업은 1997년 외환위기 이후 시장개혁의 일환인 규제완화와 함께 대기업의 진출이 허용되면서 자유시장화의 길을 밟았다. 이 과정에서 지역의 종합유선방송사업자들이 CJ와 C&M과 같은 대기업에 인수-합병되었다.

유선케이블TV 방송의 가정 내 기기를 설치하고 수리하는 서비스 업무는 CJ와 C&M이 아니라 외주업체 즉 하도급 업체가 담당한다. 이 경우에도 CJ와 C&M 등 유선케이블 대기업들은 이들 외주업체의 노동력 채용과 인사평가, 작업과정, 교육훈련 등을 하나하나 실질적으로 관리하고 지배한다. 그래서 이들 하청업체의 노동조합들도 '진짜 사장 나와라' 운동을 전개한다. 하도급 즉 하청이라는 법적 외양을 취하고 있지만 실제로는 위장일 뿐이며 그 본질은 역시 낮은 임금으로 노동력을 사용하는 노예계약이라는 것이다. 하도급을 위장한 다단계 착취이며 저임금 착취이다.

삼성그룹의 무노조 경영과 결부되어 큰 사회정치적 논란이 된 전자제품 수리서비스의 경우에도 마찬가지이다. 삼성전자서비스는 외환위기 이후 삼성전자에서 분사하여 독립법인이 되었다. 그런데 삼성전자서비스는 삼성전자에서 위탁받은 수리 업무를 자신이 직접 고용한 정규직에게 맡기지 않는다. 대신 그 수리 업무를 다시 외주업체에 위탁한다.

즉 삼성전자서비스센터에서 고객을 대하는 수리기사들은 삼성전자서비스 소속이 아니라 외주업체의 이름으로 채용된 이들이다. 이들은 법적으로는 외주업체에 소속되어 고객의 수리 건을 처리하며, 고객과 삼성전자로부터 지급받은 수리비 수입을 일정 비율로 배분하는 도급제 형태로 일한다. 여기서도 역시 하청업체 사장들에 의한 중간착취가 일어나는데, 그 결과 말단 현장에서 일하는 수리서비스 기사들의 임금이 그만큼 줄어든다. 하청 또는 하도급을 위장한 중간착취이자 저임금 착취이다.

이처럼 통신과 유선케이블방송, 전자제품수리서비스 등 3개 업종에서는 최상위에 있는 SK와 KT, 삼성전자서비스와 CJ, C&M 등의 대기업들이 수리서비스 업무를 하청=하도급 주면서 그 외주업체들의 작업과정과 종업원들을 사실상 지배하고 있다. 법률상으로는 독립된 기업들 간의 상거래 계약이고 따라서 간접지배(간접고용)이지만, 실질적으로는 직접지배(직접고용)이다. 왜냐하면 IT기술이 접목된 업무 프로세스의 표준화와 그리고 IT기술을 이용한 원격 통제에 따라, 맨 위에 있는 원청 대기업은 말단의 수리 및 설치 노동자들의 작업과정은 물론 작업결과에 대한 평가까지 통일적으로 관리할 수 있기 때문이다.[20] 슈퍼갑인 SK와 KT, CJ와 삼성전자서비스 등 원청 대기업의 결정 없이 하청기업이 독자적으로 비즈니스 결정을 하는 것은 한계가 있다.

결론적으로 이들 업종에서의 하청=하도급은 독립기업들 간의 상거래 계약(하도급)이라기보다는 그것을 위장한 근로계약 즉 간접적인 임금노동 계약이다. 그래서 이들 협력업체에서 일하는 종업원들은 '진짜 사장 나와라' 운동을 전개한다. 하청이라는 법적 외양을 취하지만 실제

---

20 전봇대에 올라가야 하는 통신과 케이블방송의 설치와 수리기사의 업무는 위험하다. 그런데도 적절한 안전장비와 보호구가 지급되지 않으며, 업무상 사고가 나도 그 사고처리 비용은 작업자 개인이 부담해야 한다. 결국 위험의 외주화이다.

경제 현실에서는 적은 인건비로 노동력을 착취하는 노예계약의 현실을
비판하고 있는 것이다.

조선업의 사내하청과 불안정 노동자 착취

앞의 10장에서 우리는 조선업의 경우 하청업체들의 수익률 그래프
가 수출제조업(전자, 자동차, 기계)과 내수산업(건설, 통신, 유통, 시스템통합 등)의
패턴 사이에 어중간하게 위치해 있는 모습을 보았다. 여기에는 그럴만
한 이유가 있다.

먼저 조선업은 수출제조업이며 상당한 기술력과 품질력을 확보해
야 선박 수출이 가능하다. 기술과 품질을 관리하는 데 실패할 경우 고
객들은 타국 조선업체로 발길을 돌릴 것이기 때문이다. 그러므로 조선
업의 원청 대기업 조선소(현대중공업, 대우조선해양, 삼성중공업 등)에 납품하는
1차 협력업체들 중 상당수는 자동차산업의 경우와 비슷하게 상당한 기
술력과 품질능력을 갖추어야 한다. 예컨대 유조선과 LNG선 등 초대형
선박에 선수 블록과 선미 블록, 그리고 엔진룸 블록 등을 제작하여 납
품하는 1차 납품업체들은 이들 블록의 특수 제작에 필요한 국제 기준
의 기술력과 품질신뢰성을 가져야 입찰 자격이 있다. 그런 1차 협력업
체들이 예컨대 중앙오션과 DMC, 대창솔루션, 한라IMS 같은 1차 협력
업체들이다.

이들 업체는 현대중공업 등 특정 조선회사만이 아니라 대우해양조
선 등 여러 원청 대기업에도 납품한다. 납품선이 다변화되어 있는 까닭
에 수요독점(전속거래)이 없다고 할 수 있다. 마찬가지로 대형 선박의 방
향타를 제작하여 납품하는 1차 협력업체들도 국제 기준의 기술력과 품

질력을 확보하지 못하면 아예 납품 자격을 부여받지 못한다. 뿐만 아니라, 현장 노동자들에게도 꽤 높은 수준의 임금과 사내복지를 제공한다. 제품의 품질과 기술을 확보하는 것이 저임금보다 더 중요한 경쟁력이기 때문이다.

그런데 조선업에는 건설업의 특성과 비슷한 면이 많다. '조선'을 영어로 ship building이라고 부르는데, 이처럼 배를 건조하는 공정은 건물을 세우는 공정과 비슷하다. 여객선과 크루즈선의 경우 선실 내부 구조가 호텔의 그것과 비슷하므로 조선업과 건설업의 공통점이 더욱 잘 드러난다. 또한 국내외 경기변동에 따라 발주 취소와 납기 연기, 선가 인하, 선종 변경, 대금지불 유예 등 다양한 사업 리스크가 있으며, 높은 고정설비 지출과 정규직 고용의 유지에 따른 리스크도 있다.

이에 원청 조선사들은 건설업에서와 비슷하게 사내하청과 다단계 하청 등 간접 고용을 적극 활용한다. 조선업에서의 하도급 거래 역시 다 그런 것은 아니지만 그 상당 부분이 국제 기준의 기술력 및 품질력을 활용하기보다는 저임금의 단기계약 노동력 활용을 목적으로 하는 것이라고 할 수 있다.

여기서도 다단계 하청의 법적 형태를 띤 저임금 착취가 발생한다. 조선업에서는 건설업과 달리 사내하청 생산이 매우 큰 비중을 차지하는데 사내하청 노동자들의 숫자가 조선소 정규직 근로자의 3.6배에 달한다. 그리고 이들 사내하청 노동자들은 상시적인 고용불안과 차별적인 임금 및 노동조건, 그리고 높은 안전사고 발생(산업재해)에 노출되어 있다.

조선하청노동자 대량해고 저지 시민사회대책위원회는 6일 오전 서울 중

구 프란치스코 교육회관에서 발족 기자회견을 열고 "앞으로 (구조조정으로) 잘려나갈 수만 명 하청노동자들의 고용을 지키려면 특단의 대책이 필요하다"며 "정부에 대책을 마련하도록 촉구하겠다"고 밝혔다.

대책위에 따르면 2014년 12월 기준 현대중공업·삼성중공업·대우조선해양 등 이른바 빅3 조선소에서 일했던 사내하청 노동자는 9만7천여 명이었다. 그런데 올해 8월 말에는 그 수가 8만6천 명으로 줄었다. 조선업 구조조정 논란이 본격화된 1년6개월 사이 1만1천여 명의 비정규직이 일자리를 잃은 것이다. 대책위는 통계에 잡히지 않은 현대삼호중공업·현대미포조선 같은 중소형 조선소들을 포함하면 비정규직 해고자가 2만여 명에 이를 것으로 보고 있다. 비정규직 고용불안 상황은 더 심각해질 전망이다. 조선업 해양플랜트 사업이 종료되는 올해 하반기부터 내년까지 비정규직 5만6천 명에서 6만3천 명이 직장을 잃게 될 것이라는 전망이 나오고 있다. (〈매일노동뉴스〉 2016년 9월 6일자)

하청거래로 위장한 저임금 착취를 원천 봉쇄하는 해법

대·중소기업 동반성장론자들이 말하는 불공정 하청거래 타파의 해법은 두 가지이다. 우선 공정거래법상 하도급 규제 강화와 징벌적 손해배상 등을 통해 다단계 하청의 하위 그룹에 속한 납품기업의 권리와 수익을 보호해주자는 것이다. 그리고 이익공유제 및 성과공유제를 시행하여 맨 위의 원청 대기업에서 발생한 막대한 수익을 그 아래에 있는 하청협력업체들도 일정하게 공유하도록 해주자는 것이다.

이 글을 쓰는 나 역시 공정거래법상 하도급 규제 강화와 징벌적 손해배상의 도입에 찬성하며, 그런 법제도가 하도급(하청) 거래 및 계약의 현실에서 제대로 작동되기를 희망한다. 그러나 앞에서 여러 번 지적했듯이 하청거래의 경쟁시장 환경에서 그러한 정책과 제도들은 잘 작동하지 않는다. 설령 그런 정책들이 원활하게 작동한다 하더라도, 장하성이 《왜 분노해야 하는가》에서 잘 지적했듯이 그런 해법을 통해 하청기업 또는 중소기업에 트리클다운되는 액수는 연 7.6조 원이다. 더구나 이렇게 트리클다운 된 돈이 중소기업 노동자의 임금으로 지급되는 것도 아니다. 중소기업은 인권과 노동권의 사각지대인 경우가 태반이기 때문이다.

한계가 뚜렷한 불공정 납품거래 근절에 비해 보다 직접적이고 보다 본질적인 해법이 있다. 다단계 하청·납품거래의 본질인 은폐된 노사관계의 가면을 벗겨버리고, 아예 저임금 착취가 발생하는 바탕 자체를 없애버리는 것이다.

건설업의 경우 건설업체가 건설노동자를 직접 고용하는 '직접 시공제'를 도입하자는 목소리가 높다. 외주하청을 아예 금지하자는 것이다. 현대건설과 삼성물산 등의 종합건설사와 토목과 설비, 배선 등을 담당하는 전문 건설회사들이 목수와 미장공, 배관공, 전기공 등의 숙련인력을 직접 자기 회사에 정규직으로 채용하여 4대 사회보험에 가입시키고 고용을 안정화시켜야 한다는 것이다. 이 경우 여러 가지 장점이 있다. 먼저, 직접시공+직접고용을 통해 종합건설회사와 전문 건설회사가 목수와 배관공, 전기설비공 등의 건설인력을 직접 정규직으로 채용하는 까닭에 그들의 숙련기능을 더욱 높이도록 유도할 수 있다. 기술력에서 중국에 추월당할 처지에 놓인 우리나라 건설업의 기술 수준을 높일 수 있는 것이다. 또한 우리나라 건설현장에 만연한 부실공사와 안전 불감증을 막을 수 있다.

이렇듯 직접시공-직접고용제 도입은 다단계 하도급의 특징인 낭비적 거래비용, 즉 중간착취를 없애고 그만큼의 돈을 임금인상과 품질 향상, 안전 향상을 위해 사용한다. 미국은 연방정부에서 발주하는 건설사업의 경우 직접시공 의무비율을 30~70%까지 규정한다. 독일 역시 연방정부 차원에서 직접시공 의무비율을 30~50% 원칙을 적용한다고 한다.

현실적으로 일부 공정에서 하청=하도급이 불가피하다 하더라도 1차 하청에 한해서만 인정하고 1차 하청업체는 반드시 직접 정규직 노동력을 자기 회사에 채용하여 공사하게끔 법으로 의무화할 필요가 있다. 또한 그 경우에도 하청업무를 수주할 때 제시한 공사 단가 특히 인건비 단가를 그 이하로 깎지 못하게끔 법제화하여 중간착취를 근절시켜야 한다.

직접시공 및 직접고용 확대를 위한 제도적 개선은 구조적 위기에 직면한 한국의 건설업이 장기적으로 생존할 수 있는 길이다. 서울대 공대 교수들이 공동 집필한 책 《축적의 시간》(지식노마드, 2015)은 한국 제조업의 고도화를 위해서는 숙련 노동력 후계자들의 양성이 필수적이며 특히 조선과 건설업에서는 이것이 절실하다고 지적하고 있다.

요즘 건설 현장에는 20~30대 청년들이 보이지 않는다. 보수가 낮고 일자리가 불안정하여 미래 전망이 안 보이기 때문이다. 그 자리를 중국 교포와 외국인 노동자들이 차지하고 있지만 그들은 언어와 문화의 제약으로 인해 기능과 숙련을 익히기 힘들다. 더구나 그것을 익힐 만하면 자국으로 돌아가기 일쑤다. 이렇게 가다가는 10년 내에 건설회사와 조선소들이 모두 숙련 인력 부족으로 망할 판이다. 지금처럼 종합건설회사와 전문 건설업체, 그리고 조선소에서 15년 이상 정규직이 신규 채용되지 않고 외주 하청업체(사내하청 포함)의 불안정 노동력만 잔뜩 늘리는 환경에서는 목수와 배선공, 비계공, 그리고 용접공 같은 필수적인 숙련공 후속 세대의 양성을 기대할 수 없다. 노동계와 산업계가 공동으로 얼굴을 맞대고 일자리 및 산업고도화 전략을 짜야 하고, 그 일환으로 직접시공-직접고용과 공동의 숙련 정규직 양성 전략을 수립하여야 한다.

건설사(종합건설 및 전문건설)의 직접시공 및 직접고용 확대와 직결된 또 하나의 해법은 건설업 면허를 지금보다 훨씬 엄격하게 제한하는 규제 강화이다. 즉 일정 숫자 이상의 정규직 숙련 인력을 직접 채용하고 동시에 일정한 자본금 이상을 보유한 큰 업체들에게만 건설업 면허를 내주는 방안이다.

물론 이 경우 시장경쟁(여기서는 입찰시장)이 제한되며 따라서 자유시장 원리는 제한된다. 더구나 소규모의 영세한 업체보다는 규모가 큰 업체들에 유리하게 작용한다. 지금은 이런 규제가 없다보니 '인력장사 업체'에 불과한 건설사가 수천, 수만 개 난립하면서 이들이 중간착취를 일삼는다. 조선업에서도 비슷하다. 자유시장 자본주의의 폐해가 적나라하게 나타나고 있는 것이다.

소프트웨어 개발을 주요 업무로 하는 IT서비스 또는 SI(시스템 통합) 경우에도 건설업의 경우와 똑같은 '직접개발 및 직접고용 확대'의 해법이 적용될 수 있다. 이미 2016년 초부터 소프트웨어산업 진흥법 개정안이 시행되고 있는데, 이 법은 정부 및 공공기관이 발주하는 소프트웨어 개발 사업의 경우 그 개발 프로젝트를 수주한 업체(원청업체)가 50% 이상을 '직접 개발'하도록 의무화하고 있다. 개발 업무를 다시 하청-하도급 주더라도 50% 이하만 주라는 뜻이다. 그리고 50% 미만을 수주한 하도급 업체의 경우에도 그것을 다시 재하청 주는 것이 아예 금지되었다.

정부 등 공공부문에서 발주하는 소프트웨어 개발에 한정된 것이지만, 이 법의 시행으로 하청에 재하청으로 이어지는 다단계 중간착취로 말단 현장의 소프트웨어 개발인력들이 저임금과 철야근무에 시달리는 노동환경을 개선할 가능성이 일정하게 생겼다. 이 법안을 발의한 이는 더민주당 청년비례 의원 장하나였다. 그녀의 노력에 갈채를 보내지 않을 수 없다.

물론 이 법은 공공부문 발주에 한정되어 있기 때문에 여전히 부족하다. 더구나 1차 수주 업체가 50% 이상 직접 개발할 것을 요구할 뿐, 그 개발 업무를 수행하는 인력이 반드시 정규직이어야 한다는 요구는 없다. 직접고용 의무가 없기 때문이다. 예컨대 1차 수주업체(가령 삼성SDS) 가 해당 프로젝트 수행을 위하여 2년짜리 비정규직을 대량 채용해도 아무 문제가 없다. 따라서 건설업의 경우와 마찬가지로, 일정 규모 이상의 숙련 정규직을 직접고용할 것을 공공부문 발주 프로젝트의 입찰 자격 요건으로 요구하는 방향으로 개선되어야 한다.

물론 이 경우에도 역시 시장경쟁이 제한되며 따라서 자유시장 원리는 제한된다. 특히 이것은 소규모의 영세한 IT개발 업체보다는 규모가 큰 IT개발 업체들에게 유리하게 작용하는 까닭에 대기업에 더 유리하게 작용한다.

직접시공(건설업) 또는 직접개발(소프트웨어개발)을 법으로 의무화하는 원리는 여타 산업들에도 적용할 수 있다. 특히 통신과 유선케이블방송, 전자제품수리서비스의 3개 업종에서는 원청 대기업인 삼성전자와 C&M 등이 그 하청협력업체 즉 서비스 회사들의 종업원들을 사실상 지배하는 것이 명백하고 하청·외주 계약으로 위장된 근로계약임이 명백하다. 따라서 이들 업종의 경우 원청업체가 직접 정규직으로 고용하도록 의무화하는 것이 진정한 해법이다.

구의역 청년은 왜 죽어가야 했나

2016년 5월 28일, 서울 지하철 구의역에서 고장 난 스크린도어를 수리하던 19살 청년이 사망하는 사고가 발생했다. 값싼 외주 수리 업체를 통해 스크린도어를 설치하고 보수하는 서울 메트로 1~4호선 중 2호선에서만 벌써 세 번째로 일어난 사고였다. 2013년에는 성수역, 2015년에는 강남역에서 비슷한 사건이 일어났다.

근본적인 문제는 본래 서울메트로가 직접 시공해야 마땅한 스크린도어 설치·수리 업무를 값싼 노동력을 사용하는 외주업체에 하청을 준 데서 비롯되었다. 서울시민의 발인 지하철 운행의 안전 관련 업무를 값싼 비정규직 청년을 채용하는 업체에게 맡긴 것이다.

스크린도어의 설치·수리 업무를 선정하는 공개입찰은 최저 입찰가로 진행되며 그렇게 선정된 외주용역업체의 수리기사는 서울메트로의 관리를 받으면서 근무한다. 삼성전자서비스와 C&A 등에서 흔히 볼 수 있는 사태와 본질적으로 동일한 문제가 발생한 것이다.

서울메트로는 서울시 산하의 공공기관이고 현직 서울시장은 박원순이다. 그가 2010년 가을의 선거에서 서울시장으로 선출되기까지 정치적으로 성장하는 데 결정적인 역할을 한 것이 재벌개혁을 중심으로 하는 주주민주주의(주주자본주의) 시민단체 활동이었다. 그런데 "등잔 밑이 어둡다"고, 그는 정작 자신이 시장으로 있는 서울시 산하의 공공기관에 이미 10년 전부터 관행으로 자리 잡은 값싼 노동력의 하청·외주의 문제점에 대해서는 무관심하고 무지했다는 것이 이번 사건으로 드러났다.

공기업인 서울메트로가 책임지고 관리하는 지하철역에서 발생한 비정규직 청년의 안타까운 죽음은 하청·외주라는 법률 형태를 띠고 있는 은폐된 노예계약의 일반적 문제점을 보여준다. 즉 구의역 청년의 죽음은 외주·하청 업체 종업원들이 겪고 있는 터무니없는 저임금과 안전 미비, 비정규직 지위 등의 문제가 재벌 문제 또는 대기업-중소기업의 문제라기보다는 보다 보편적인 문제, 즉 자유시장 자본주의의 본질이라는 점을 적나라하게 보여주었다. 19살 청년을 간접고용 형태로 부려먹은 '진짜 사장'인 박원순 시장이 그의 죽음에 대해 도의적으로 책임을 져야 했던 것도 그것 때문이었다. 법률상의 책임은 면책되는 것이 당연하다고 해도 말이다.

같은 해 2016년 6월 23일에는 에어컨 수리기사가 설치작업 중 추락하여 사망하는 사건이 일어났다. 이 사건에 대해서도 많은 이들은 그 안전사고의 근본 원인 역시 외주·하청의 간접고용에 있다고 지적했다. 업무상 위험은 하청노동자가 짊어지고 경영 위험은 하청업체가 떠안으며, 그 대신 원청 대기업은 안전관리 비용과 경영관리 비용을 절약하는 구조이다. 이 사건에 대해 기술서비스직 노동자들은 "민간에서 일어난 제2의 구의역 참사다," "매일 5명이 꼬박꼬박 산재로 사망한다. 석 달이면 400명이다. 대한민국은 석 달에 한 번씩 세월호 참사를 겪고 있다."고 지적하면서, "위험을 외주화 하는 간접고용 구조를 철폐하라"고 요구했다. (《미디어오늘》 2016년 6월 27일자)

공정한 노사질서가 진짜 경제민주주의

앞서 언급했듯이 성공한 벤처기업인 안철수의 '삼성동물원' 발언은 이명박 정부의 대기업-중소기업 동반성장 정책(위원장 정운찬)과 맞물리면서 세간의 화두가 되었고 그 발언을 밑거름으로 그는 2012년 대통령 선거판에서 혜성처럼 유력한 후보로 떠올랐다.

그의 발언은 삼성SDS나 LG-CNS 같은 재벌계 IT서비스 회사들이 소프트웨어 개발 하도급 거래에서 하청 중소벤처기업들을 혹독하게 쥐어짜는 까닭에 그 업체 직원들이 저임금에 시달리고 있으며 또한 무리한 납품기일을 맞추기 위해 잠도 못 자며 하루 15시간씩 일을 한다는 점을 지적한 것이다. 이 모든 것이 결국 '못된 재벌 탓'이라고 비난했으니 그가 야권 지도자가 되고 '국민의당' 대표까지 하게 된 게 모두 '삼성동물원' 발언 덕택이었다고 해도 과언이 아니다.

그런데 그의 발언의 한계는 뚜렷하다. 소프트웨어 개발 하청회사들 간에 기술력과 품질력에서 별 차이가 없고 주된 경쟁 우위 요인이 어느 업체가 더 낮은 납품가격을 제시하느냐에 있을 뿐이라면, 게다가 납품가 인하의 주된 요인이 인건비 인하라고 한다면, 제아무리 안철수가 대통령이 되어 '하청 단가를 올려라'라고 규제해도 실패할 것이다.

인과관계의 프레임을 뒤집어 생각해 보자. 낮은 하청가격의 하도급 계약을 대통령과 국회가 규제하는 데 주력하는 것이 아니라 거꾸로 중소기업과 벤처업계에 만연한 저임금과 장시간 노동을 규제하여 막는 데 민주공화국이 주력하는 것이다. 대통령과 국회가 나서서 총체적으로 중소벤처기업에서의 노동권 신장과 노동조합 설립, 지역별·산업별 단체협상의 법적 의무화, 근로기준법 준수 감독에 집중하고, 안철수가 대주주인 ㈜안랩 같은 IT 개발회사를 포함하는 모든 중소벤처기업들에서 직원들의 임금이 향후 5년간 단계적으로 올라가게끔 하고 하루 10시간 이상, 주 50시간 이상 근무를 법으로 엄격하게 금지시키는 일에 온 국력을 집중해보자는 것이다.

이 경우 중소벤처기업들의 인건비 부담은 급증한다. 그 부담을 감당 못할 만큼 비효율적이고 생산성 낮은 회사들은 도산하여 더 효율적이고 더 생산성 높은 회사로 인수·합병되면서 회사 규모가 커진다. 그렇게 규모가 커진 IT 개발 회사는 원청 대기업과의 협상력을 높일 수 있다. 꿩(임금인상)도 먹고 알(회사의 협상력 강화)도 먹는 전략이다.

이렇게 하여 IT업종의 모든 노동자들이 산업별·지역별로 똘똘 뭉쳐서 근무시간 단축과 함께 업계 전체의 임금인상, 그리고 '저녁이 있는 삶'을 이루어낼 경우 제 아무리 막강한 삼성SDS와 LG-CNS라 할지라도 과거처럼 낮은 하청 단가를 관철할 수 없다. 왜냐하면 업계 전체에서 저임금과 장시간 노동이라는 대전제가 사라져 버렸기 때문이다. 결국 '삼성동물원에서 벗어나기 위해' 국회와 대통령이 해야 할 일은 한계가 뚜렷한 대기업-중소기업 간 하청 단가 규제보다는 중소벤처기업들에서 노동권 신장과 형제애 정신의 산별노조 운동, 그리고 산별단체교섭의 입법화이다.

IT개발 업종만이 아니다. 자동차와 전자, 기계 등 수출제조업의 경우에도 2차, 3차, 4차 하청업체의 경우 별다른 기술력과 품질관리 능력 없이 주로 저임금의 저숙련 노동력을 고용하여 낮은 임금의 '임가공'으로 승부하는 경우가 다반사이다. 그런데 이 문제를 해결하려고 공정거래법상 원하청 규제를 강화하는 것은 기대난망이다. 그 한계가 너무나 뚜렷하다. 불공정한 시장질서가 아니라 불공정한 노사질서가 모든 문제의 궁극적 근원이기 때문이다.

스웨덴과 프랑스, 독일, 스위스 같은 나라들에는 우리 같은 공정거래법상 원하청 규제가 없다. 그런데도 대기업-중소기업 상생 협력이 특별한 이슈로 제기되지 않는다. 그렇다고 유럽의 벤츠나 에릭슨, 필립스 같은 글로벌 대기업들이 아주 양심적이고 자비로워서 납품 단가를 후하게 쳐주느냐? 절대로 그렇지 않다. 앞서 보았듯이, 그들도 납품 단가를 매년 인하하자고 요구한다. 더구나 가능하다면 더 후려치고 싶어 한다. 자본주의의 냉혹한 시장경쟁 속에서 자비로운 기업이란 살아남을 수 없다.

그렇다면 이들 나라는 어떻게 문제를 해결했을까?

바로 강력한 산별·지역별 노동조합과 산업별, 지역별 단체협상의 법적 의무화를 통해 산업·업종 내에서의 대기업-중소기업 간 임금격차, 즉 노동시장의 이중구조화 문제를 원천적으로 봉쇄한 것이다. 독일과 오스트리아, 네덜란드, 스웨덴과 덴마크 등 서유럽 복지국가의 대부분이 이렇다.

물론 프랑스 같은 나라의 경우 노조 조직률이 낮지만 노사 간 산별 단체협상 결과가 노동조합이 없는 회사들(중소기업들)에도 강제로 적용되도록 의무화하는 법률을 국회에서 제정해 놓았다. 독일, 스웨덴과 비슷한 제도적 메커니즘이 작동하는 것이다.

우리나라 대통령과 국회도 이런 식으로 행동해야 한다. 법적 최저임금을 단계적으로 계속 높이고, 동시에 영세기업과 중소벤처기업을 포함한 모든 회사와 사업장에 형제애 정신으로 상부상조하는 포괄적, 초기업적 노동조합을 조직화하여야 한다. 그리고 민주공화국은 이것을 촉진하고 도와주는 법률을 제정해야 한다.

대공황 시기인 1930년대에 집권한 미국의 루스벨트 민주당 대통령 정부, 같은 시기에 집권한 스웨덴 사회민주당의 한손 총리 정부가 그랬다. 그리고 히틀러 나치당의 패망 이후 독일 민주공화국 역시 그렇게 하였다.

결론.

거대한 전환의 시대,
진짜 경제민주주의를 향하여

이 책이 시종일관 보여준 것은 한국경제에 만연한 불평등의 근원이 전근대적 중상주의 또는 국가주의가 아니라 현대적 시장주의(marketism)에 있다는 것이다. 자유시장에 대한 굳건한 믿음의 체계라고 할 수 있는 시장주의는 서구 역사 속에서 자유주의(liberalism)라고 불려왔다. 우리나라에서는 시장 자유주의라고도 불린다. 시장 자유주의가 옹호하고 정당화시키고자 하는 경제질서가 자유시장 자본주의(free market capitalism) 또는 자유주의적 자본주의(liberal capitalism)이다.

자유주의적 자본주의에 관한 근본적 비판을 제시한 좋은 책이 칼 폴라니의《거대한 전환》이다. 2008년 미국발 세계 금융위기와 함께 시작된 21세기 자유주의 경제질서의 일대 위기 상황으로 말미암아 새롭게 조명받은 이 책에서 폴라니는 자유시장(시장 자율) 원리에 입각한 경제질서란 "도달할 수 없는 유토피아"라고 주장한다. 그는 인간과 자연, 화폐를 상품으로 간주하여 '시장의 자율'에 맡겨두면 결국 근대 계몽주의가 소중히 여긴 인간의 자유와 개성이 일체 파괴되는 커다란 비극이 발생한다고 말한다. 폴라니는 1930년대의 대공황과 그에 이은 대전쟁(2차 세계대전)을 자유주의적 자본주의 경제질서가 붕괴하고 새로운 경제질서가 탄생하는 '거대한 전환'의 과정으로 바라본다.

오늘날 한국과 미국, 그리고 세계는 거대한 전환의 소용돌이 속에 들어가 있다. 8년째 계속되는 세계경제 대불황(Great Recession)은 세계 곳곳에서 정치적 대지진을 낳고 있다. 유럽에서는 영국이 유럽연합(EU)에서 탈퇴했고, 미국에서는 트럼프가 대통령에 당선되었다. 둘 다 1930년대에 나치와 파시스트들이 인종주의와 국수주의를 내세우면서 '좌절하고 분노한 하층민'의 지지를 얻어 집권한 것과 비슷한 현상이다. 프랑스에서도 인종주의적 국수주의 정당인 민족전선(Front National)의 세력이

하층민 백인들 사이에 날로 확장되고 있다. 만약 2017년 프랑스 선거에서 민족전선이 집권 또는 제2당으로 성장하여 프랑스마저 유럽연합과 유로화에서 탈퇴할 가능성이 현실화될 경우, 유럽과 세계의 정치경제는 미국의 트럼프 당선보다 더 커다란 격변을 겪게 될 듯하다.

오늘날 세계 역사의 대전환의 배경에는 '좌절한 사람들'이 있다. 차별당하고 빼앗겨 힘겨운 삶을 살아가는 이들이 이제 그 좌절을 분노로, 기득권 정치판으로부터의 이탈과 반란으로 표출하고 있다. 자유주의적 자본주의 또는 자유시장 자본주의에 대한 거대한 반란이 일어나고 있는 것이다. 우리나라에서도 앞으로 비슷한 일이 벌어질 것 같다.

자유주의적 자본주의는 불평등을 심화시킨다. 소득과 일자리(정규직-비정규직)의 불평등, 대기업과 중소기업(외주 하청기업) 사이의 불평등 등 온갖 불평등이 더욱 심해지는 배경에는 자유주의라는 경제질서가 있다. 그렇다면 과연 현 정부는 불평등에 맞설 사상과 의지가 있을까? 전혀 그렇지 않아 보인다. 집권당에 포진한 보수적 시장주의자들은 본래부터 "불평등은 경제성장을 촉진한다"고 말하면서 불평등이 꼭 나쁜 것만은 아니라며 그것의 긍정성을 칭찬해온 자들이다. 19세기 말의 자유주의자인 영국의 허버트 스펜서(Herbet Spencer, 1820~1903)는 "빈부격차의 심화는 사회의 진화 과정에서 불가피하며, 기업의 활동을 규제하는 것은 종의 자연적 진화를 국가가 가로막는 것과 같다."고 비판했다. 또한 그는 "가난한 사람들을 국가공동체가 돕는 것은 인류의 자연적 진보 과정을 심하게 방해"하는 것이며, 인간 사회 역시 자연과 마찬가지로, '양육강식의 적자생존' 원칙을 지켜야 한다고 주장했다. 스펜서의 사상을 이어받은 미국의 윌리엄 섬너(William Sumner, 1840~1910) 역시 "백만장자는 자연도태의 산물"이라고 말했다. 섬너에 따르면 최순실의 딸 정유라가 '돈 있는 부모 만난 실력'으로 한국 사회의 강자로, 지배자로 선택(자연선택!)되는 것이 필연적이며 더구나 그것은 '도덕적으로도 정당한 일'이 된다.

한국에서 스펜서와 섬너의 정신을 그대로 이어받은 자들이 자유기업원과 뉴라이트 단체 등에서 활동하는 지식인들이다. 그 정신을 신봉하면서 부주의하게도 자신의 생각을 솔직담백하게 털어놓은 자가 "민중은 개돼지일 뿐"이며, 우리나라도 "신분제를 부활시키면 좋겠다"고 발언한 나향욱 교육부 정책기획관이다. 헬조선의 현실과 불평등과 세습계급제의 부활은, 스펜서와 나향욱, 섬너와 정유라 같은 자들이 보기에는 '양육강식의 자연선택 사회질서'가 복원되는 바람직한 현상이다. 이처럼 양육강식의 약탈적 자본주의(predatory capitalism)가 한국경제를 지배한다.

헬조선 창조의 공범인 민주화 세력

국민(민중)을 개돼지로 취급하는 자들이 이 나라 지배층이라면, 국민을 바보로 만들어 버린 이들도 있다. 야당의 일부 학자들과 경제전문가들, 그리고 정치인들이다. 한국의 민주·진보 진영에는 여전히 자유주의에 대한 기대와 환상이 있다. 신자유주의는 나쁘지만 자유주의는 좋다는 인식이 널리 깊게 퍼져 있다. 이들은 자신들이 미국의 민주당과 같은 리버럴(liberal) 진보이며 스펜서와 섬너, 자유기업원과 달리 사회적 자유주의(social liberal) 또는 진보적 자유주의를 신봉한다고 말한다. 그런데 진보적 자유주의가 무엇일까?

우리나라에서는 대다수 민주·진보 인사들이 미국식 자유주의의 이름으로 진보를 말한다. 유럽에서 사회민주주의라고 부르는 것을 미국인들은 '리버럴' 즉 자유주의라고 부른다. 미국에서는 사회주의(socialism)란 용어가 워낙 이미지가 안 좋아 사회민주주의 정책마저 애매하게 리버럴이라 부른다. 그 때문에 미국의 정신적 영향을 강하게 받는 한국에서도 자유주의를 진보로 착각한다.

그러나 미국을 제외한 세계에서 특히 유럽에서 자유주의라는 용어의 사용법은 훨씬 명확하다. '리버럴'은 18~19세기 근대화시기에 황제와 봉건귀족 같은 특권계급이 지배하던 이른바 앙시앵레짐을 깨고 시장주의와 개인주의를 기본 가치로 하는 경제사회 질서 및 정치질서를 형성하자고 했던 자유주의 사조를 가리킨다. 그리고 오늘날 유럽에서 진보라 불리는 사조는 사회민주주의 또는 사회주의이며, 그것은 자유주의자들이 만든 자유시장 자본주의 또는 자유주의적 자본주의를 넘어 휴머니즘과 민주공화국의 정신에 걸맞은 경제 질서를 만들고자 하는 기획이다.

우리나라에서 자유주의의 진보성 즉 진보적 자유주의를 주창해온 민주·진보 인사들은 애매모호한 어법으로 자신의 경제관을 숨겨왔다. 어떤 때는 유럽의 고전적 자유주의 즉 본래 의미의 자유주의에 대해 이야기하고, 또 어떤 때는 미국의 민주당 리버럴(자유주의)에 대해 이야기한다. 미국 민주당 리버럴의 어법을 사용하는 경우에도, 어떤 때는 1930년대 루스벨트 대통령의 담론과 정책을 이야기하고, 어떤 때는 1990~2000년대의 클린턴-오바마-힐러리 민주당의 정책담론을 이야기한다. 자기 편한 대로 상황에 따라 말을 바꾸는 것이다. 하지만 미국의 1930~40년대 루스벨트 민주당 행정부의 뉴딜(New Deal) 담론과 최근 1990~2000년대 클린턴-오바마-힐러리 민주당의 정책담론 사이에는 질적 차이가 크다. 후자의 경제담론이 19세기 유럽의 고전적 자유주의와 비슷하다면, 전자의 경제담론은 1930년대 스웨덴의 사회민주당, 그리고 오늘날 샌더스의 그것과 훨씬 유사하다.

다수의 민주·진보 인사들이 한국경제를 전근대적 자본주의라고 칭한다. 서구의 고전적 자유주의가 여전히 한국경제를 진보적 방향으로 개혁하는 매우 유용한 프레임이라고 말한다. 한국경제는 아직 자본주의 발전의 초기 단계에 있으며 한국경제에서 벌어지는 빈부격차 심화와 불평등 심화 등 온갖 폐해는 아직 시장 자본주의가 덜 발전해서 발생한다고 진단한다.

하지만 이 같은 진단은 터무니없는 억지이며 시대착오이다. 본문에서 언급했듯이 한국경제는 서방 7대 강국 즉 G7에 속한다. 한국경제의 지배자인 억만장자, 백만장자 부유층의 부와 힘은 서방 7대 강국의 그것이다. 더구나 한국경제는 벌써 자본주의적 발전의 말기 증상, '조로' 현상을 보이고 있다. 부자들이 생산적 투자와 기술혁신이 아니라 재테크를 통한 자산소득(금융소득)에 더 주력하는 약탈적인 지대추구 자본주의(rentier capitalism) 증세를 보이고 있는 것이다. 1990년대 중반에 이르기까지 30년간 과도하다고 할 정도로 생산적 투자가 넘쳐나던 한국 자본주의에 요즘에는 저투자와 저성장, 재테크가 일상이 되었다.

한편에는 부와 소득, 즐거움과 해외 여행이 넘치는 소수의 부유층이 있는 반면에 다른 한편에는 포기와 좌절, 한숨과 실패의 늪에 빠진 헬조선의 젊은이들이 넘쳐난다. 시장 자본주의가 만들어내는 모순이 도처에서 적나라하게 표출된다. 경제의 밑바닥에서 살아가는 평민들, 특히 삼포·오포·다포 청년들의 삶의 질은 형편없이 낮다. 한국무역협회가 발간한 《2016 세계 속의 대한민국》을 보더라도 한국인들의 삶의

질은 미국(18위), 일본(20위)은 물론 중국(45위) 보다도 낮은 47위이다

이렇듯 한국경제가 새로운 자본주의 즉 자유주의적 자본주의로 전환하게 된 데에는 김대중·노무현 정부와 그 후계자들의 자유주의적 경제관이 매우 큰 역할을 했다. 미국의 클린턴-오바마-힐러리 민주당이 신봉하는 자유주의적 자본주의, 즉 약간의 사회복지와 약간의 노동권이 있되 자유시장을 근본으로 삼는 그런 자본주의가 한국 자본주의의 기본 구조로 정착된 것이다.

경제민주주의냐 시장 자본주의냐

그럼에도 불구하고 현재 야권의 정치인과 경제전문가 등 경제민주화를 자기 브랜드로 걸고 '뜬' 정치인들에게는 그 모든 것을 정당화할 강력한 대의명분이 있다. '경제민주화'를 위하여 그것이 불가피했다는 것이다. 김대중·노무현 정부가 시행한 대부분의 '시장 자유화'(자유시장 자본주의로의 전환) 정책 역시 재벌그룹 체제와 관치경제 즉 '박정희식 중상주의를 해체하는 경제민주화'의 명분으로 이루어졌다.

그렇다면 경제민주주의란 무엇일까? 빈부격차가 심화되고 더구나 재테크와 저투자, 약탈과 저성장이 전면화된 것이 경제민주주의란 말인가? 결코 그렇지 않을 것이다. 저들이 말하는 것은 자유주의일 뿐 경제민주주의가 아니다.

우리가 살아가는 한국경제는 자본주의 시장경제이다. 자본주의란 자본을 가장 소중한 가치(values) 즉 '주의'(ism)로서 숭상하는 가치관이다. 자본주의란 또한 그 가치관이 지배 원리로서 작동하는 경제사회 질서를 말한다. '돈이 최고'이고 '돈 많은 사람이 왕이자 주인'이며 또한

'돈이 돈 버는' 원리가 작동하는 질서이다. 최순실 딸 정유라가 정확히 간파했듯이, '돈이 곧 실력이고 돈 많은 부모 만나는 것도 능력인' 세상이 바로 자본주의적 경제사회 질서이다. 그리고 18~19세기의 고전적 자유주의는 바로 그 가치관과 경제사회 질서를 도덕적, 이념적으로 정당화하는 사상 프레임이다. 그리고 그것을 20세기 후반에 새로운 모습으로 부활시킨 도덕과 이념이 신자유주의이다.

이에 반해 민주주의란 평범한 국민 즉 피플(people)이 주인이 되는 체제이다. 그렇다면 경제민주주의란 돈 없고 자본 없는 사람들이 주인이 되는 경제사회 질서라고 할 수 있다. 결국, 경제민주주의는 자유주의적 자본주의와 본질적으로 대립된다.

그런데 이런 의미의 경제민주주의에 동의하더라도 의견이 달라지는 지점이 있다. 한국경제에서 주인 노릇을 하는 자본이 과연 누구냐는 것이다. 그게 누구인가? 답은 재벌이다. 재벌은 특권층이고 거의 왕족처럼 생활한다. 재벌이야말로 한국경제를 지배하는 최고의 권력자이다. 따라서 재벌을 규제하고 통제하는 것이 경제민주주의의 핵심이다. 분명 맞는 말이다.

그러나 재벌에는 두 가지 의미가 있다. 우선 부유하고 돈 많은 사람과 그 패밀리를 우리는 재벌이라 부른다. 그런데 또 다른 의미도 있다. 여러 대기업들이 모여 하나의 대기업그룹으로 움직일 때 그것을 재벌이라 부른다. 지금까지 한국에서의 경제민주화는 재벌 패밀리의 부와 소득이 아니라 '대기업 및 대기업그룹'의 자산과 소득을 어떻게 축소·해체할 것인지에 주력해왔다.

막대한 불로소득을 얻으며 특권적 경제권력으로 군림하는 한국경제 최고의 부유층인 억만장자 재벌 일가를 견제하고 통제하며 그들의 특권적 부와 소득을 쪼개어 평민들이 공유할 수 있게 하자는 의미에서의 경제민주주의가 있다. 이것은 민주공화국과 복지국가가 수행해야 하는 중요한 과제이며 나 역시 이것을 요구한다.

그러나 대기업그룹으로서의 재벌그룹을 쪼개는 일은 차원이 다르다. 경제민주주의를 삼성이나 LG, SK, 현대차 같은 대기업그룹을 쪼개거나 분리·매각 또는 해체(재벌해체)하자고 하는 것은, 더구나 이것을 통해 궁극적으로 투자자들(소액주주 또는 소수주주)의 이익에 복무하도록 출자총액제한이나 순환출자 규제, 금산분리 등에 주력해야 한다고 한다면, 그것은 전혀 다른 차원의 문제이다. 그런 경제민주주의는 재벌 패밀리만이 아니라 대기업그룹에 근무하는 모든 노동자와 거래처 및 협력업체들, 협력업체의 노동자들, 그리고 거래은행과 그 종업원들을 비롯해 회사 주변의 상권 및 지역경제에 막대한 영향을 미친다. 함부로 판단할 일이 아니다.

재벌그룹 해체가 아닌 재벌 가문의 부와 소득의 해체

재벌 패밀리가 누리는 부와 소득이 과연 정당한 노력의 대가인지, 정당한 방법으로 축적되었는지에 대해 의문을 품으며 우리 사회가 분노하는 것은 아주 자연스럽다. 태어날 때부터 수조 원의 재산을 상속받아 왕족처럼 살아가는 그들의 모습에 우리는 박탈감을 느끼며 분노한다.

그러나 이런 문제는 재벌 패밀리의 '가족적 부'를 어떻게 재분배할 것인지의 관점에서 해결해야 한다. 이를 위해서는 재벌 일가 등 최고 부유층에게 어떻게 개인소득세와 상속증여세 같은 세금을 더 많이 부과하여 그들의 소득과 부를 재분배할 것인지를 고민해야 한다. 그리고 대기업 CEO 등 임원급 경영자들의 임금을 노동자 평균 임금 대비 20배 이내로 제한하는 국가적 노력이 필요하다. 민주공화국이 재벌 '그룹'이 아닌 재벌 '가문'의 부와 소득에 대한 축소와 해체에 초점을 맞추어야 한다는 것이다. 그게 바로 복지국가이다.

대기업그룹, 재벌그룹이 축소되고 해체된다고 해서 한국경제를 좌지우지하는 최고 부유층의 부와 소득이 해체될까? 삼성그룹이 해체된다고 해서 이건희-이재용 일가의 막대한 부와 소득이 공중 분해될까? 절대 그럴 리 없다. 삼성그룹이 해체된다 해도 10조, 20조에 이르는 이건희-이재용 일가의 부는 절대 해체되거나 줄지 않는다. 다만 부(자산)의 형태가 바뀔 뿐이다.

현재 한국의 민주화·진보 세력이 지향하는 재벌개혁(정확히 말해서 대기업그룹 개혁)은 사실상 재벌 패밀리를 금융자산가 자본주의(주주자본주의), 재테크 자본주의의 방향으로 몰아가고 있다. 재벌 일가와 그 후계자들에게 산업자본가이기를 그만두고 금융자산가 또는 금융투자가로 전환하라고 촉구하는 양상이다. 재벌 패밀리의 관점에서 볼 때 별로 손해보는 선택이 아니다.

'1주1표 주주민주주의'(주주자본주의)를 근본 원리로 하여, 소수주주권 및 적대적 M&A 메커니즘 강화를 궁극적 목표로 하는 기업지배구조 개혁, 그 일환인 재벌그룹 개혁에 열심이던 김대중-노무현 정부 때를 보면 비정규직이 더 크게 늘고 빈부격차도 더 심해졌다. 그 당시 재벌그룹 개혁과 함께 우리나라 대기업들이 헐값에 외국에 팔려나갔다. 재벌그룹이 해체되고 대기업들이 헐값에 팔려나갈 때마다 주식시장 투자자들은 환호성을 질렀다. 대우그룹, 쌍용그룹 해체로 대우자동차가

GM에, 쌍용자동차가 중국 상하이자동차에 헐값에 매각됐다. 그 여파로 쌍용자동차의 노동자들이 대규모 정리해고를 겪었다. 르노-닛산에 매각된 삼성자동차도 2011년 대규모 정리해고를 겪었다.

신고전파의 자유주의 경제학자들은 보수와 진보를 막론하고 경제민주주의를 공정한 경쟁, 공정한 시장질서로만 이해한다. 이들은 국가가 개입하여 독과점 및 경제력 집중이 없는 경쟁적 시장, 공정한 시장을 창출하게 되면 그 완전경쟁 시장에서 경쟁시장 원리가 작동하여 부와 소득이 공평·공정하게 분배된다고 본다. 보이지 않는 손이 잘 작동하는 자유시장(경쟁시장)이 부와 소득을 정의롭게 분배한다고 보는 것이다. 따라서 이들은 복지국가 같은 '인위적인 소득재분배' 체제는 필요 없거나 아니면 최소화시켜도 된다고 본다. 정운찬과 장하성 같은 이들은 지금도 공공연하게 "보편적 복지와 복지국가가 뭐 그리 절실하냐?"고 하면서 시큰둥한 주제로 여긴다. 공정한 시장질서 즉 재벌그룹 축소와 대기업-중소기업 동반성장(이것이 그들이 말하는 경제민주화인데)을 이루어내어 '경쟁시장 메커니즘 내에서의 소득의 원천적 분배' 장치를 잘 만들면 된다는 입장이다.

이들은 완벽한 경쟁적 시장질서를 구축하면 대기업과 중소기업의 동반성장 및 공정한 소득분배(하청 단가 인상)가 이루어진다고 말한다. 그리하여 대·중소기업 간, 그리고 정규직과 비정규직 간 임금격차도 사라진다고 말한다. 환상적이다.

과연 대기업그룹이 축소되거나 해체되어(재벌해체) 계열이 분리되면 임금격차가 사라질까? 예컨대 대우그룹과 쌍용그룹이 해체(재벌해체)된 이후 매각된 한국GM(과거 대우자동차)과 쌍용차, 그리고 르노삼성에 매각된 삼성자동차의 현실을 보라. 과연 이들 대기업이 과거보다 후한 하청 단가를 지불하고 있을까? 전혀 그렇지 않다. 오히려 반대로 하청 단가는 현대·기아차보다 더 깎였고 하청 물량도 과거보다 줄어든 경우가 많다. 왜냐하면 해외 매각으로 인해 이들 대기업의 새 주인이 된 미국 GM, 프랑스-일본의 르노-닛산이 이들 회사의 해외 수출을 제한하기 때문이다. 이들과 거래하는 하청협력업체에서 임금 단가가 높아진 일도 없으니 대·중소기업 간 임금격차도 전혀 줄지 않았다.

대기업그룹 및 대기업 중심의 경제구조가 해체되어 더욱 경쟁적인 시장질서가 만들어지면 자본주의 시장경제의 근본 모순, 즉 돈 없고 자본 없는 사람들의 저임금과 저소득 문제가 절로 해결된다? 원리상 입증될 수 없는 억지 주장이다.

집중된 경제력에 대한 사회적, 민주적 통제로 나아가야

경제력 집중 즉 대자본 및 대기업그룹에 관한 시각차가 존재한다. 신고전파의 자유주의 경제학은 보이지 않는 손이 완전경쟁 시장에서 작동하는 상태를 가장 바람직하게 여긴다. 대자본을 잘게 쪼개어 수많은 중소자본이 완전하게 경쟁하는 상태가 가장 바람직한 것이다. 경제력 집중과 독과점 같은 현상은 '합리적 시장'(자유시장)을 왜곡하는 '시장 왜곡'으로 보며 질색한다.

이런 신고전파 경제학의 관점이 우리나라에서 개혁적 또는 진보적 자유주의 노선으로 나타난다. 이들은 1주1표 주주민주주의(주주자본주의) 원칙에 근거하여 대기업그룹의 소유지배 구조를 개혁해야 한다고 말한다. 주주민주주의 강화를 위해 출자총액제한과 순환출자 규제, 지주회사 규제 강화를 요구한다.

이에 반해 세계 역사 속에서 나타난 정통 보수주의(민족주의)와 나치즘·파시즘, 사회주의·공산주의, 그리고 사회민주주의, 하이에크의 신자유주의 등은 대자본과 경제력 집중의 긍정성과 합리성을 전적으로 또는 부분적으로 인정한다. 경제력 집중과 독과점 같은 불완전 경쟁에 대해서도 무조건적으로 거부하지 않는다.

마르크스주의의 경우, 완전경쟁 시장에서 일어나는 기업 간 경쟁과 승패, 이에 따른 인수합병 등으로 자본의 집적과 집중이 진행되고 그 결과 경제력이 집중되는 것을 불가피한 현상으로 이해했다. 경쟁시장 자본주의는 필연적으로 불완전 경쟁 즉 과점적 경쟁 또는 독점 체제로 이행한다고 본 것이다. 따라서 마르크스 경제학은 수많은 중소자본끼리 치열하게 경쟁하는 완전경쟁 시장을 복구하고자 노력하는 것을 역사의 필연적 흐름을 되돌리는 어리석은 짓이라고 보았다. 집중된 경제력이 성장하는 것을 대전제로, 그 집중된 경제력을 사적 자본, 즉 특정 자본가 가문의 사적 이익 하에 둘 것이 아니라, 어떻게 하면 사회공동체 및 국가공동체가 공동소유 또는 공동통제 할 것인지를 고민하였다. 마르크스주의적 사회주의가 중시한 것은 경제력 집중체인 대자본(대기업그룹)을 해체하는 것이 아니라 그 집중된 경제력에 대한 사회적 소유 또는 통제였다. 우리의 경우라면 대기업그룹의 지배자인 재벌 총수 일가의 대주주 지분을 국가가 유상 또는 무상 매입하여 국유화시키겠다는 것이다.

집중된 경제력의 약화 및 해체보다는 그것을 어떻게 사회적, 민주적으로 통제할 것인지 고민한다는 점은 사회민주주의도 비슷했다. 독일의 베른슈타인과 힐퍼딩, 그리고 스웨덴의 비그포르스 같은 이들도 마찬가지 생각이었다.

집중된 경제력은 대규모 투자(대자본)가 반드시 요구되는 업종과 산업의 경우 불가피하다. 더구나 후발공업국의 경우 산업기술상의 특징 때문에 경제력 집중이 더 유리하다. 우리나라의 경우 1970~80년대에 박정희-전두환 군부독재가 아닌 김대중 대통령의 민주공화정이 집권했다 해도 자동차와 조선, 전자, 철강, 화학, 기계 등 전략 산업에서는 국가가 앞장서서 일종의 독과점 및 경제력 집중(대기업그룹 성장)을 조장하는 일이 불가피했을 것이다. 중복투자, 과잉투자를 제거해야만 했기 때문이다. 그러지 않고서는 이들 핵심 산업의 성장과 후발 공업화, 즉 선진국을 추격하는 경제 추격이 불가능했다. 더구나 이러한 후발 공업화의 성공은 세계무역에서 '공정한 시장질서'를 만들어내는 과정이었다. '공정한 시장질서'의 의미를 국내에 국한하지 말고 국제 무역과 국제금융 질서의 관점에서 새롭게 고찰할 필요가 있다.

이 경우 제기되는 과제는 그렇다면 그 집중된 경제력을 누가, 어떻게 통제할 것이냐이다. 집중된 경제력(대기업그룹)의 지배자는 재벌 패밀리일 수도 있고, 국가(정부)일 수도 있으며, 은행 등 여타 대주주일 수도 있다. 우리나라의 경우 재벌 패밀리이지만, 프랑스와 이탈리아의 경우 국가였으며, 독일과 스웨덴의 경우 은행이었다.

1주1표 주주민주주의 대 1인1표 산업민주주의

지금까지 우리나라에서 논의된 경제민주주의는 주주민주주의였다. 소수주주(minority shareholders)와 기업사냥펀드 역시 기업의 대주주와 동등권 권리를 가지고 주주총회와 이사회에서 동등한 1주1표를 행사해야 한다는 것이다. 그런데 소수주주는 엄밀하게 말해서 '뜨내기 소유자'일 뿐이다. 영어로도 소유주(stock owners)가 아니라 보유자(shareholders)라고 부른다. 주가가 하락하면 언제든지 주식을 팔고 떠나면 그 뿐인 유한책임의 포트폴리오 투자자일 뿐이다. 따라서 이런 소수주주들에게 대주주와 똑같은 권리를 부여할 경우 펀드 및 투자자들의 투기성과 약탈성이 경제 전체와 기업세계를 지배하는 질서가 만들어진다. 그것이 주주자본주의이다.

주식투자자와 펀드들은 이 회사 저 회사, 이 나라 저 나라를 떠돌며 일확천금을 노리는 이들이다. 마치 과거 16~19세기에 아프리카와 남미, 아시아를 떠돌며 일확천금의 은광을 찾아 헤매던 식민지 약탈자들과 비슷하다. 그들은 대박 투자처를 발견하지 못하면 언제든지 자국으로 돌아가 버린다. 그런 자들에게 대주주와 동등한 의결권을 주자는 것은 마치 잠시 한국에 업무차 방문한 외국인에게 우리나라 대통령과 국회의원을 뽑는 선거권과 피선거권을 동등하게 주어야 한다는 것과 같다. 이치에 맞지 않고 정의롭지 못한 주장이다.

주식투자자만이 경제민주화의 주체로 등장하는 주주민주주의는 대한민국 상위 1%의 부자들만의 민주주의 즉 귀족민주주의이다. 주주민주주의를 경제민주주의로 이해하는 자들이 요구하는 것은 결국 우리 사회 1%에 해당하는 귀족들만이 주인이 되는 경제이다. 귀족 중의 귀족인 최상위 0.001%의 재벌 일가들이 독점해온 경제 권력을 상위 1%의 부유층 자산가들에게 골고루 나누어 갖게 하자는 것이 주주민주주의다.

주주민주주의를 명문으로 주주자본주의와 총수 자본주의가 서로 야합하여 노동자와 국민들을 등쳐 먹은 결과가 헬조선이다. 그리고 헬조선의 정치인들은 여당이건 야당이건, 보수건 진보건 모두 할 것 없이 모두, 뜨내기 주식투자자들에게는 대주주와 동등한 투표권과 피선거권을 주자고 애쓰면서 정작 자기 회사에서 수년, 수십 년간 묵묵히 일해 온 노동자들에게는 일절 그런 제안이 없다. 이들 모두 양육강식 자본주의의 하이에나들이다.

이에 반해 참된 경제민주주의에서는 민주주의의 원칙이 회사에서도 관철된다. 1주1표(1원1표)의 원리 즉 '투자자=자본만이 주인'이라는 원리(자본주의의 제1원리)에 맞서, 1인1표의 민주주의의 원리가 회사에서도 작동하는 것이다. 독일과 스웨덴, 덴마크, 네덜란드 등에서는 부장급 이하 전체 노동자의 직접선거에 의해 선출된 대의원들이 자기 회사 이사회에 이사로서 진출한다. 회사법상 회사의 최고 의사결정기구인 이사회에 노동자의 대표자들이 참여하여 주주(대주주 및 소수주주)와 공동으로 기업을 통치한다. 독일에서는 1940년대 말부터 노사 공동결정제를 시행하고 있다. 60년 넘게 정착된 제도이다. 대기업의 경우 이사의 절반이 주주 대표이고 다른 절반이 노동자 대표이다. 스웨덴에서는 노동자 대표가 이사회 구성원의 1/3을 차지한다.

만약 대기업그룹의 존재가 경제적 효율성 면에서 긍정적이라면, 그것을 굳이 해체하거나 축소시킬 필요가 없다. 그런데 이 경우에도 문제는 남는다. 거대한 대기업그룹을 특정 패밀리와 주식투자자들의 사리사욕의 지배하에 방치하는 것이 바람직하냐의 문제이다.

예를 들어 삼성그룹에는 미래전략기획실이라는 그룹경영 조직이 그룹 전체를 지휘한다. 이재용-이건희 회장의 손발처럼 움직이는 조직이다. 그런데 미래전략기획실은 공정거래법과 상법 등 어디에서도 규정되지 않은 법외 조직이다. 법적 규제의 밖에 있는 대기업그룹 전략기획실은 그래서 온갖 편법 상속과 편법 경영을 기획하는 늑대 소굴이라는 비판을 받는다. 따라서 삼성그룹에서 막대한 권한을 지닌 미래전략기획실을 감시할 그룹이사회를 설치하도록 상법에 의무화하는 것이 바람직하다. 그것이 우리나라에서 논의되는 '기업집단법'이다. 독일과 스위스, 오스트리아 같은 나라에도 대기업그룹(콘체른)이 있는데, 콘체른법(기업집단법)을 통해 대기업그룹에 그룹 차원의 이사회를 설치하도록 의무화한다. 그리고 노사 공동결정제가 콘체른(기업집단)에도 적용되기에, 예컨대 삼성그룹의 전체 수십만 노동자들이 직접 투표로 선출한 노동자 대표 이사들이 그룹이사회에 참가한다. 대기업그룹 전체를 감독하는 이사회 권력의 절반(독일), 또는 1/3(스웨덴)이 노동자를 대표하는 이사들이다.

이런 식으로 노동자와 민주공화국이 대기업그룹의 공동통치자로 나서서 대기업그룹을 재벌 패밀리의 전횡적 통치에서 벗어나게 하면 된다. 굳이 주주민주주의(주주자본주의)의 입장에 서서 대기업그룹 해체(재벌해체) 또는 축소에 기를 쓸 필요가 없다. 노동자와 산별노조, 민주공화국, 독립 공익재단, 은행, 거래기업 등 다양한 이해관계자들이 대기업의 주인이 되는 지배구조(governance structure)를 이해관계자 자본주의라고 부른다. 그 정신에 따라 이해관계자 공동통치형 대기업그룹을 만들어 보자. 재벌그룹을 '재벌그룹'에서 '대기업그룹'으로 전환시키는 논의를 시작해 보자는 것이다. 이것은 그냥 해보는 넋두리가 아니다. 나는 2013년에 발간된 책,《굿바이 근혜노믹스》에서 은행과 국가, 독립공익재단과 노동자 등 다양한 이해관계자들이 우리나라 대기업그룹의 공동통치자가 되는 것이 엉터리 상상이 아니라 현실적으로 실행 가능한 시나리오임을 보여주었다. 문제는 정치경제학적 상상력과 기획력의 빈곤이며 정치적 의지의 박약이다.

지금까지 진행된 경제민주주의 논의는 경제력 집중을 무조건 해체·약화시켜야 한다고 보는 자유주의 경제사상의 맥락에서 진행되었다. 국가와 대자본(대기업그룹)의 경제적 역할을 축소시켜 완전경쟁 시장(공정경쟁)을 더욱 발전시키는 것을 중시하였다. 그래서 철도와 국책은행의 사영화를 '관치경제 해체'라고 반겼거나 침묵했다. 대우, 쌍용, 삼미, 해태 같은 재벌그룹 해체(재벌해체)를 '경제력 집중 해소'라고 박수쳤고, 대우차와 쌍용차 등이 헐값에 해외 매각될 때 그것을 반겼거나 침묵했다.

노사 대립의 관점에서 경제민주주의를 보는 관점이야말로 진짜 경제민주주의이다. 선진국의 경우 경제민주주의보다 산업민주주의라는 말이 더 많이 쓰인다. 산업민주주의의 핵심은 노사 관계의 민주주의이다. 기업주 즉 자본에 대항하는 노동자의 권리를 드높여 (대)기업의 지배구조(통치구조)와 그 운영에서 1인1표 민주주의의 원칙을 관철시키자는 것이다. 동시에 회사 밖에서는 1인1표 원칙의 산업별 노동조합과 복지국가를 만들어 노동자와 서민들도 부자들에게 기죽지 않고 행복하게 살게 해주자는 것이다.

경제민주주의라는 용어가 처음 쓰인 것이 1920년대 독일의 바이마르 공화국 시절이었다. 나프탈리(N. Naphtali)라는 독일 사회민주당 언론인이 처음으로 경제민주주의(Wirtschafts-demokratie)라는 개념을 썼다. 독일 사회민주당은 1925년 경제민주주의를 당의 핵심 과제로 채택했다. 당시 경제민주주의라는 용어가 탄생하게 된 배경에는 소비에트 공산주의가 있었다. 당시 공산주의자들은 생산수단(기업)의 즉각적 사회화 즉 국유화와 함께 프롤레타리아 독재를 주창했다. 이에 반해 사회민주주의자들은 프롤레타리아 독재에 반대하여 정치적 민주주의를 옹호했고, 동시에 기업과 산업에서 사적 소유의 폐지와 국유화가 아니라 노사 공동결정제를 주창했다. 노동자들이 기업과 산업(업종), 그리고 국가경제기관의 의사결정 기구에 참여하여 자본가들과 함께 공동으로, 민주적으로 통치하는 것이 더 중요하다고 보면서 그것을 경제민주주의라고 불렀다. 유럽과 미국에서 1970년대에 부활된, 그리고 미국을 통해 한국에 소개된 경제민주주의 담론 역시 본래는 이런 맥락의 논의였다.

하지만 현재 우리나라에서 이야기되는 경제민주주의 담론에는 이런 이야기가 쏙 빠져 있다. 간혹 언급되더라도 부록으로 취급된다.[21] 여전히 우리나라에서 논의되는 경제민주주의는 미국의 반독점법(경제력 집중 해체)의 맥락에서 나온 경제력 집중 완화 및 해체의 담론이며 또한 미국의 1980년대 레이건-부시 대통령 치하에서 성장한 월스트리트 주주자본주의, 재테크(금융) 경제학에서 나온 주주민주주의의 담론일 뿐이다. 시종일관 (신)자유주의 경제사상에 서 있다.

다만 한 가지 예외가 있다면 2016년에 박원순 서울시장이 시 산하의 모든 공공기관과 공기업의 이사회에 노동자들의 직접선거에 의해 선출된 이사가 참여하도록 하는 정책을 펼쳤다는 점이다. 이 정책은 실제로 2016년 11월부터 시행에 들어갔다. 2017년 선거에서 선출될 새 대통령이 이러한 초기 형태의 노사 공동결정제를 중앙정부 산하 모든 공공기관과 공기업에 시행하기를 바란다. 그리고 나아가, 10대 재벌그룹

---

21 1970년대 초반의 빌리 브란트 수상 집권기에 노사 공동결정제 논의가 치열할 시기에 서독에서 유학했던 김종인 전 더불어민주당 대표는 한 회고 인터뷰에서 경제민주주의의 본래 의미가 노사관계의 민주주의라는 것을 자신도 잘 알고 있다고 말했다. 그리고 1987년 말, 헌법을 개정할 때 경제민주화 조항(헌법 119조 2항)에 노사관계의 민주화 문장을 넣고 싶었다고 했다. 하지만 당시 전두환 대통령의 재가를 받아야 했던 헌법개정에서 그는 '노사 간의 조화를 통한 경제민주화' 대신에 '경제주체 간의 조화를 통한 경제민주화'라고 애매하게 표현하여 전두환의 재가를 받았다. 지금도 그는 "노사 간의 조화를 통한 경제민주화가 옳다고 믿는다. 하지만 한국의 보수적인 여야 정치인들은 그런 이야기는 귀담아 듣고 싶어 하지 않기 때문에" 자신이 앞장서서 그런 이야기를 하고 다닐 마음은 없다고 말했다. "헌법 제119조 경제민주화 조항에 대한 김종인의 회고", 2016년 9월 30일, 서울대 공익인권법센터 주최 '2016년 경제민주화 심포지엄'에서의 특별대담.

들에서 우선적으로 노사 공동결정제 모델을 도입하여 재벌그룹을 이해관계자형 대기업그룹으로 전환하는 새로운 경제민주주의 전략을 치밀하게 기획하기를 기대한다.

경제민주주의의 출발과 귀결은 '저녁과 여가가 있는 삶'

경제민주주의가 지향하는 궁극적 목적은 직장인과 평민들이 자신들이 일하는 직장과 산업에서 노동권과 인권이 신장되어 건강한 일자리를 갖게 하는 것이다. 즉 경제민주화의 궁극적 목적은 근무시간이 짧고, 여름휴가는 길며, 동시에 월급은 많은, 그런 일자리이다. 재벌그룹 개혁과 대·중소기업 동반성장은 이러한 목적을 위한 수단일 뿐이다. 경제민주주의의 궁극적 목적과 내용은 '저녁과 여가가 있는 삶'이라고 할 수 있다.

하지만 지금까지 우리나라에서 진행된 경제민주화 논의는 그 궁극적 목적에 대한 이야기는 없고 시종일관 공정거래법과 증권관련 법제도 등 평민과 직장인들이 무관심한 주제들뿐이다. 목적이 아니라 수단에 대한 토론, 따라서 전문가들의 미주알고주알 토론만이 경제민주주의 논의를 지배한다. 그 결과 대다수 직장인과 평민들은 소 닭 보듯, 또는 강 건너 불 구경 하듯이 경제민주화 논의를 관망한다. 경제민주화의 주역, 주체가 아니라 구경꾼으로 전락하는 것이다.

경제민주주의가 정말로 대다수 국민의 열렬한 지지를 받으려면 그들의 일상 속에서 가장 아쉽고 시급한 문제들을 해결해주어야 한다. '밥 먹여주는 경제민주주의'만이 국민들의 넓고 깊은 동의와 지지를 얻는다. 경제민주주의의 핵심에 아등바등 살아가는 알바생과 직장인들, 영세업자들의 꿈과 바람, 희망이 담겨야 한다. 자신의 회사 생활에 영향을 미치는 회사의 주요 의사결정에 참여할 권리, 봉급인상과 직장 내 승진, 비정규직 차별 해소, 정시 퇴근할 권리 등 소박한 소망과 열망에서 경제민주화가 출발해야 하고 또한 그것으로 귀결되어야 한다. 세계사적 보편성을 지니는 진짜 경제민주주의로 우리의 경제민주주의 논의는 복귀해야 한다. 그러지 않고서는 양육강식 자본주의의 패배자인 대다수 청년과 평민들의 '헬조선 탈출'의 꿈은 신기루에 지나지 않을 것이다.

누가 가짜 경제민주화를 말하는가

ⓒ 정승일

초판 1쇄 펴낸날 2017년 2월 1일

지은이 정승일
펴낸이 최만영
책임편집 김일수
디자인 최성수, 이이환
마케팅 박영준, 신희용
영업관리 김효순
제작 김용학, 강명주

펴낸곳 주식회사 한솔수북
출판등록 제2013-000276호
주소 03996 서울시 마포구 월드컵로 96 영훈빌딩 5층
전화 02-2001-5817(편집) 02-2001-5828(영업)
팩스 02-2060-0108
전자우편 chaekdam@gmail.com
책담 블로그 http://chaekdam.tistory.com
책담 페이스북 https://www.facebook.com/chaekdam

ISBN 979-11-7028-119-1 03300

책담 다른 내일을 만드는 상상